古代歷史文化研究輯刊

二三編

王明蓀 主編

第 7 冊

元明清時期滇東北彝族土司研究

顧霞 著

國家圖書館出版品預行編目資料

元明清時期滇東北彝族土司研究／顧霞 著 — 初版 — 新北市：
花木蘭文化事業有限公司，2020〔民 109〕
目 4+230 面；19×26 公分
（古代歷史文化研究輯刊 二三編；第 7 冊）
ISBN 978-986-518-032-4（精裝）
1. 彝族 2. 民族文化 3. 貴州省
618   109000475

ISBN-978-986-518-032-4

9 789865 180324

古代歷史文化研究輯刊
二三編　第 七 冊   ISBN：978-986-518-032-4

元明清時期滇東北彝族土司研究

作　　者　顧霞
主　　編　王明蓀
總 編 輯　杜潔祥
副總編輯　楊嘉樂
編　　輯　許郁翎、張雅淋　美術編輯　陳逸婷
出　　版　花木蘭文化事業有限公司
發 行 人　高小娟
聯絡地址　235 新北市中和區中安街七二號十三樓
　　　　　電話：02-2923-1455／傳真：02-2923-1452
網　　址　http://www.huamulan.tw 信箱 hml 810518@gmail.com
印　　刷　普羅文化出版廣告事業
初　　版　2020 年 3 月
全書字數　203154 字
定　　價　二三編 21 冊（精裝）台幣 55,000 元

元明清時期滇東北彝族土司研究

顧霞 著

作者簡介

顧霞，雲南曲靖人，法學博士。雲南民族大學圖書館副研究館員。主要從事西南民族史、少數民族文獻及地方史志研究，先後主持雲南省社科基金項目《明清雲南土司城遺址研究》、《明清時期雲南書院與邊疆教育發展研究》，雲南省教廳項目《西南少數民族文獻數位化共用共建研究》等課題；參與國家級課題《中國彝族通史》、《民國時期雲南彝族上層家族口述史》等；發表論文 10 多篇。

提　　要

　　土司制度是元明清時期中央王朝在西南少數民族地區實施的一項民族政策，任命西南少數民族地區的民族首領爲土司，皆可世襲，由土司統轄當地的少數民族，不改變其生產生活方式，達到中央王朝對西南地區的治理。元、明、清時期中央王朝在滇東北地區推行土司制度，對該地區的少數民族進行了卓有成效的治理，使滇東北地區納入到中央王朝的管理體系，推動了多民族統一的中央集權國家的鞏固與發展，歷代大一統思想得以在滇東北地區實踐並最終形成。本書以滇東北地區彝族土司的設置、發展、完善以及改土歸流爲主線，對滇東北彝族土司進行個案研究。以元明清三朝中央王朝對滇東北地區的治理爲背景，滇東北彝族土司的設置、承襲、貢賦及與中央王朝的關係等方面進行深入研究，探討滇東北彝族土司的發展歷程，滇東北地區的社會經濟形態及土司政治對轄區內各少數民族的文化變遷與民族關係的影響。

目次

前　言

　　元明清時期，中央王朝在滇東北地區實施土司制度，任命彝族土司作爲治理滇東北地區的政治代言人，通過彝族土司對當地的治理，使中央王朝的政治勢力不斷深入，推進與內地在政治、經濟、文化等方面一體化進程，不斷加強對滇東北地區的統治。但受滇東北地區特殊的自然人文環境的影響，土司無論在政治、經濟還是文化認同上都存在較大的獨立性和游離性，使得土司制度並未達到中央王朝統治的政治目的。中央王朝對滇東北地區的統治力度強時，土司則奔走惟命，朝貢向化；統治力度弱時，則群起滋事，威害周邊地區及威脅到中央王朝對該地區的統治。因此，在中央王朝與土司的政治博弈過程中，土司爲鞏固並實現自身利益的最大化，在國家認同和政治取向上呈現出多樣的選擇，首選是捍衛自身利益，一旦自身利益受損，便竭盡全力維護。

　　本書以滇東北地區彝族土司的任命、發展、完善以及改土歸流爲主線，對滇東北彝族土司進行個案研究。以元明清三朝中央王朝對滇東北地區的治理變遷爲背景，圍繞滇東北彝族土司的設置、承襲、貢賦及與中央王朝的關係等方面進行深入研究，探討滇東北彝族土司的變遷歷程，滇東北地區的社會經濟形態及土司政治對轄區內各少數民族的文化變遷與民族關係的影響。

　　元、明、清時期，隨著土司地方勢力的日益膨脹，中央王朝與土司之間的矛盾日趨尖銳，導致各土司的叛亂及中央王朝平定叛亂的戰爭。但中央政府根據「土流參治」的行政建制構建了滇東北地區的集權統治網路，並且成爲滇東北地區彝族土司政治體制構造的一種基本原則與行政模式。滇東北彝族土司爲了生存利益，各土司在承襲時不斷發生爭襲，或不時乘機擴張自己的勢力，以免被中央王朝借機剝奪承襲的權利，由此構成了中央王朝與土司

之間的政治博弈，當中央王朝的力量強大時，土司們基本上能做到「謹守王命」；當中央王朝的力量弱小或無暇顧及時，土司們便糾結相鄰地區的土司，乘機擴大自己的勢力，獨霸一方。中央王朝和土司之間除矛盾鬥爭的一面，也有相互友好交往的一面，如土司定期朝貢。土司為了發展自己的勢力，也用心治理屬地，採取一些發展社會經濟與文化的措施，使得統治區內的社會經濟與文化均有一定程度的發展，為中央王朝在這一地區的改流奠定了經濟、文化基礎。但由於土司制度本身的侷限性，各土司之間和土司內部的鬥爭持續不斷，影響了當地的社會生產，致使中央王朝通過改土歸流，使滇東北彝族土司逐漸退出歷史舞臺。

全書由緒論、正文和結語三大部分組成。在緒論中，概述了研究背景及意義、研究現狀、研究的方法和觀點等。正文部分共分四章：第一章論述了元代滇東北彝族土司的設置及其與中央王朝之間的關係，以及轄區內的民族關係；第二章重點論述了明代滇東北彝族土司制度的發展及完善，以及中央王朝與滇東北彝族土司之間的政治博弈及其對本地區的治理；第三章闡述了清初中央王朝民族政策的歷史變遷，大規模改土歸流，滇東北彝族在改土歸流過程中的反抗及影響；第四章探討了改土歸流後滇東北彝族土司區的政治、經濟、文化、民族關係等方面的發展變化。結語部分，對滇東北彝族土司發展的特點及歷史啓示做了總體評價，為現在制定民族政策提供歷史借鑒。

主要突破之處有三點：一是從民族政策研究的宏觀角度，對元、明、清三代中央王朝在滇東北地區實行的土司制度進行了比較系統、全面的研究，以長時段的方式來看待過去研究中各區域土司制度研究的斷代研究的欠缺。二是對元、明、清時期滇東北彝族土司的具體承襲順序及土司的績效進行較為深入的研究，以個案揭示土司承襲的個性化特點，豐富了族別土司研究的內容。三是通過對滇東北彝族土司區域內的政治、經濟、文化等方面的發展在不同時期的變化作了相關研究，探索和總結了中央王朝對滇東北地區的治理變化，歸納了在大一統的前提下，滇東北地區的社會發展歷程，從而希望能為今天滇東北地區的扶貧與鄉村振興提供有益的借鑒。

緒　論

一、研究背景及意義

　　土司制度是元明清時期中央王朝在西南少數民族地區實行的一種民族政策，即由中央王朝冊封西南地區的少數民族首領爲世襲地方官，通過他們對當地各民族進行管理，達到加強對西南少數民地區的統治目的。土司制度作爲一種政治制度，是研究相關少數民族史和地方史必不可少的內容之一，在中國邊疆史地研究中佔有重要位置。然而，對於區域土司的研究，雲南各地因爲氣候、地理環境和以少數民族爲中心的人文環境存在著很大差別，以致各地土司的情況在總體上遵循一定的發展規律，但其特性未能引發更多的探討和深入研究，即以一定區域的土司爲對象的專題研究尚屬薄弱，這是本書的切入點。

　　雲南彝族分布很廣，現主要分布在楚雄、紅河、寧蒗等地區，古代分布的範圍更廣，滇東北地區在古代是彝族的主要聚集區之一，元、明、清時期這一地區彝族居住區發生了很大的變化，由彝族主要聚居區逐漸演變爲漢多夷少的雜居區，對這些變遷的原因近年來研究涉及較少，研究成果尚少且不夠深入。基於此，以滇東北彝族土司研究爲個案，力求通過對諸多史蹟的考述，找出滇東北彝族土司從設置、發展到最終改土歸流的歷史軌跡，展現元、明、清時期中央王朝在該地區實行的治理政策及土司制度本身的發展特點，同時兼及滇東北地區社會發展和民族關係的變遷，進一步揭示元、明、清三朝土司制度的發展歷程。以滇東北彝族土司爲個案的研究也是中國古代土司制度研究的組成部分，從具體而微觀的代表見證中國少數民族歷史的發展變化，以探索認識中國土司制度的微觀視野。

　　當前對土司制度研究成果中，廣義角度研究成果多於個案研究，但也存在著一些問題，即在少數民族地區一般都存在著民族不同、地域不同、社會發展程度和政治制度的不同。宏觀的研究從總體上體現土司的共性，但是各自的差異性卻很難體現。進行個案研究不僅是研究程度的深化，也會使雲南各地土司之間在發展中的聯繫與區別能夠更好地體現，使其研究成果更加豐富。

　　其研究的意義在於：

　　1.滇東北地處川、滇、黔三省結合部，扼三省要衝，是溝通中原與雲南的咽喉要道，自古以來都是兵家必爭之地，而且也正是由於獨特的地理位置及區位優勢，才使得各地土司能夠在中央王朝的統一治理下生存和發展。從這一點上來說，中央王朝開拓滇東北地區是與當地民族權力博弈的過程，也是不同文化互相碰撞與融合的過程。可為我們今天以區域經濟發展為中心的戰略研究提供歷史借鑒。

　　2.滇東北地區土司存續時間長久，改流進程緩慢且複雜，可以說是整個雲南土司的縮影，集多樣性、複雜性、典型性於一體，構成雲南土司制度歷史上的一個突出的地域特點。土司制度在滇東北地區的實施及中央王朝施政方針與社會影響，也是同中有異，異中有同。這種在同一制度下的不同表現，更是反映了區域社會歷史發展的不平衡性和多樣性，而這正是區域社會史研究的意義之所在。通過對滇東北地區彝族土司的個案分析，尤其是透過對滇東北地區歷史資料的解讀，有助於對滇東北地區社會歷史的進一步認識。

　　3.土司制度是中國少數民族社會政治制度發展史上的重要里程碑，在滇東北地區是彝族文化與漢文化相互妥協的結果，更多的體現了彝族儒化的過程。透過歷史，探討當時不同層次的人群在社會變遷中起到的影響和作用，關注彼此之間的矛盾與融合，以及國家權力如何逐進滲透，從而對地方實施控制。這些方面的研究涉及到鄉村政權的建立和控制問題，對當今的地方自治問題有一定的參考意義。故對該領域的研究，不僅對進一步研究元、明、清的邊疆政策有重要意義，而且對制定現實的民族政策，推動滇東北地區構建富裕、民主、文明的小康社會有積極的作用。

　　4.元、明、清時期，滇東北地區的少數民族叛服不常，中央政府採取了各種措施，力圖通過恩威並濟的方式安撫該地區。從總的方面來說，施政措施

有其成功的一面，但也有不少敗筆，如「貴華夏，賤夷狄」的大民族主義思想和對邊疆地區少數民族的歧視，導致中央王朝在滇東北地區改土歸流時的血腥鎮壓，使中央與地方之間的矛盾激化，引發各族人民的反抗，破壞了和諧的民族關係。總結分析中央王朝與當地土司及各族人民之間紛繁複雜的控制與反控制、安定和諧與矛盾衝突的正反兩方面的經驗與教訓，可爲當今構建和諧社會提供借鑒。

5.滇東北彝族土司總體做到順服國家權力權威而謹遵職銜承襲制度、恪盡臣職而履行朝貢納賦義務、效忠納誠而遣派土兵徵調駐防、崇文向化與認同中央王朝等；但由於獨特的區域人文環境、土司的認知、地域認同與國家認同等原因，滇東北彝族土司在某一時期發生國家認同危機，特別是消極對待中央王朝，使其在清中期從政治歸附走向悖逆、反抗，最終被中央王朝改土歸流。從建構國家認同與國家治理體系的角度看，元明清三朝強化國家集權統治和地方治理的成功經驗是寶貴有效的，失敗教訓也是深刻慘痛的，其研究具有理論創新價值，值得學界開展更加深入的研究。

有鑑於此，對元、明、清時期滇東北彝族土司的設置、發展、衰亡進行實證研究，即通過中央王朝對滇東北地區的招撫、諸土司的設置、中央王朝對滇東北彝族土司的管理與控制、滇東北地區的社會發展狀況及民族關係、改土歸流等方面進行系統的探討，以深化對滇東北地區土司制度的本質認識。在此基礎上，通過正史、地方史志、家譜、碑刻、土司遺址等來揭示土司制度實施的地區性，找出特定歷史時期滇東北彝族土司的演變規律，通過對中央王朝在滇東北地區實施的民族政策，對土司制定的各種管理規定，地方與中央之間的互動關係，地方社會經濟發展狀況等方面進行分析，從而達到從整體上認識中國古代民族政策發展的歷史軌跡。在滇東北彝族土司地區，中央王朝爲了使於治理，對土司進行了分割與瓦解其地方實力，一方面是剿撫並用，另一方面是各個土司的實力圈的變化，中央王朝人爲地製造各種矛盾，以達到分而治之的目的，造成滇東北地區少數民族相互間關係複雜化，並且使四川、雲南、貴州等三省邊界互相牽動，這些複雜的關係也是研究這一地區民族間關係的難點與重點，對我們如何認識區域民族政策，整合各地資源，實現該地區民族團結進步具有新的啟示。

二、研究現狀

　　對滇東北彝族土司研究主要是論文，方鐵認爲滇東北在秦漢至元代的發展呈現馬鞍形的變化，這與歷代王朝對此地區的經營方略有關。〔註1〕宋元時期，滇東地區的經濟文化發展及相關的地緣政治狀況較前代均發生明顯的改變。〔註2〕王文光認爲明王朝對滇東北地區的治理施行恩威並重的政策，但烏蒙、東川、芒部、烏撒等部「無事則互起爭端，有事則互爲救援」，多數情況下以矛盾衝突的形式表達，爲清代這一地區劇烈的社會動盪、改土歸流與反改土歸流事件的發生埋下了伏筆。〔註3〕宋超概括了明王朝對烏蠻部通過軍事撻伐制其不叛，衛所設置控扼要道，諸部分治防其合勢，文教化之使其不叛等措施進行經略。〔註4〕

　　陳本明認爲滇東北土官制度源於秦漢，元代粗具規模，明代趨於完備。這就暴露出土官制的弊病，土官「雖受天朝爵號，實自王其地」，爲所欲爲，任意殘害人民，破壞生產力，阻礙地方經濟和文化的發展。〔註5〕隴承弼對烏蒙和芒部土司的傳襲及事蹟做了敘述，並對土司所創造的物質和精神文化在近代昭通市的風俗習慣中產生的影響做了研究。〔註6〕阿堵子爾探析了明代彝族地區土司制度包括土司授職與承襲、朝貢與納賦、升降與賞罰、土兵徵調、土流並治和土司教化等制度內容。〔註7〕

　　顧霞論述了蒙元統治者通過任命、朝貢、承襲等管理措施對彝族土官進行管理，使他們爲蒙元王朝奔走惟命。〔註8〕闡述了明代中央王朝與滇東北

〔註1〕方鐵：《秦漢至元代的滇東北》，《西南民族大學學報》（人文社科版）2018年第9期。

〔註2〕方鐵：《宋元時期今滇中及滇東地區的歷史發展》，《貴州社會科學》2019年第4期。

〔註3〕王文光，段麗波：《試論明朝對烏蒙等部的治理及其政治搏弈關係》，《雲南師範大學學報》（哲學社會科學版）2008年第3期。

〔註4〕宋超：《洪武烏部經略概論》，《安順學院學報》2017年第5期。

〔註5〕陳本明：《明代川滇黔之交彝族土官制度窺影》，載陳本明主編《朱提文化研究論叢》，雲南民族出版社1999年版。

〔註6〕隴承弼：《昭通歷史上的土司制和彝族習俗》，《昭通文史資料選輯》第2輯。

〔註7〕阿堵子爾：《明代烏蒙山區彝族土司制度的基本內容》，《教育文化論壇》2013年第2期。

〔註8〕顧霞：《論元代對滇東北彝族土官的管理》，《昭通師範高等專科學校學報》2011年第4期。

彝族土司既友好交往，隨著勢力的變化也存在權力博弈的一面。〔註9〕認為明代在滇東北地區的土司子弟必須學習儒學方可承襲，加強了對土司的教化。〔註10〕鄧培基、隴兆麟從古代芒部彝族的來源論述其形成，其所在地域從古代直到清朝才固定下來，它的政治時期分為兩個：一是君長制時期從漢至宋，土官制時期是元至清直到改土歸流。〔註11〕劉㳦認為學界對清代滇東北的礦產開發、商業貿易、交通運輸、人口與農業等領域的研究需轉換視角，加強相關史料的收集與整理。〔註12〕

　　王開隊論述了 13～18 世紀雲貴川交界地區地方部族力量與中央權力的較量，使該地區的政區設置產生了政區層級上由繁而簡，政區設置的空間由外而內，在政區的實際控制由虛到實等變化。〔註13〕唐靖從國家歷史視野下清廷對滇東北土司不斷調整管理政策並改土歸流，強化對昭通民族史的研究。〔註14〕顏丙震通過明廷對芒部（鎮雄）兩次土知府承襲紛爭的處置措施認為改土歸流受到周邊土司態度、土司重視血脈傳承、土司地區險惡的地理環境和獨特的風俗民情等多方面因素的制約，致使明廷在改流問題上更慎重和務實。〔註15〕

　　徐林平認為清政府在昭通進行改土歸流，加強了昭通與中央的聯繫，促進了昭通地區經濟社會的發展。〔註16〕張振興認為清朝對烏蒙、鎮雄土司的改土歸流是為清除漠西蒙古對烏蒙、鎮雄土司的裹挾，防範西南土司倒戈，威脅清廷統治，而非廢除土司制度。〔註17〕劉本軍認為改土歸流是一個包括

〔註9〕 顧霞：《明代滇東北彝族土司與中央王朝的關係》，《昭通師範高等專科學校學報》2011 年第 6 期。

〔註10〕 顧霞，李祥：《明代滇東北土司區的儒學教育》，《昭通學院學報》2013 年第 1 期。

〔註11〕 鄧培基，隴兆麟：《古芒部的政治與軍事》，《昭通師範高等專科學校學報》1998 年第 2 期。

〔註12〕 劉㳦：《清代滇東北社會經濟史研究的回顧與展望》，《昆明冶金高等專科學校學報》2018 年第 4 期。

〔註13〕 王開隊：《13～18 世紀雲貴川交界地區政區設置變化趨勢研究》，《中國歷史地理論叢》2009 年第 1 期。

〔註14〕 唐靖：《大歷史視野下清初滇東北土司制的延續與變遷》，《昭通學院學報》2018 年第 4 期。

〔註15〕 顏丙震：《明代芒部（鎮雄）土知府承襲紛爭與改流問題》，《昭通學院學報》2017 年第 3 期。

〔註16〕 徐林平，郭秀《清代時期雲南昭通改土歸流探析》，《邊疆經濟與文化》2017 年第 12 期。

〔註17〕 張振興：《清雍正朝烏蒙、鎮雄土司「改流」動因考——兼論清朝「改土歸流」之實質》，《吉首大學學報》（社會科學版）2015 年第 5 期。

革除土司和善後工作兩方面的過程。鄂爾泰改土歸流的善後措施是調整疆界、選拔流官、設置營汛、查田編賦等，既有成功的經驗，也有失敗的慘痛教訓。〔註18〕潘先林、潘先銀認為滇川黔彝區改土歸流後，廣設儒學、書院、義學等，改變了以前只有彝族上層可以讀書的狀況，廣大彝族子弟都可以入學，並且清政府在錄取名額上給予照顧，對這一地區的文化傳播起到了很大的作用，促使彝族地區的社會生活在幾個方面發生了改變：改漢姓、說漢語；等級制度的整體鬆動；家支制度衰落；宗族制出現；家庭結構變化；衣食住行習尚變化；婚姻喪葬變化；歲時節日變化等。〔註19〕清朝對滇川黔交界的彝族地區進行強制性的改土歸流，引起了該地區彝族社會的發展變化，政治上，土司土目勢力的衰落和新興地主的出現；經濟上領主經濟逐漸緩慢的向地主經濟過渡；文化上不繼傳播並產生深遠影響。這一系列的發展變化與該地區民國年間彝族地方勢力的崛起有直接的關聯。〔註20〕周瓊對鄂爾泰在昭通改土歸流造成當地出現了「四野荒莽，城郭毀盡，軍無所資」的嚴峻局面，清王朝派高其倬至雲南處理善後，分別在軍事上、行政上做一些調整，廣招移民進行屯墾，使昭通在政治上加強與中央王朝的聯繫，經濟上發展了封建生產關係，文化上漢文化廣泛深入傳播，為昭通市的發展奠定了基礎。〔註21〕吳喜認為清王朝力求破除烏蒙山地區的割據狀態，對此地區實行了大規模的改土歸流，以武力清除了割據勢力，由三省分而治之。〔註22〕馬亞輝認為雍正朝改流後的烏蒙土司地區的政治格局、生產方式、社會結構、風俗習慣等發生了很大變化，從而為昭通歸雲南省奠定了基礎。姜建國認為明代雲貴地區土司各自為政，掌土治民。改流後，進行了基層里甲的設置，儒學的推廣，郡縣政區的設置，衛所的設置與衛所屯田，官方交通通信體系的建立，城池的修築等新的流官治理模式。〔註23〕張晗分析了土司文明與核心文明的互動

〔註18〕劉本軍：《鄂爾泰改土歸流的善後措施》，《雲南社會科學》1999 年第 6 期。

〔註19〕潘先林，潘先銀：《「改土歸流」以來儒學在滇川黔彝區的傳播及其影響》，《雲南教育學院學報》1997 年第 6 期。

〔註20〕潘先林，潘先銀：《「改土歸流」以來滇川黔交界地區彝族社會的發展變化》，《雲南民族學院學報》（哲學社會科學版）1997 年第 4 期。

〔註21〕周瓊：《改土歸流後的昭通屯墾》，《民族研究》2001 年第 6 期。

〔註22〕吳喜：《王朝政治：論清朝在烏蒙山地區改土歸流及三省分置》，《貴州民族研究》2016 年第 4 期。

〔註23〕姜建國：《明代雲貴地區改土歸流與掌土治民方式的變遷》，《玉溪師範學院學報》2016 年第 9 期。

過程以及中華文明內部子文明對「多元一體」的認同，「改土歸流」的原因在於土司文明與核心文明之間日益加劇的認同衝突，其結果是將土司文明納入「中原化」的歷史進程中。〔註24〕從以上對滇東北彝族土司研究現狀可以看出，主要集中在以下幾個方面：中央王朝對滇東北地區的治理、土司制度、社會經濟、民族關係、改土歸流及善後措施、改流後社會發展等方面。但也有一些問題值得思考：一是對區域性土司制度缺乏實證研究；二是中央王朝與區域土司之間的互動關係，土司區內各族人民的生產生活等方面的研究，只有在特定區域進行綜合性、多角度、全方位的研究才能更深刻地理解中國土司制度的特點及發展規律。三是在研究方法上，吸收和借鑒其他諸如社會學、人類學、民族學、政治學等學科的方法，保持歷史學本位的研究傳統，從而達到交叉融合，相得益彰的效果，在史料上要有擴展，除正史奏疏外，更應注重地方史志的發掘，以及碑刻、家譜、譜牒、口傳史料、歷史遺址遺跡等文獻資料的搜集和運用，並借鑒田野調查的方法將相關的史料放在其特定的區域與「活」文化背景中進行考察，以便深入對某一特定區域的土司制度進行研究。

三、研究方法和主要觀點

　　元、明、清時期滇東北彝族土司研究是一個區域性的個案研究，力圖通過對滇東北彝族土司的實證研究來理解和把握該地區土司制度的歷史發展變遷，在於揭示其地域特點及土司制度發展規律，展現滇東北地區土司制度的複雜性和典型性，進一步加深對民族政策的研究認識。以歷史學的方法和理論為基礎，以省志、地方志、家譜、譜牒、碑刻等資料為基礎，通過搜集整理相關資料，正確認識滇東北地區的歷史形勢，結合社會學、人類學、民族學、政治學等學科的相關理論和研究方法，將歷史文獻資料、歷史遺跡、檔案資料、文物資料與口述資料等有機地結合利用，在注重史料發掘利用和考證的基礎上，利用歸納、分析等方法，從宏觀與微觀研究中尋找突破點，防止在分析過程中脫離實際或片面化，用歷史學和民族學的研究方法，復原歷史原形，力爭客觀、全面地概述這段歷史。在此基礎上，研究滇東北地區土司制度的基本內容和諸土司的承襲及事蹟，通過個案研究中央王朝與地方之

〔註24〕張晗：《歷史人類學視閾下的認同衝突與「改土歸流」初探——兼論昭通彝族地區的「改土歸流」與社會秩序「中原化」歷程》，《學術探索》2013年第5期。

間的關係，進一步探尋滇東北地區彝族土司的特點及其在歷史上的地位；通過自元代以來歷代中央王朝對滇東北地區的民族政策及滇東北地區的土司政治關係，研究其對彝族地區的政治、經濟、文化等各方面的影響，以及給中央王朝帶來的影響；探索中央王朝在滇東北地區推行土司制度的過程，總結歷史經驗，爲現實提供借鑒。

按以往的學術理論，對於中國這樣一個很早就建立起統一的中央集權制國家而言，各種民族政策基本是由中央制定，並通過各級官僚機構向全國推行，具有廣泛的一致性。因此，土司制度的研究一般以全國爲考察對象，這也是以前土司制度研究多集中於制度本身的研究工作，而較少注意到土司制度行使區域內的地方控制、土司區的社會發展及民族關係等方面的研究。但實際上，對於中國這樣一個多民族國家而言，民族政策在不同地區的實施情況往往存在著程度不同的地區差異，特別是對少數民族聚居區，其政策地方性色彩更爲濃厚，而以往學術界對於土司制度的研究多半還停留在中央控制層面，中央與地方之間的互動關係研究甚少，依據的材料也多爲正史奏疏之類。

對滇東北彝族土司研究的過程，土司的承襲情況、各土司與中央王朝的關係、對下層土民的控制及諸土司之間的關係、對當地民族關係的影響等方面的研究無疑是一個新的研究視野。自秦漢的「羈縻」政策到元明清時期的土司制度，這一民族政策是封建中央王朝通過拉籠少數民族首領寵之以爵號，對少數民族地區「因俗而治」，中央王朝通過土司對當地的治理來實現賦稅的收入及加強邊疆的穩定，最終達到祖國的統一，爲祖國的「多元一統格局」奠定基礎。本書主要對元明清時期滇東北地區彝族土司的主要活動，中央王朝對滇東北彝族土司的征服和治理，土司與中央王朝的關係，土司內部政治結構與統治狀況，土司與相鄰土司間的關係，不同時期彝族土司勢力發展的變遷以及改土歸流中彝族諸土司的覆亡歷程，改流後該地區的社會發展變遷等方面進行研究。需要論述與考辨相結合，對眾多史實進行分析總結，以滇東北彝族土司的興亡作爲貫穿全文之主軸，刻畫出土司發展的歷史軌跡。彝族土司既是中國古代土司制度的組成部分，也是其具體而微的一個代表。立足對滇東北彝族土司興亡發展的微觀剖析，當能拓展認識中國土司制度的宏觀視野。

　　對民族政策的區域性研究有助於我們深入瞭解土司制度在不同區域實施過程中的具體情況，從而更爲準確地把握民族政策的實質。更爲重要的是，由於民族政策在不同地區實施的差異性往往折射出該地區社會政治經濟發展的巨大差異性與地域特徵，通過對特定區域民族政策的實施及流變的探討無疑有助於我們更深入全面地認識和把握區域少數民族社會生活的地域特點。

四、相關概念的界定

（一）滇東北地區

　　滇東北地區是指現在昭通市、曲靖市、昆明市的東川區和尋甸縣。從地理位置上來說，「曲靖鎖鑰全滇」。〔註25〕昭通市的地理位置更爲重要，「昭之於滇，地屬東陲，壤接川黔，爲三邊要隘。」〔註26〕「昭通位滇東北隅，地連川黔，五方雜處，內制七邑，外防巴蠻，上接東川巧家，實滇邊防戰士之屛障。」〔註27〕昭通於滇屬重鎮，地當衝繁，毗連巴部。〔註28〕這一區域位於滇、川、黔三省交界處，其政治局勢錯綜複雜：「烏撒、東川、烏蒙、鎮雄諸府地界，復相錯於川、滇、黔、楚之間，統轄既分，事權不一，往往軼出爲諸邊害。故封疆大吏陳情，冀安邊隅，而中樞之臣動誄勘報，彌年經月，卒無成畫，以致疆事日壞」。〔註29〕清人魏源說：「隸屬於四川的東川、烏蒙、芒部等諸土司皆去川遠，去滇、黔近，滇、黔有可制之勢而無其權，四川有可制之權而無其勢」。〔註30〕導致昭通、鎮雄、東川在元明清時期與雲南時分時合。

　　從民族分布上來說，元明清時期，這一區域爲彝族主要聚集區之一，政治上，中央王朝以當地的彝族首領爲土官對本地各民族進行統治，元代這一地區的勢力強大，叛服無常，元王朝設宣慰使司進行管理；明代隨著中央王

〔註25〕《明史》卷三百一十三《雲南土司傳一》，中華書局 1974 年版第 8086 頁。

〔註26〕民國《昭通縣志稿》卷一《大事記》，載《昭通舊志彙編一》，雲南人民出版社 2006 年版第 300 頁。

〔註27〕《昭通志稿》卷一《方輿志形勢》，載《昭通舊志彙編一》，雲南人民出版社 2006 年版第 103 頁。

〔註28〕《昭通志稿》卷四《官師志》，載《昭通舊志彙編一》，雲南人民出版社 2006 年版第 166 頁。

〔註29〕《明史》卷三百一十一《四川土司傳一》，中華書局 1974 年版第 8013 頁。

〔註30〕（清）魏源撰，韓錫鋒等點校：《聖武記》卷七《雍正西南夷改流記上》，中華書局 1984 年版第 283 頁。

朝統治的深入，在曲靖地區與尋甸，中央王朝通過設立衛所，以軍事機構進行震懾，故在明代的改土歸流得以順利進行，而在昭通與東川由於彝族土司勢力強大，中央王朝勢力難以有效控制，只好仍實行土司制度，即使在芒部進行改土歸流也以失敗而告終，不得不改流復土，故有明一代，這一地區出現了分化，曲靖與尋甸納入中央王朝的流官統治體系，昭通與東川仍行土官之制；清代，中央王朝各方面的勢力都強大，對於頑固的土官勢力強行改流，另外土司制度的發展也已走到盡頭，在清雍正年間對昭通與東川進行改流，至此滇東北地區的土司勢力基本消失，只剩下一些小的土目，但對中央王朝的統治已沒有任何威脅，已變為一般的勞動人民。族屬上，滇東北地區為唐烏蠻三十七部分布地區之一，故把曲靖市、昭通市、東川區、尋甸縣做為一個整體進行區域性研究，在於其有共性也有差異性，揭示這一區域在不同的歷史時期，中央王朝的治理策略、土司對中央王朝的國家認同存在不同的變化。

（二）土酋、土官、土司

土官、土司的含義，歷來是學界爭議的焦點。土官是中央王朝在邊疆少數民族地區任命的少數民族首領，元代以前稱為土酋。土司最早出現於明嘉靖中期，即指由封建中央王朝任命的邊疆少數民族地區首領擔任具體的世襲官職，也指稱土官的衙門，即土官的政權機關或土官政權，包括宣慰司、宣撫司、安撫司、長官司、土知府、土知州、土知縣等由土官管理的衙門。從職官的角度來看，土官與土司可以互相替代通用。從統治機構的角度看，土司的語義範疇要大於土官，在這種情況下土官不可替換土司，但土司可以替代土官。一般而言，土司即可指土官官職，也可指土官衙門。即土司包含土官在內，土官則不可概稱為土司。

（三）彝族

彝族是在元、明、清時稱「玀玀」、「保保」、「猓猓」、「羅羅」等的民族共同體，但各支系的名稱又不一樣，到二十世紀五十年代進行民族識別時，尊從各支系的意願及文化特徵統一識別為彝族。

第一章　元代滇東北地區土司制度的確立

第一節　元以前中央王朝對滇東北地區的設治

一、秦漢對滇東北地區的治理

　　秦統一全國後，試圖開拓巴蜀以南的西南夷地區，「秦時常頗略通五尺道，諸此國頗置吏焉。」〔註1〕秦在西南夷地區開通五尺道，「五尺道的起點在今四川宜賓，往南經雲南昭通後直達曲靖市。」〔註2〕五尺道恰好經過滇東北地區。並在沿線設置郡縣，派遣官吏進行統治。

　　漢初，中央王朝忙於安定內部及應付北方的匈奴，無暇顧及西南夷地區，故「關蜀故徼」。到漢武帝時，為了斷匈奴右臂，派張騫出使西域，騫言「居時大夏見到蜀布、邛竹杖，使問所從來，曰：『從東南身毒國，可數千里，得蜀賈人市』。或聞邛西可二千里有身毒國。」〔註3〕使漢武帝決定尋找一條斷匈奴右臂的道路而開拓西南夷，漢武帝建元六年（前135年）開設犍為郡〔註4〕。犍為郡下轄南廣縣（今鎮雄、威信、彝良、鹽津）、朱提縣（今昭通、魯甸、永善）、堂琅縣（今巧家縣、會澤縣及東川區）、存鄢縣（今宣威市）。元封二年（前109年）「滇王……舉國降，請置吏入朝。於是以為益

〔註1〕《史記·西南夷列傳》，中華書局1982年版，第2993頁。
〔註2〕何耀華主編：《雲南通史》第二卷，中國社會科學出版社2011年版第17頁。
〔註3〕《史記·西南夷列傳》，中華書局1959年版第2995頁。
〔註4〕漢班固撰：《漢書·地理志》卷28上，中華書局1962年第1599頁。

州郡，賜滇王王印，復長其民。」〔註5〕益州郡下轄味縣（今曲靖市）、牧靡縣（今尋甸縣）。任命滇王爲郡長，統轄屬民。

漢王朝在滇東北地區採取的是「且以其故俗治，毋賦稅」〔註6〕的初郡政策，即維持少數民族首領原有的統治方式，並任命少數民族首領爲王、侯、邑長、郡長，使他們成爲漢王朝的地方長官。漢王朝派到初郡的郡縣官吏只能通過所封的王、侯、邑長、郡長對初郡的進行統治。這種「土流」二元統治結構便是最初的羈縻統治，《史記・司馬相如列傳・索引》說：「按：羈，馬絡頭也；縻，牛繮也。《漢官儀》云：馬云羈，牛云縻，言治四夷如牛馬之受羈縻也。」〔註7〕

漢王朝在滇東北地區實施的初郡政策，保持了滇東北地區彝族內部原有的經濟、政治結構不變，保持彝族首領原來統治地位不變的情況下，漢王朝通過他們對滇東北地區進行統治。

二、魏晉南北朝對滇東北地區的治理

蜀漢以巴蜀爲基地經營南中，諸葛亮爲了招撫南中，改犍爲屬國爲朱提郡，「建武后省爲犍爲屬國。至建安二十年（215年），鄧方爲都尉，先主因易名太守。屬縣五，戶八千。去洛五千三百里。」〔註8〕「以犍爲屬國爲朱提郡。」〔註9〕「朱提郡，蜀置。統縣五，戶二千六百。朱提（治今昭通）、南廣（治今鎭雄）、漢陽（治今威寧）、南秦（治今畢節）、堂狼（治今東川）。」〔註10〕南征以後，蜀漢改益州郡爲建寧郡，將建寧郡的治所移至味縣（今雲南曲靖）。

諸葛亮平定南中後，爲了團結南中的地方大姓和夷帥，安定社會秩序，穩定蜀漢對南中的統治，諸葛亮提出「即其渠帥而用之」的治理政策。諸葛亮說「若留外人，則當留兵，兵留則無所食，一不易也；加夷新傷破，父兄死傷，留外人而無兵者，必成禍患，二不易也；以夷累有廢殺之罪，自嫌釁重，若留外人，終不相信，三不易也。今吾欲不留兵，不運糧，而綱紀粗定，夷漢粗安也」〔註11〕諸葛亮「收其俊傑，建寧爨習、朱提孟琰及獲爲官屬。習官至領軍，

〔註5〕《史記・西南夷列傳》，中華書局，1982年版，2997頁。
〔註6〕《史記・平準書》，中華書局，1982年版，第1440頁。
〔註7〕《史記》中華書局1959年第三世界國家049～3050頁。
〔註8〕晉・常璩撰：《華陽國志・南中志》卷4，齊魯書社，2010年，第55頁。
〔註9〕唐・房玄齡等撰：《晉書・地理志》卷14，中華書局，1974年，第439頁。
〔註10〕唐・房玄齡等撰：《晉書・地理志》卷14，中華書局，1974年，第440頁。
〔註11〕《三國志・蜀志》。

談輔漢將軍，獲御史中丞。」〔註12〕任命爨習、孟談爲夷帥，這種做法對團結地方大姓、夷帥，統治滇東北地區具有重要作用。正因爲蜀漢對南中實行了正確的民族政策，南中出現了比較安定的政治局面，各民族之間無大的矛盾糾紛。

　　兩晉南北朝時期，民族關係甚爲複雜，戰爭不斷，南中爲爨氏所踞。兩晉在南中的統治不是採用安撫和籠絡的方式，更多的是以軍事打壓爲主，這種統治策略促使南中大姓勢力脫離中原王朝，逐漸形成爨氏獨霸南中的局面。中央王朝對爨氏的治理是給予「酋豪」、「酋帥」封官加爵，遙授「太守」、「刺史」〔註13〕等官爵，這些只是中央王朝加封的虛名而已沒有實質意義，實不能有效控制。滇東北地區設建寧郡和朱提郡。大姓有建寧的孟獲、朱提的孟琰。

三、唐宋時期對滇東北地區的治理

　　唐初，在西南少數民族地區設立羈縻州。《新唐書·地理七下·羈縻州》：「唐興，未暇於四夷，自太宗平突厥，西北諸番及蠻夷稍稍內屬，即其部落列置州縣。其人者爲都督府，以其首領爲都督、刺史，皆得世襲。雖貢賦版籍，多不上戶部，然聲教所暨，皆邊州都督護所領，著於令式。……其後或臣或叛，經制不一，不能詳見。……大凡府州八百五十六，號爲羈縻云。」〔註14〕即羈縻制度是一種在少數民族地區實行的比較鬆散的政治制度。在少數民族地區設立如羈縻府、羈縻州、羈縻縣等，封授少數民族首領爲長官對轄區進行管理，所轄地區只是象徵性的繳納賦稅，戶口也沒有嚴格進行登記。滇東北地區於武德元年（618年）改犍爲郡爲戎州，武德四年（621年）又置南寧州總管府，管南寧（今曲靖一帶）、恭、協（今雲南昭通至黔西一帶）。貞觀六年（632年）設置都督府，督戎、郎、昆、曲、協、黎、盤、曾、鉤、髳、尹、匡、褒、宗、靡、姚、微等到十七州，其中郎州（曲靖、陸良、尋甸、馬龍、師宗）、麻州（宣威）、曲州（昭通、會澤）、協州（鎮雄、威信、彝良、大關、鹽津、綏江）在滇東北地區內。

　　《宋史·蠻夷三》載：「唐末，諸酋分據其地，自爲刺史。宋興，始通中國，奉正朔，修職貢。間有桀黠貪利或疆吏失於撫御，往往聚而爲寇，抄掠

〔註12〕常璩：《華陽國志·南中志》卷4，劉琳校注，巴蜀書社本，第357頁。

〔註13〕今存《爨寶子碑》書：「晉故振威將軍建寧太守嬰府君子墓」。又立於南朝劉宋孝武帝大明二年（458年）的《爨龍顏碑》記述，爨是「晉寧、建寧二郡太守，寧州刺史」，其父爲「晉寧、建寧二郡太守，追益寧州刺史」等等。

〔註14〕《新唐書》，中華書局，1975年版第1119～1120頁。

邊戶。朝廷禽獸畜之，務在羈縻，不深治之。」〔註 15〕大理國在滇東北地區
設東川郡，以東川郡統領烏撒、阿頭、易溪、易娘、烏蒙、伮畔等部。石城
郡下領磨彌、普摩、納垢、羅雄、夜苴、落蒙、落溫、師宗、仁德等部。滇
東烏蠻各部聯合起來反抗大理國的統治，並曾攻入善闡城（在今昆明），在這
種情況下，大理國很難對滇東北地區進行有效的經營和管理。對其部落只能
採取十分鬆散的羈縻治策。正因爲中央王朝對羈縻州縣的管理鬆散，使之與
中央王朝的關係若即若離，在國家認同上比較淡化，導致羈縻州縣「或臣或
叛」「往往聚而爲寇，抄掠邊戶」等現象出現。

第二節　元代滇東北彝族土司的設置

　　元憲宗三年（1253 年），忽必烈率師自甘青草原南下，乘革囊渡過金沙江進
入雲南，滅大理國。1255 年秋末，兀良合臺率兵攻戰今曲靖，進而打通與四川
駐軍會師的通道。「遂出烏蒙趨瀘江，劃禿剌蠻三城，卻宋將張都統兵三萬，奪
其船二百艘於馬湖江，斬獲不可勝計，遂通道與鐵哥帶兒合。1257 年以雲南平，
遣使獻捷於朝，且請依漢故事，以西南夷悉爲郡縣。」〔註 16〕爲了使蒙古貴族的
統治在雲南穩定下來，蒙古貴族統治者在雲南招降尚未征服的少數民族各部，
並在原來各少數民族首領統治區域的基礎上，設立十九個萬戶府和若干個千戶
府、百戶所，任用各少數民族首領爲其酋長，以梁王鎮守雲南而總其權。蒙古
統治者在滇東北地區設置了烏蒙萬戶府（昭通）、仁地萬戶府（尋甸）、閟畔萬
戶府（會澤、巧家、東川）、磨彌萬戶府（宣威、沾益、富源）、石城千戶所（曲
靖）、普磨千戶所（越州）、馬龍千戶所（馬龍）、落溫千戶所（陸良）、師宗千
戶所（師宗）、易龍百戶（尋甸縣南部與馬龍縣交界處之易隆）等統治機構。

　　至元十一年（1274 年），在雲南設立行省，元世祖派賽典赤‧瞻思丁爲雲南
平章政事。賽典赤在行省制下改萬戶、千戶、百戶爲路、府、州、縣，雲南行
省分爲路三十七，府二，屬府三、屬州五十四、屬縣四十七，其餘甸寨軍民等
府不在此數。〔註 17〕同時在行省所屬的一些路、府、州、縣區域內，再分設宣
慰司都元帥府。《元史‧百官志》說：「宣慰司掌軍民之務，分道以總郡縣，行
省有政令則布於下，郡縣有請則爲達於省，有邊陲軍旅之事，則都元帥府；其

〔註 15〕《宋史》，中華書局，1977 年版第 14209 頁。
〔註 16〕《元史》卷一百二十一《兀良合臺傳》，中華書局 1976 年版第 2980 頁。
〔註 17〕《元史》卷六十一《地理志四》，中華書局 1976 年版第 1457 頁。

次則立爲元帥府。其在遠服又有招討、安撫等使，品級員數各有等差。」〔註18〕
自宣慰使以下，各路府州縣主要任命當地酋長爲「土官」，與流官共同治理。雲
南實際上存在行省、宗王、土官三大行政系統，行省長官及宗王多由蒙古人擔
任，而在行省下設在少數民族地區的各級政權，實行「參用土酋爲官」的原則。
但元代在滇東北地區的土官任命中有一個顯著的特點是，當地的土官兼任爲行
省長官職銜，但沒有實權，如烏撒烏蒙女土官實卜曾任雲南行省右丞，雖然有
行省級官銜，但並不駐治於首府中慶，如同行省流官一樣治理全省政務，而是
仍舊駐治其世襲轄區。僅是「使以參政之名，自鎮其土」。同樣，各宣慰司也是
「參用其土人爲之」。如曲靖宣慰使蠻酋舉宗助行省攻滅萬夫長伯忽後，以功被
擢升爲行省參知政事。大抵上說，宣慰司主要由流官主管，但也兼置過土官宣
慰使。如烏撒土官祿余、曲靖土官舉宗等，都是見於《元史》記載的土官宣慰使
或宣慰使都元帥。與流官宣慰使或宣慰使都元帥不同的是，他們都是宣慰司
轄下的佔據一方的大土酋，雖掛有宣慰使頭銜名號，而實際是各自治其地，仍
駐治其原來的統轄區。總之，土官的行省職銜或宣慰使的官號是個虛銜，其統
治權只限於其原有地盤。賽典赤利用這種虛銜較妥善地處理好行省、宗王、土
官三者之間的關係，使滇東北地區與內地的關係進入一個新的發展時期。

　　賽典赤治理雲南行省，以土著民族首領充當各級土官，是由當時的歷史
條件決定的，雲南地處邊遠的多民族地區，不僅民族成份複雜，而且各個民
族之間的政治、經濟與文化的發展極不平衡，與內地漢族之間更是存在著巨
大的差別。除個別地方外，雲南大部分少數民族地區的經濟發展都較內地落
後，土酋政權就是在這種落後的經濟基礎上產生並與之相適應的上層建築。
當時雲南各少數民族內部的發展不可能突破原有的生產方式，再加以民族關
係方面的影響，所以要拋開各個土著民族中的上層首領來進行直接的中央集
權統治，實際上是不可能的。只有承認土著首領的世襲權力才能使蒙元王朝
的統治適應少數民族的社會經濟基礎，從而達到實現政治上統一管轄的目
的。況且滇東北地區的地理位置極爲重要，是雲南出入內地的孔道。且境域
遼闊，山嶺縱橫，交通極爲不便。對於這樣的地方，由內地大量委派官員分
管各地難於實現，駐紮軍隊耗費過巨。這種現實情況決定了元朝對滇東北地
區，必須實行不同於內地的政策，即「以本土人治本地事」。這種政策既制約
當地部落首領，又服務於元王朝的統治利益。這就是賽典赤在治理雲南行省

〔註18〕《元史》卷九十一《百官志》，中華書局 1976 年版第 2308 頁。

過程中為解決民族關係而採取的一項重要民族政策。

在滇東北地區元王朝設置了兩個宣慰司，即烏撒烏蒙宣慰司及曲靖宣慰司。宣慰司是介於行省與郡縣之間的政權機構，起到上傳下達的作用，在邊疆少數民族地區，又為軍政合一的機構。《元史・百官志》載：「宣慰司，掌軍民之務，分道以總郡縣，行省有政令則布於下，郡縣有請則為達於省，有邊陲軍旅之事，則兼都元帥府，其次則止為元帥府。」〔註19〕可見宣慰司是行省之下分道總管郡縣的高級地方軍政機構。在滇東北地區有宣慰司則兼都元帥府，如曲靖宣慰司兼都元帥府。此外，還有宣慰司兼管軍萬戶府，如至元二十五年（1288年）「改雲南烏撒宣撫司為宣慰司，兼管萬戶府」。〔註20〕這些設置說明，宣慰司兼都元帥府或管軍萬府，是為鎮撫當地土酋而設。由於兩宣慰司處於邊疆戰略要地，「掌軍民之務」，轄區相當廣闊。烏撒烏蒙宣慰司，下轄烏撒路、烏蒙路、芒部路、東川路；曲靖等路宣慰司下轄曲靖路、澄江路、仁德府、普定路。

關於二宣慰使的族屬，據李京《雲南志略》云：「羅羅，即烏蠻也……自順元、曲靖、烏蒙、烏撒、越嶲皆此類也。……唐開元初，以爨歸王為南寧州都督，理石城（今曲靖）。爨人之名原此。然今日白人為白爨，羅羅為黑爨，字復訛為寸矣。」〔註21〕指出，羅羅即南詔、大理時期的烏蠻，分布區域在今滇東北、黔西、川南一帶，這正與《新唐書・南詔傳》所記載的「烏蠻七部落」所管轄範圍相吻合。唐代南詔北部的「烏蠻七部落」是烏蠻中的一部分，到元代，這一近親群體逐漸統稱為「羅羅」。他們具有較強的獨立性，其部落首領是地方上實際的統治力量。故元代這一區域內的土官為彝族。

一、烏撒烏蒙宣慰司（駐今貴州威寧）

據《元史・地理志》載：「烏撒烏蒙宣慰司，在本部巴的甸。烏撒者蠻名也。其部在中慶東北七百五十里，舊名巴凡兀姑，今曰巴的甸，自昔烏雜蠻居之。今所轄部六，曰烏撒部、阿頭部、易溪部、易娘部、烏蒙部、閟畔部。其東西又有芒布、阿晟二部。後烏蠻之裔折怒始強大，盡得其地，因取遠祖烏撒為部名。憲宗征大理，累招不降。至元十年（1273年）始附。十三年（1276年），立烏撒路。十五年（1278年）為軍民總管府。二十一年（1284年）改

〔註19〕《元史》卷九十一《百官志七》，中華書局1976年版第2308頁。
〔註20〕《元史》卷十五《世祖本紀》，中華書局1976年版第312頁。
〔註21〕雲南省民族研究所編：《雲南志略輯校》，雲南民族出版社1986年版第89～91頁。

軍民宣撫司。二十四年（1287 年）升烏撒烏蒙宣慰司。」〔註 22〕故知烏撒烏蒙宣慰司下轄有烏撒路、烏蒙路、東川路、芒部路。管轄範圍即今昭通市、東川、貴州威寧。烏撒烏蒙宣慰司元代多隸雲南行省，順帝後至元元年（1335 年）九月，改隸四川行省。

烏撒路（駐今貴州威寧）

至元十年（1273 年）內附。十三年（1276 年）置烏撒路，十五年（1278 年）置軍民總管府，二十一年（1284 年）改宣撫司，二十四年（1287 年）升為宣慰司。大德四年（1300 年）置烏撒烏蒙宣慰司州縣。轄今貴州威寧、水城、赫章一帶。烏撒路土官據《招捕總錄烏撒烏蒙東川芒部》載：「大德五年（1301 年），右丞劉深奉命征八百媳婦，徵順元遞運人馬，土官宋隆濟、蛇節等拒命作亂。朝廷起湖廣、河南、四川三省兵馬與田、楊二氏軍馬會雲南省兵收捕。於是，烏撒土官宣慰使普剌、總管那由與東川、芒部乘釁俱叛……烏撒宣慰使僧家奴逃入中慶。」〔註 23〕則當時烏撒設宣慰司，土官宣慰使是普剌。流官宣慰使是僧家奴。又設總管府，土官總管是那由。由於史料的缺乏，土官具體承襲時間及承襲人無可考。

烏蒙路（駐今昭通市昭陽區）

至元間置路。至元二十四年（1287 年）隸烏撒烏蒙宣慰司。轄今昭通市。《元史・世祖紀七》載，至元十五年（1278 年）五月乙未，「以烏蒙路隸雲南行省，仍詔諭烏蒙路總管阿牟，置立驛站，修治道路，其一應事務並聽行省平章賽典赤節制」。〔註 24〕《讀史方輿紀要》載「以土酋阿牟孝順，使世其職。地東西廣五百十五里，南北袤七百六十里。」〔註 25〕阿牟即烏蒙路的土官總管。又《元史・世祖紀十》載：「至元二十二年（1285 年），蒙陰連都掌蠻以叛，世祖詔雲南行省拜答兒命愛魯出兵討之。又至元二十九年（1292 年）九月，烏蒙叛，命四川行省也速代兒將兵討之。二十六年（1289 年）六月，拜答捋兵討烏蒙，並其妻子擒之，皆伏誅。」〔註 26〕這裡所說的烏蒙蠻

〔註 22〕《元史》卷六十一，《地理志四》，中華書局 1976 年版第 1483 頁。

〔註 23〕《招捕總錄》，載方國瑜主編：《雲南史料叢刊》（第二卷），雲南大學出版社 1998 年版第 628 頁。

〔註 24〕《元史》卷十《世祖本紀七》，中華書局 1976 年版第 201 頁。

〔註 25〕顧祖禹：《讀史方輿紀要》卷七十四，中華書局 2005 年版 3412 頁。

〔註 26〕《昭通志稿》卷五《戎事志》，載《昭通舊志彙編一》，雲南人民出版社 2006 年版第 187 頁。

夷宣撫使阿蒙，即前面說的烏蒙路總管阿牟。其初為總管，後升宣撫使。《元史・文宗紀三》載，至順元年（1330年）冬十月辛未，「烏蒙路土官阿朝歸順，遣其通事阿累等貢方物」。[註27] 自至元二十二年（1285年）阿蒙叛後，直到至順元年阿朝又復歸順，仍為土官。按土官承襲制，阿朝即是阿蒙的繼承人。又據《昭通志稿》載：「祿余，烏蒙土官。元文宗至順元年（1330年）賜幣帛各一。夏四月，雲南王圖沁反，伯忽助之，祿余率烏蠻接應。二年（1331年）祿余會東川路總管，合兵殺烏蒙宣慰司月魯，退據金沙江。時四川省臣塔出帖木爾領兵至烏撒，祿余以阿荅等率兵萬餘自山後間道潛出，塔出帖木爾等進兵擊之，祿余大敗遁去。後祿余言於四川行省，謂已世為烏蒙土官，素無異心，曩為伯忽誘脅，乞詔赦罪，出降，仍乞改屬四川，棣永寧路，朝議從之。」[註28] 又《元史・文宗紀五》載，至順三年（1332年）二月己酉，「祿余言於四川行省：『自父祖世為烏撒土官宣慰使，佩虎符，素無異心。』」[註29] 祿余與阿朝疑為同一人，至順元年（1330年）承襲烏蒙土官。此時的烏撒烏蒙土官宣慰使是祿余，其職蓋承襲於其父祖。

芒布路（駐今鎮雄縣）

元世祖至元十年（1273年）癸酉，置芒布部路軍民總管府，轄益良州（彝良）、強州（彝良東北及威信一帶）。二十四年（1287年）丁亥，改隸烏撒烏蒙宣慰司，轄阿頭（赫章）、易溪（威信）、易娘（彝良）三部。[註30] 轄今昭通市鎮雄、威信。《元史・文宗紀三》載，至順元年（1330年）閏七月癸未，「雲南省芒部路九本夷人阿斡、阿里詣四川行省自陳：『本路舊錄四川，今土官撒加伯與雲南連叛，願備糧四百石，民丁千人，助大軍進征。』事聞，詔嘉其去逆效順，厚慰諭之。」[註31] 蓋其時芒部土官隨祿余等叛亂，而芒布部的部分頭目則傾向元朝廷。《元史・文宗紀五》載，至順三年（1332年）二月己酉，「祿余言於四川行省：『自父祖世為烏撒土官宣慰使，佩虎符，素無異心。曩為伯忽誘脅，比聞朝廷招諭，而今期限已過，乞再降詔赦，即率四

〔註27〕 《昭通志稿》卷四《官師志土職》，載《昭通舊志彙編一》，雲南人民出版社2006年版第172頁。

〔註28〕 《昭通志稿》卷四《官師志土職》，載《昭通舊志彙編一》，雲南人民出版社2006年版第172頁。

〔註29〕 《元史》卷三十六《文宗本紀五》，中華書局1976年版第801頁。

〔註30〕 《元史》卷六十一《地理志四》，中華書局1976年版第1466頁。

〔註31〕 《元史》卷三十四《文宗本紀三》，中華書局1976年版第762頁。

路土官出降。』」〔註32〕祿余率四路土官出降，即指烏撒路、烏蒙路、芒部路、東川路的土官。當時芒部路的土官撒伽伯也追隨祿余一起叛亂。

東川路（駐今會澤）

元初內附，置萬戶府。至元十五年（1278 年）改閟畔軍民總管府，隸烏撒烏蒙等處宣慰司。至元二十八年（1291 年），立東川路。《元史·世祖本紀》載至元二十八年（1291 年）八月，罷雲南四州，立東川府。轄今會澤、東川、巧家。《元史·地理志》載：東川路，至元二十八年（1291 年）立。至順三年（1332 年）東川路總管普折兄那具，會雲南宣慰使、土官祿余，殺烏撒宣慰使月魯及東川路府判官、教化二十餘人。《元史·文宗紀四》載，至順二年（1331 年）九月丙子，「樞密院臣言：『雲南東川路總管普折兄那具，會祿余反，殺烏撒宣慰使月魯（按：流官宣慰使）、東川路府判官、教化的（按：流官）二十餘人；又會伯忽佺阿福，領蒙古兵將擊羅羅斯。』」〔註33〕此時東川路的土官總管是普折。《元史·文宗紀四》又載，至順二年（1331 年）冬十月乙巳，「以前東川路總管普折子安樂襲其父職」。〔註34〕

二、曲靖等路宣慰司（駐今曲靖市麒麟區）

《元史·地理志四》載：「元憲宗六年（1256 年），立磨彌部萬戶。至元八年（1271 年），改為中路。十三年（1276 年），改曲靖路總管府。二十年（1283 年），以隸皇太子。二十五年（1288 年），升宣撫司。領縣一、州五。州領六縣。」〔註35〕即元滅段氏分大理國三十七部為南北中三路，至元十三年（1276 年）改中路為曲靖總管。二十五年（1288 年）升曲靖總管府為宣撫司，領縣一，南寧；州五，陸涼、越州、羅雄、馬龍、沾益，陸涼領芳華、河納，羅雄領通泉，沾益領交水、石樑、羅山。〔註36〕宣慰司之設當在至元二十八年（1291 年），「至元二十八年（1291 年）二月己卯，以雲南曲靖等路宣撫司所轄地廣，民心未安，改立曲靖等處宣慰司管軍萬戶府以鎮之。」〔註37〕又《大元混一方輿勝覽》載：「曲靖道宣慰司，曲靖置司，所領曲靖路、澄江路、普

〔註32〕《元史》卷三十六《文宗本紀五》，中華書局 1976 年版第 801 頁。
〔註33〕《元史》卷三十五《文宗本紀四》，中華書局 1976 年版第 790 頁。
〔註34〕《元史》卷三十五《文宗本紀四》，中華書局 1976 年版第 791 頁。
〔註35〕《元史》卷六十一，《地理志四》，中華書局 1976 年版第 1467 頁。
〔註36〕光緒《沾益州志》卷一《建置》，清光緒十一年抄本。
〔註37〕《元史》卷十六《世祖本紀十三》，中華書局 1976 年版第 344 頁。

安路、普定府、仁德府。」〔註38〕故曲靖宣慰司所領有曲靖路、澄江路、普安路、普定路、仁德府，其中只有曲靖路、仁德府在本地區內。

曲靖路（駐今曲靖市麒麟區）

元憲宗六年（1256年），立磨彌部萬戶。至元八年（1271年），改爲中路。十三年（1276年），改曲靖路總管府。《元史・成宗紀一》載：至元三十一年（1294年）十二月庚子，「曲靖、澄江、普安等路夷官各以方物來獻」。〔註39〕知曲靖路有土官。《元史・文宗本紀二》載：天曆二年（1329年）九月甲子，「賜雲南烏撒土官祿余、曲靖土官舉精衣各一襲」。〔註40〕知曲靖土官之名爲舉精。《元史・文宗三》載：至順元年（1330年）三月辛末，「錄討雲南禿堅、伯忽之功，雲南宣慰使土官舉宗、祿余並遙授雲南行省參知政事，餘賜賚有差」。〔註41〕此所說舉宗當爲前述舉精之誤，乃曲靖宣慰司土官宣慰使。元置摩彌部萬戶以宣慰使安舉宗領之，爲沾益州（駐今宣威市東效）安氏世襲土司始此。〔註42〕安舉宗，隨元出征雲南有功，授懷遠將軍職，二世阿蒙承襲，無嗣。三世阿朝係舉宗次子，征粵西有功，改授行省參政，長男阿鐸未襲，身故，次男阿哥承襲。〔註43〕又《元史・文宗本紀》載：「至順元年（1330年）三月辛末，錄討雲南禿堅、伯忽之功，雲南宣慰使土官舉宗、祿余並遙授雲南行省參知政事。〔註44〕故曲靖路第一任土官爲安舉宗，其承襲順序如下：

序號	姓名	承襲關係	承襲時間	事蹟
1	安舉宗		至順元年	隨元出征有功授懷遠將軍
2	阿蒙	安舉宗子		
3	阿朝	舉宗次子		征粵有功改授行省參政
4	阿哥	阿朝次子		

仁德府（駐今尋甸）

《元史・地理志》載：昔樊剌蠻居之，無郡縣。其部曰仲札溢源，後烏蠻之裔新丁奪而有之。至四世孫，因其祖名新丁，以爲部號，語訛爲仁地。憲宗

〔註38〕《混一方輿勝覽》，載《雲南史料叢刊》第三卷，雲南大學出版社1998年版第109頁。

〔註39〕《元史》卷十八《成宗本紀一》，中華書局1976年版第388頁。

〔註40〕《元史》卷三十三《文宗本紀二》，中華書局1976年版第740頁。

〔註41〕《元史》卷三十四《文宗本紀三》，中華書局1976年版第754頁。

〔註42〕道光《宣威州志・原序》，道光二十四年抄本。

〔註43〕道光《宣威州志》卷五《土司》，道光二十四年抄本。

〔註44〕《元史》卷三十四《文宗本紀二》，中華書局1976年版第754頁。

五年（1255 年）內附。原烏蠻新丁部居之，後訛爲仁地（地、德相通）。憲宗五年（1255 年）內附。六年（1256 年），立仁地萬戶。至元十三年（1276 年），改萬爲仁德府。〔註45〕駐今尋甸縣。領二縣：爲美，原仁地故部，至元二十四年（1287 年）置縣，駐今尋甸縣北。歸厚，舊隸仁地部，至元二十四年（1287 年），立倘塘縣，二十五年（1288 年），改曰歸厚，駐今尋甸縣西。其土官及其世襲無考。

　　元代在滇東北地區設置的土官，其特點：一是每個路府都設有土官，其州縣也應設有小土官，但因資料的缺乏，無從考證，姑且認爲設有小土官。二是宣慰司的宣慰使授予爲行省長官職銜，但只是虛設沒有實際的職責。如曲靖宣慰使安舉宗、烏撒烏蒙宣慰使祿余爲行省參知政事，雖兼有行省級官銜，但仍舊駐於其世襲領地。

　　總上所述，元朝採取「錄用土官以統其民」的方式，通過當地土著首領對少數民族地區實行統治，是一種明智的策略。由於滇東北地區社會歷史發展較爲落後，土酋統治當地有著悠久的歷史，世代據有此地，勢力根深蒂固，外部勢力很難進入，如果元土朝不妥善處理與他們的關係，則難以建立在當地的統治。土酋的原有特權地位一旦得到了承認和保證，他們便會接受元朝統攝，「奔走惟命」，成了元王朝在滇東北地區統治的支柱。這些說明元代土司制度在滇東北地區逐漸確立起來，在此時代背景下，無疑是歷史的一大進步。

第三節　元代滇東北彝族土司與中央王朝的關係

一、中央王朝對滇東北土司的治理

　　元代在滇東北地區實施的治理政策，即是總結歷代王朝，特別是唐宋以來實行的羈縻州制的經驗基礎上，又有了新的發展，羈縻制雖以郡縣命名，但各郡縣官吏是由內地派遣的漢族擔任太守、縣令，而各少數民族貴族上層則另封爲王、侯，在本民族中擁有相當大的權力，漢族的太守、縣令很難過問他們的內部事務，使羈縻郡縣成爲少數民族的獨立王國。另一方面，元朝在全國實行四等人制，推行民族壓迫政策，蒙元統治者屬於少數民族，較少「華夷有別」和「內華夏、外夷狄」的封建正統觀念，對邊疆少數民族較少歧視和偏見。邊疆少數民族的首領只要歸附，元朝通常授予一定的官職，並

〔註45〕《元史》卷六十一《地理志四》，中華書局 1976 年版第 1470 頁。

納入國家官僚系統，在此基礎上形成了有別於前代「羈縻之制」的土官制度。且創立了一套使各少數民族貴族直接參政的辦法，官有流土之分，於是始有土官之名，並對土官的任命承襲、升遷、懲罰做了一些規定，初步形成了一套土官制度。可以說，元代對滇東北地區少數民族統治政策比漢唐時期羈縻制有所發展，且對後世，特別是明清兩朝的土司制度產生了深遠的影響。

二、元代對滇東北土司的管理

元代，土司之制初創，在少數民族地區創立了蒙、夷分治之法，官有流土之分，於是始有土官的政權機構土司之名。土官的官銜，包括武職宣慰使、宣撫使、安撫使、長官司長官，及文職土知府、土知州、土知縣等司，在元代均已齊備，並在雲南、湖廣、四川諸行省的廣闊區域內，任用土酋為官，故清人羅繞典《黔南職方紀略》卷七載：「元代土官有總管、宣撫司、安撫司、長官司，土府、土州、土縣凡七等。」這表明，元代設立土司、土官，已成為「一代之制」。〔註46〕加之中央王朝在土官的任命、承襲、升遷、懲罰，土司的朝貢與納賦、土兵的組織與徵調等方面規定了一系列的實施、政策，故土司制度已從元代開始正式形成。

元代的土官制度，在政治上明顯體現土著勢力同元王朝之間的依附與隸屬關係，土官是在王權範圍內保持其世襲權力。各地方土官直隸於行省，由行省分派的宣慰司都元帥府節制管理。土官之間如發生糾紛，要接受行省官員的裁決，朝廷對土官有升降罷黜懲罰處治之權。重要的是土官要按時入朝貢方物，並將子侄入質京師，或留質雲南。同時中央王朝按各土官所轄地區範圍的大小、人口的多寡及出產情況，規定差發貢賦的數額。土官所轄地區的戶口、民男要登記造冊，上報朝廷，要向朝廷納租賦、承擔徭役等。此外，土官還有受命修理道路、設立驛站的義務。

（一）土官任命

元代在滇東北地區設置的土官官職有總管、土知府、土知州、土知縣。凡是元朝所任命的土官，必須同時具有：誥敕，即元朝所賜給土官的委任狀；印章，土酋歸附後，必須交出以往朝廷所授印章，由元朝另授新印，以示元朝的權威性；虎符，元朝賜予土官並以此做為土官調遣土兵的標誌；驛傳璽

〔註46〕肖永瑢：《歷代職官表》卷一，《四庫全書‧史部》。

書或金銀圓符，做爲土官朝貢或上達邊情，沿途赴京的通行證。有了這些信物的土司，才可「稗得以王官族節，統攝其部落」。凡土酋被任命爲土司後，必須要賜予土司以上信物，以視該土酋已成爲元朝職官系統裡的官吏，而土司則憑藉這些信物與中央王朝、地方其他官員開展工作聯繫，並以這些信物作爲統治當地各民族的憑證。中央王朝並對土司作了承襲、升遷、懲處的規定。一經任命，便世代相襲。如大德七年（1303 年），改普定府爲路，隸曲靖宣慰司，以故知府容苴妻適姑爲總管，「佩虎符」。

（二）土官承襲

元朝，只要土酋歸附，便土官授職，皆爲世襲，成爲「世襲土官」。爲了防止世襲中的冒襲、錯襲，元朝規定了承襲順序：先子後侄、兄弟，無子侄或兄弟者，則妻亦可承襲，但妻必須是本民族人。據《元史·仁宗本紀》記載，延祐六年（1319 年）「中書省臣言：『雲南土官病故，子侄兄弟襲之，無則妻承夫職，遠方蠻夷，頑獷難制，必任土人，可以集事。今或闕員，宜從本俗，權職以行。』制曰『可』」。〔註 47〕因此，至順二年（1331 年），「以前東川路總管普折子安樂襲其父職」。可見元代土官承襲之法，主要是「從本俗」行事，不僅子侄兄弟，妻也可襲替。與定期輪換的流官不同，這個「從本俗」的政策，即保留其內部原有的政治經濟結構和文化生活習俗不變，通過各民族中的貴族分子來進行貢納的徵收。其目的在於團結邊疆各少數民族中的貴族分子，以穩定對邊疆少數民族地區的統治。

（二）土官貢賦

朝貢納賦是元朝國家權力和地方治理體系能力建構的重要方面，包涵著土司對國家權力和制度體制的畏服與尊崇，元王朝要求土司履行朝貢納賦義務，土官應定期向中央王朝貢獻方物、繳納租賦等，而且貢品有定額。以表示接受中央王朝的統治。元朝土官入朝進貢的記載，史不絕書。有時數目人得驚人，如元成宗大德九年（1305 年）「東川路蠻官阿葵以馬二百五十匹，金二百五十兩及方物來獻。」〔註 48〕土官每年要進貢，且貢有定額。不經中央批准，土官不能任意增減貢品。例如至元十九年（1282 年），「烏蒙宣撫司進馬，逾歲獻之額，（時太子眞金爲燕王，領中書省事）即諭之曰：『去年嘗俾

〔註 47〕《元史》卷二十六《仁宗本紀三》，中華書局 1976 年版第 589 頁。
〔註 48〕《元史》卷二十一《成宗本紀四》，中華書局 1976 年版第 463 頁。

勿多進馬，恐道路所經，數勞吾民也，自今其勿復然』。」〔註49〕中央王朝對土官繳納的賦稅也做了規定，「烏蠻等租賦，歲發軍徵乃集」。〔註50〕《元史‧地理志》載：「雲南、湖廣之邊，唐所謂羈縻之州，往往在是，今皆賦役之，比於內地」。〔註51〕可見，納賦是土官地區歸屬中央王朝的重要標誌。同時還規定了「雲南賦稅用金為貝，以貝子折納，每金一錢值貝子二十索」。元朝對少數民族地區徵收的賦稅有：金銀、糧食、土產、牲畜等。至元間，烏蒙阿謀「歲輸乘馬」。在特殊情況下元朝也對土司進行賑恤。如成宗大德八年（1304年）六月，烏蒙等路饑疫，賑恤之。〔註52〕

貢賦的意義很大，「朝貢，象徵著土官對中央王朝的臣服；納賦，意味著土司地區歸屬中央王朝的版籍」〔註53〕。貢賦在元朝正式成為一種義務，也是封建王朝對土官教化的時機，中央王朝藉此機會向土官使者宣揚大一統思想，宣揚中原的倫理觀念和上下有別的等級差別。貢賦還是政治、經濟、文化等方面交流的一種有效方式，通過朝貢，土官瞭解內地的情況，對中原文化有直接的認識，向本地各族人民宣傳，在傳播內地文化方面起了積極的作用。另一方面朝廷大量的回賜品比貢品還多，土官從回賜品中學到中原先進的生產經驗和生活方式，開闊了的眼界，加速了漢化的過程，這種頻繁的貢賜關係對土司地區的發展有著積極的作用。

（四）土官獎懲

土官如有功，除按土官品位依次升授外，還可以授予土司至各級政權機關直至行省的參知政事、平章、左右元帥等地方長官的高級職銜。「諸土官有能愛撫軍民，境內寧謐者，三年一次，保勘陞官。其有勳勞，及應升賞承襲」。〔註54〕如至順元年（1330年），「錄討雲南禿堅、伯忽之功，雲南宣慰使土官舉宗、祿余並遙授雲南行省參知政事」。〔註55〕同時嚴格執行土司罰

〔註49〕 《元史》卷一百一十五《裕宗傳》，中華書局 1976 年版第 2891 頁。

〔註50〕 《元史》卷一百二十五《勿辛傳》，中華書局 1976 年版第 3069 頁。

〔註51〕 《元史》卷五十八《地理志》，中華書局 1976 年版第 1346 頁。

〔註52〕 《昭通志稿》卷二《食貨志蠲恤》，載《昭通舊志彙編一》，雲南人民出版社 2006 年版第 138 頁。

〔註53〕 吳永章：《中國土司制度淵源與發展史》，四川民族出版社 1988 年版第 142 頁。

〔註54〕 《元史》卷一百零三《刑法二》，中華書局 1976 年版第 2635 頁。

〔註55〕 《元史》卷三十四《文宗本紀三》，中華書局 1976 年版第 754 頁。

懲制度，「諸內郡官仕雲南者，有罪依常律。土官有罪，罰而不廢。諸左右兩江所部土官，輒興兵相仇殺者，坐以叛逆之罪。其有妄相告言者，以其罪罪之。」〔註56〕由此可見元中央王朝對犯罪土官的懲治較流官為輕，是採用「罰而不廢」的原則，即不輕易廢除其世襲的土官地位。這樣做，顯然有利於保持土司地區的穩定。

綜觀元代在滇東北地區對土官的任命、朝貢、納賦、承襲、升遷、懲罰等一系列的措施，反映出元朝的土司制度已基本確立。從歷史發展的角度來看，仍是一大進步，並為明朝土司制度的完善奠定了基礎；它對地方政權由分散走向統一，多民族國家的發展、邊遠地區的開發具有重要的歷史意義。

總之，元朝在少數民族地區建立各級政權時任用當地土酋為土官，是有社會歷史原因的，是多民族地區的形勢使然。在滇東北地區更是如此。元代在滇東北地區建立的土官制度，是朝廷設置於滇東北地區的一種特殊的地方政權形式，是同當地民族社會經濟發展大體相適應的一種上層建築。

三、滇東北彝族土司反對中央王朝的鬥爭

元代滇東北地區反對中央王朝的鬥爭主要是烏撒烏蒙土官祿余的反抗鬥爭，至順元年（1330 年）正月，烏蒙烏撒土官祿余等，趁蒙古軍禿堅、伯忽在雲南自立為雲南王，鬧分裂割據的機會，率「七百餘人，羅羅蠻萬餘人拒四川兵於烏撒順元界，」〔註57〕殺死流官特莫爾布哈，約烏蒙、東川、芒部、羅羅斯、澄江等地的彝族土官，共同起兵。元朝廷立行樞密院，調四川、湖廣、江浙、河南、陝西諸省兵，命鎮西武靖王搠思班等由四川、豫王阿剌忒納失里等由八番率軍進討。祿余等諸蠻欲攻順元，撒加伯等約結西番欲據大渡河進攻建昌。羅羅斯、澄江等地的反抗遭鎮壓，祿余又聯合水西繼續進行反抗，他們占住要隘，使蒙古軍隊無法進入該地區。元王又朝調四川軍隊由永寧進攻，左丞孛羅帶兵由青山、芒部夾擊。殺祿余土兵二百餘人，祿余潰敗，羅羅斯撒加伯、烏撒阿答等又聯合計萬五千人攻打建昌，躍里鐵木耳等帶元軍追戰於木托山下。四川的元軍在塔出、脫貼木耳等的進擊下，打了敗仗。元朝以烏蒙土官祿余、舉宗為雲南參將誘降。但祿余、舉宗拒不受命。「祿余猶據金沙江，吹巴勒師次羅羅斯，期伊爾特莫爾，俱至三泊郎趨蘇爾，約

〔註56〕《元史》卷一百零《刑法志二》，中華書局 1976 年版第 2635 頁。
〔註57〕《元史》卷三十四《文宗本紀三》，中華書局 1976 年版第 754 頁。

蘇會曲靖馬龍同進兵伊爾特莫爾，倍道兼進，奪金沙江」。〔註58〕但因元軍勢力強大，屢敗之餘，祿余又被特莫爾射傷，並降其民。祿余言於四川行省：「自父祖，世爲烏撒土宣慰使，佩虎符，素無異心。曩爲伯忽誘脅。比聞朝廷招諭，而期限已過，乞再降赦詔，即率四路土官出降，仍乞改屬四川省，隸永寧路，冀得休息。」〔註59〕四川行省上報元朝廷，廷議許之，事方平息。這次叛亂使當地的各族人民如墮水火，「民多失業，加以災傷民饑」。〔註60〕

縱觀烏撒烏蒙土官們的反抗，原因在於元王朝的治理政策，使土官們有一種不安全感，致使他們調動當地的各族人民共同起來反抗。滇東北地區處在雲、貴、川三省的交界處，是雲南通內地的交通要道，歷來是中央王朝治理的難點，當地的土官「素無異心」，只要中央王朝實施的政策適應當地人民的需要，他們是不會起來反抗的。另一方面，這一地區一旦有風吹草動，勢必影響到雲南、四川、貴州的安定，故中央王朝對反抗鬥爭只能是採取一種較殘忍的方式進行鎮壓，調集周圍各省的軍隊從各個方向進攻，使當地「民多失業，加以災傷民饑」，對於滇東北地區的各族人民的生產生活的影響、生態環境的破壞是可想而知的。

四、開展軍民屯田

爲了控制滇東北地區的土司，元王朝在該地區駐軍，駐軍需解決軍隊的糧食問題，「廣屯田以積穀」，於是元王朝在滇東北地區進行軍屯。《元史・兵志》載：「仁宗皇祐三年（1316 年）立烏蒙軍屯。先是，雲南行省言：烏蒙乃雲南咽喉之地，別無屯戍軍馬，其地廣闊，土脈膏腴，皆有古昔屯之跡，乞發畏吾兒及新附漢軍屯田，鎮遏。至是從之。爲戶軍五千人，爲田一千二百五十頃。」〔註61〕《元史・兵志》梁千戶翼軍屯載：「世祖至元三十年（1293年），梁王遣使詣雲南行省言：以漢軍一千人置立屯田。三十一年（1294年）發三百人備鎮戍巡邏，止存七百人於烏蒙屯田，後遷於新興州，爲田三千七百八十九雙」，〔註62〕則梁千戶屯，初在烏蒙，後遷新興州不知在何年。又

〔註58〕《烏蒙紀年》卷三，載《昭通舊志彙編六》，雲南人民出版社 2006 年版第 1826 頁。

〔註59〕《元史》卷三十六《文宗本紀五》，中華書局 1976 年版第 801 頁。

〔註60〕《元史》卷三十八《順帝一》，中華書局 1976 年版第 822 頁。

〔註61〕《元史》卷一百《兵志三》，中華書局 1976 年版第 2578 頁。

〔註62〕《元史》卷一百《兵志三》，中華書局 1976 年版第 2577 頁。

《元史‧仁宗本紀》載：「延祐三年（1316 年）十月壬申，調四川軍二千人，雲南軍三千人，烏蒙等處屯田，置管萬戶府，秩正三品，設官四員，隸雲南省」；又載：「延祐五年（1318 年）七月丙寅，調軍五千人，烏蒙等處屯田，置總管萬戶府，秩正三品，給銀印」。〔註 63〕元王朝大量調遣周邊地區的軍隊屯戍烏蒙，並置萬戶府進行管理。

據《元史‧兵志三》和《元史‧地理四》所載，雲南行省在滇東北地區屯田的情況如下：

烏撒宣慰司：《元史‧兵志》載：「世祖至元二十七年（1290 年）立烏撒路軍屯，以爨、僰軍一百一十四戶屯田。又立東川路民屯，亦係爨、僰軍八十六戶，皆自備己業田」。〔註 64〕兩處並調爨僰軍，而烏撒為軍屯，東川為民屯，其「自備己業田」僅限於東川，而烏撒為「官給田」。軍民屯有二百戶，田數闕載。

曲靖路：《元史‧地理志》載：「本路屯田一千四百八十雙。」編民一千五百戶，漏籍戶七百四十戶。《元史‧兵志》載：「曲靖等處宣慰司兼管軍萬戶府軍民屯田，世祖至元十二年（1275 年）立曲靖路民屯，拘刷所轄州郡諸色漏籍人戶七百四十立屯。十八年（1281 年）續僉民一千八百五十戶增入，其所耕之田，官給一千四百八十雙，自備己業田三千雙。」〔註 65〕

仁德府《元史‧地理志》載：「本府屯田五百六十雙。」《兵志》載：「至元十二年（1275 年）立仁德府民屯，所僉屯戶與澄江同，凡八十戶，官給田二百六十九雙。二十六年（1289 年）始立軍屯，僉爨僰軍十四戶。二十七年（1290 年）續僉五十六戶增入，所耕田畝四百雙，具係軍人己業。」〔註 66〕《經世大典》載：仁德府五百六十雙，漏籍戶八十戶，爨僰軍一百戶。

梁千翼軍屯（先在烏蒙地區，以後遷新興州），先有一千人，以後減為七百人，有田三千七百八十九雙，烏蒙等處屯總管府軍屯有五千人，田一千二百五十頃。總計元代在滇東北地區的屯田，人數達一萬五千一百五十多人，四萬四千一百四十五畝。可見元王朝對滇東北地區的開發非常重視。

元代在滇東北地區的屯田比重相當大，原因在於這一地區少數民族屢

〔註 63〕《元史》卷二十五《仁宗本紀二》，中華書局 1976 年版第 574 頁。
〔註 64〕《元史》卷一百《兵志三》，中華書局 1976 年版第 2577 頁。
〔註 65〕《元史》卷一百《兵志三》，中華書局 1976 年版第 2577 頁。
〔註 66〕《元史》卷一百《兵志三》，中華書局 1976 年版第 2577 頁。

叛,「議者請據其腹心而制之」,以達到「控扼蠻夷腹心之地」的目的遂立屯田。屯田之初吏士或亡或叛終莫能定,延祐五年(1318 年)以行省官兼領其事,命劉元亨主持屯田,於是「盡其水土之利,公有餘而足以用從、私均贍而不敢自私,又通其醫藥、市易、禱祠、遊觀之用,幾不異於中州,」不到三年,屯田區「穩然不可動之勢成矣。」屯田取得一定的成效「羅羅諸山蠻慕之,相率來降,收其地爲郡縣。」另一方面在於這一地區的地理位置重要,是通往中原的重要孔道,自雲南行省建立並以中慶爲省治以來,尤其是經順元(駐今貴陽)入湖廣的驛道開通,加上石門關道、清溪關道,由中慶通往今滇東北和川西南地區共有三條重要驛道,其地位日顯重要,而當地少數民族土官又叛服不常,元朝遂在此區域內大規模屯田,以加強鎮戍。從而也加快了對滇東北地區的開發,《元史・兵志三》載:延祐三年(1316 年)立烏蒙軍屯,先是雲南行省言:「烏蒙乃雲南咽喉之地,別無屯戍軍馬,其地廣闊,土脈膏腴,皆有古昔屯田之跡,乞發畏吾兒及新附漢軍屯田鎮遏。至是從之」。〔註 67〕開展軍屯後,屯田地區的農業生產獲得發展,內地先進的經濟文化因素也隨之傳入,對推動滇東北地區社會的進步起到了重大作用。

軍屯的同時也有民屯的出現,民屯通常由行省設立機構或人員管理,有時官府貸給部分種子耕牛,賽典赤與屯戶相約,所收租賦一般較領主統治下輕,約爲原賦的五分之一,租賦並可根據各地情況折合金銀、馬牛繳納,這些做法都有利於農業生產的發展。民屯的民戶自備「己業田」參加,遂成爲封建國家的佃戶。元末屯田制度廢弛,這些佃戶逐漸演變爲有一定人身自由的農民,因此民屯戶自帶「己業田」加入屯田仍具有積極的社會意義。

開展軍、民屯田以後,「羅羅諸山蠻慕之,相率來降,收其地悉爲郡縣」,〔註 68〕反映了屯田所造成的重要政治影響。曲靖等路「野無荒閒,人皆力耕,地富饒」;仁德府「府境西接中慶,東連曲靖,川原平衍,皆可耕稼」。〔註 69〕烏撒路(今貴州威寧)一帶「諸夷多水田,謂五畝爲一雙」。居於滇東北、川南山區的土僚蠻雖處於「刀耕火種」的階段,但以稻穀爲主食,「所收稻穀,懸於竹棚之下,日旋搗而食」。〔註 70〕

〔註 67〕 《元史》卷一百《兵志三》,中華書局 1976 年版第 2578 頁。
〔註 68〕 《元史》卷一百六十七《張立道傳》,中華書局 1976 年版第 3916 頁。
〔註 69〕 雲南省民族研究所編:《雲南志略輯校》,雲南民族出版社 1986 年版第 89 頁。
〔註 70〕 雲南省民族研究所編:《雲南志略輯校》,雲南民族出版社 1986 年版第 95 頁。

　　總之，屯田是一種封建性的國家所有制經濟，由行省官員直接向屯戶徵收租賦。同奴隸或領主進行最大限度剝削的土地所有制比較起來，屯田所表現的隸屬關係還是比較寬鬆的，軍民屯田實行的是有一定限額的封建剝削。元王朝在滇東北地區屯田的設置，在一定程度上促進了當地農業的繁榮，如烏蒙經歷劉濟於延祐年間整治屯田後，呈現出一派「府中儲積多如山，陂池種魚無干，幾聞春碓響林際，仍爲窳蔬流圃間」的興旺景象。

五、設立站赤

　　據《元史·兵志》記載，驛站的主要作用是「通達邊情，布宣號令」，使軍書文告暢行速達。爲了有效地管轄處於邊陲的雲南地區，元朝政府對滇東北設置驛傳給予高度的重視。《元史·愛魯傳》載：「至元十三年（1276 年），詔開烏蒙道。」愛魯在此時出兵征服烏蒙，得以「水陸皆置驛傳」。至元十四年（1277 年）「命公開二途，陸由烏蠻（烏蒙），水由烏湖（金沙江水道）」自是水陸郵傳皆達敘州。」〔註 71〕《經世大典·站赤篇》載：「至元十五年（1278 年）五月六日，中書平章政事哈伯等奏：中慶路至烏蒙賽典赤所管之地，立訖九站，烏蒙北五站不得立。烏蒙土官稱：使我屬賽典赤，則可立站。臣等議：差人諭塔裏布罕，能主張立站則立之，不能則委賽典赤領其地以立站。又烏蒙北至敘州，若造船立訖水站，則陸路七八日程，順水一日可到；俟立訖，來者由水路，去者由陸路，爲便。並奉聖旨准。」又載：「至元二十八年（1291 年）三月十七日，雲南行省言：中慶至烏蒙路，結合舊路，陸站一十一所，山路險阻，泥潦難行；葉稍壩水至敘州四站，江河險惡，船隻不可近，可設七站，預爲措置定立。外土僚蠻道通烏蒙路地面，華貼、鹽井、必撒、老雅、乙抹，分立陸路四站。又接連敘州管下慶符縣，合立陸路一站，無問多夏，使臣馳驛前來雲南，別無煙障險阻。」三十年（1293 年）對民情已定的烏撒、芒部地區，「改設站赤」。又載雲南行省所轄站赤，「烏撒宣慰司所轄站四十九處，馬站四十五處，水站四處，本司所轄馬站三處，烏撒站，必畔站，阿都站，烏蒙宣撫司所轄站九處。」〔註 72〕可見元代在滇東北地區設立的站赤非常嚴密，陸路、水路的分布遍及滇東北地區。

〔註 71〕《元史》卷一百二二《愛魯傳》，中華書局 1976 年版第 3012 頁。
〔註 72〕《經世大典·站赤篇》，載方國瑜主編：《雲南史料叢刊》（第二卷），雲南大學出版社 1998 年版第 640～641 頁。

　　元代在烏撒烏蒙建立統治機構，開路置驛，駐軍設屯，對當地社會經濟文化產生了巨大影響，推動生產的發展，甚至可以說是進入新時期的開端，有其進步意義。另一方面，由於統治勢力的加強，當地人民遭受嚴重的壓迫剝削，引起武裝反抗。驛站的修築，是元朝廷在少數民族地區行使主權的一個重要手段，驛傳的設置以便於「通達邊情，布宣號令」〔註73〕為目的。大大加強了邊疆與內地之間的政治經濟文化交流，從而也加強了各民族之間的聯繫，有力地促進了滇東北地區經濟的發展。也使元政府能及時解決各種困難，加強了滇東北地區與內地的聯繫。

　　另外，元政府在全國推行儒家的文化教育，以實現文化上的一統化管理，滇東北地區也不例外。元代設儒學提舉司於諸路，以領郡縣學校，《元史‧百官志》載：「諸路儒學提舉司，秩從五品，各處行省所署之地皆署一司，統諸路、府、州、縣學校祭祀教養錢糧之事，及考校呈進著述文字。」〔註74〕至元二十九年（1292年）「設雲南諸路學校，其教官以蜀士充。」「烏蒙路教授杜岩肖謂：『聖明繼統，方內大寧，省臣當罷兵入朝，庶免一方之害。』」烏蒙路有教授，擬已設有學校。仁德府「兼勸農事，修孔子廟以館來學。」〔註75〕曲靖路「庠序大振，追復學田，生徒百數人，成才者夥」，使得曲靖路「丕變南風，齊至於魯」。〔註76〕仁德、曲靖、烏蒙等路府設有學校，以宗教禮儀，宣傳孔孟儒學，以致當地少數民族都把孔子當作「漢佛」，儒學得以廣泛傳播，推動了滇東北地區與中原的一體化。

　　元朝對滇東北地區進行國家權力滲透和整合，通過駐軍屯田、闢設驛道站赤、開設學校等方式使內地或周邊地區先進的生產技術和文化傳播進來，促進了滇東北地區的經濟文化發展，加強了與各民族的交流、交往和交融，推動了各民族的共同發展，把滇東北地區與內地緊密聯繫起來，共同推動元朝的經濟文化發展。

〔註73〕《元史》卷一百一《兵志四》，中華書局1976年版第1601頁。

〔註74〕《元史》卷九十一《百官志七》，中華書局1976年版第2312頁。

〔註75〕（元）李源道撰：《為美縣尹王君墓誌銘》，引方國瑜：《雲南史料叢刊》第三卷，昆明，雲南大學出版社，1998年，第330頁。

〔註76〕（元）鄧麟撰：《元宣慰副使止菴王公墓誌銘》，方國瑜：《雲南史料叢刊》第三卷，昆明，雲南大學出版社，1998年，第331～333頁。

第四節　元代滇東北地區的民族關係

一、滇東北地區民族分布及其生活

　　元代滇東北地區的民族分布主要有羅羅（彝族）、土僚蠻（仡佬族）、僰人（白族）、蒙古人、色目人、漢人等民族。羅羅「自順元、曲靖、烏蒙、烏撒、越嶲皆此類也。」〔註77〕土僚蠻「敘州南、烏蒙北皆是」〔註78〕《大元一統志》載東川路「烏蠻富強，白蠻貧弱，俗尚戰爭。類吐蕃，居多板屋。」〔註79〕仁德府有白族雜居於彝族中。《元史‧地理志》載：「仁德府，昔僰刺蠻居之。」〔註80〕蒙古人、色目人、漢人是到滇東北地區屯戍的軍人及流官，他們的到來對當地的政治、經濟、文化都產生了影響。李京曾任烏撒烏蒙宣慰司副使，他所著的《雲南志略》爲現在研究元代雲南政治、經濟、風俗習慣、文化等方面提供了珍貴的史料。

　　元代滇東北地區農業經濟發展極不平衡，曲靖路「野無荒閒，人皆力耕，地富饒。」〔註81〕其農業生產相對發達，與發達地區相差無幾。但烏撒烏蒙宣慰司地區「刀耕火種，山田薄少。」〔註82〕農業生產還處於原始的刀耕火種狀態，加上居住地客觀環境的影響，大部分居住在山區或半山區，所以農業生產在其經濟生活中比重不大，只有一些比較粗放的農業生產。這一地區的經濟還主要依賴畜牧和狩獵。如烏撒，「節氣如上都，宜牧養，出名馬、牛羊」。〔註83〕其生產力發展水準要相對落後，經濟發展程度較低，因而，其物質生活也相對匱乏，即使是奴隸主，一般也只是「雖貴，床無褥，松花鋪地，惟一氈一席而已」〔註84〕。「貴人」尚且如此，廣大平民和奴隸生活水

〔註77〕雲南省民族研究所編：《雲南志略輯校》，雲南民族出版社1986年版第90頁。
〔註78〕雲南省民族研究所編：《雲南志略輯校》，雲南民族出版社1986年版第94頁。
〔註79〕《大元一統志》，載方國瑜主編：《雲南史料叢刊》（第三卷），雲南大學出版社1998年版第98頁。
〔註80〕《元史》卷六十一《地理志四》，中華書局1976年版第1470頁。
〔註81〕《大元一統志》，載方國瑜主編：《雲南史料叢刊》（第三卷），雲南大學出版社1998年版第98頁。
〔註82〕《混一方輿勝覽》，載方國瑜主編：《雲南史料叢刊》（第三卷），雲南大學出版社1998年版第108頁。
〔註83〕《混一方輿勝覽》，載方國瑜主編：《雲南史料叢刊》（第三卷），雲南大學出版社1998年版第108頁。
〔註84〕雲南省民族研究所編：《雲南志略輯校》，雲南民族出版社1986年版第89～91頁。

準之低下，更可想而知。據《雲南志略》載居於滇東北山區的土僚蠻「山田薄少，刀耕火種，所收稻穀懸於竹柵之下，日旋搗而食，常以採荔枝販茶爲業云」〔註 85〕說明以稻穀爲主食，所收稻穀懸於竹棚之下，「日旋搗而食」，也從事一些商業做爲補充。

自雲南行省對滇東北地區實行統一行政建置後，在這些地方興修水利，開展屯田，設置驛站等，客觀上對滇東北地區的社會經濟發展產生積極的影響。從元代史書中多次出現的羅羅向朝廷進貢物品來看，毛氈、刀、弓是其主要「方物」。羅羅向朝廷的貢品中還包括馬匹，從一個側面反映出當時羅羅社會具有比較發達的畜牧經濟，「節氣如上都，宜牧養，出名馬、牛羊。」礦冶業也有所發展，滇東北地區產金，吸引外地人民到此「付金場轉運司淘焉。」隨著經濟的發展，羅羅的社會分工日益細密，商品經濟的比重有所增加，各地土特產品開始大量交流。

二、各民族之間的矛盾鬥爭

元代滇東北地區發生過多次起義，主要原因是蒙元統治者對人民進行殘酷的壓迫和剝削，人民被迫起來反抗。彝族六祖的後裔恒部、默部所轄之東川、烏蒙、烏撒、芒部、水西諸部，首尾相聯，處處起兵反元，彝勢大彰，恰如《西南彝志》所述：「彝根基雄厚，人們這樣說，一進傳到今，永傳名不朽。管理著城池，各有其領域。德歹與赫默，他們兩大家，都有功名的。管彝族天下，有治理之法。富貴與權威，是自己所有。狂風呼呼吹，地極人不動，如春日融融，無處不昭映，黑暗能照破，慕俄格一家，世代順天命，極其興盛的，人煙也稠密，封爵掌子權，勃勃的發展。」〔註 86〕元人說：自劉深率兵征八百媳婦，聞八番羅氏國之人，「向爲征西之軍擾害，捐棄生業，相繼逃叛，怨深入於骨髓，皆欲得其肉而分食之」〔註 87〕。雲南各地官府的將吏還乘徵收賦稅之機，對人民大肆進行搜括。《元史．劉正傳》說：「雲南之民歲輸金銀，近中慶城邑戶口，則詭稱逃亡，甸寨遠者，季秋則遣官領兵往征，人馬雜糧，往返之費，歲以萬計，所差官必重賂省臣，乃得遣，必十加二，而折閱之數又如之；其送迎饋贈，亦如納官之數，所遣者又以銅雜銀中

〔註 85〕雲南省民族研究所編：《雲南志略輯校》，雲南民族出版社 1986 年版第 95 頁。
〔註 86〕《西南彝志選》，貴州人民出版社 1982 年版第 165 頁。
〔註 87〕《元史》卷一百六十八《陳祐傳》，中華書局 1976 年版第 3948 頁。

納官。」〔註88〕可見加倍勒索的情況在各地是相當普遍的。元人虞集正確指出了統治者對人民進行欺壓和搜括，是雲南諸族起而反抗的根本原因。他說：雲南各地官吏「多徼幸器名，亡治術，亡惠安遷荒之心；禽獸其人，而漁食之，亡以宣布德澤稱旨意。甚者啓事造釁，以毒害賊殺其人。其人故暴悍，素不知教，冤憤竊發，勢則使然。」〔註89〕正因爲這樣，矛盾鬥爭一直存在，直到元王朝覆滅。

滇東北地區各族人民反抗元朝的封建統治鬥爭，從蒙古軍進入就沒有停止過，時有發生。1256年，兀良合臺從雲南進軍四川途中，先後招降了閟畔、烏蒙、易娘、芒布等部。只有烏撒部屢招不降，恃險抵抗，到至元十年（1273年）才降附於元朝。元朝初設烏撒宣撫司管轄這一地區。在當地設置統治機構的過程中，又遭到羅羅各部尤其是烏蒙部土酋首領的反抗。至元十三年（1276年）、至元十八年（1281年）、至元十九年（1282年），都有發兵征討「烏蒙民叛」的記載，而以至元二十二年（1285年）的戰事最爲激烈。這一年烏蒙部羅羅首領阿謀率眾起兵反抗。元朝廷命愛魯、拜答兒、藥刺罕自中慶出兵，也速答兒、塔海貼木兒自四川出兵，兩軍並攻烏蒙，阿謀出戰失利，率殘部奔往芒部，過鬧灶後遇塔海貼木兒軍，兵敗被俘。元朝在鎮壓了這次反抗之後，設置烏撒烏蒙宣慰司統治其地。

阿蒙等的反抗鬥爭。元世祖至元二十二年（1285年）九月，烏蒙人民反抗，獲馬湖的支持，馬湖路總管汝作投降。十月，阿蒙又反抗，殺死元朝的宣撫使。雲南行省拜答兒率愛魯、塔海貼木耳率軍隊來鎮壓，阿蒙與戰失利，帶五百餘人逃奔芒部，被塔海貼木耳追到山箐中，經過捨死激戰，阿蒙被擒而殺，反抗歸於失敗。

烏蒙烏撒支持宋隆濟、蛇節的起義鬥爭。大德四年（1300年），雲南行省左丞劉深征八百媳婦國，乘機向雲南各地徵稅，土官宋隆濟、蛇節帶領各族人民起來進行了反抗。宋隆濟屢攻貴陽不解，劉深等糧盡，道路不通，遂引兵還，宋隆濟、蛇節率眾邀擊，輜重遺充，士卒死亡殆盡。烏蒙、芒部、烏撒、東川及其他地方的各族人民，都以供輸煩勞爲辭，乘機起兵響應，烏蒙、烏撒的各族人民，南下攻昆明，聯合馬湖各族人民北上攻建昌，直逼邛部、雅州的蒙古軍駐防軍。「烏撒蠻阿都、普信及烏蒙阿桂、阿察多等，殺掠皇太

〔註88〕《元史》卷一百七十六《劉正傳》，中華書局1976年版第4107頁。
〔註89〕雲南省民族研究所編：《雲南志略輯校》，雲南民族出版社1986年版第61頁。

后及梁王位下人畜。」「劫芒部官吏，商旅貨財，烏撒宣慰司僧家奴逃入中慶。」烏蒙軍先攻阿都，次攻建昌，燒烏蒙總管衙署。但是，反抗軍各個部分，受各民族的風俗習慣、各地方獨自為政等的侷限，沒有統一聯合起來，只分別在各個地區與蒙古軍進行拉鋸式的消耗戰。而且，反抗的主力集中在東北部的彝族地區，中部、東、南、西南部的彝、白、仡佬、苗、和泥、金齒的各個部分，都沒有主動向東北部配合殲滅蒙古軍的主力，沒能組織有效力量加緊進攻雲南行省的首府昆明，而一直是各自為戰。元朝南臺御史中丞陳天祥向元成宗出謀劃策說：對各少數民族反抗者，要「以計使之互相仇怨，待彼有可乘之隙，我有可動之時，徐命諸軍數道俱進，服從者恩之以仁，拒敵者威之以武，恩威相濟，攻乃易成。」〔註 90〕元朝一面對反抗者們進行分化誘降，一面又集中力量，打擊水西、順元路一帶反抗軍的主力。元朝派劉國傑率四川、湖廣軍隊分道自東北南下，也速得兒統陝西軍隊自北下，梁王闊闊自中慶路提兵北上，三路夾攻水西、烏蒙、烏撒、芒部的反抗者。在這種形勢下，順元路的一部分土官動搖投降，反抗者內部由於被分化而削弱了力量，終於被鎮壓下去。《滇雲歷年傳》卷五說：「大德七年（1303年）三月，劉國傑命楊賽因不花分兵進剿，大軍繼之。賊眾戰敗，大兵乘勝逐北千里，破之於墨特川，陣斬蛇節。宋隆濟遁去，尋為其兄子宋阿重執獻，餘悉平。」〔註 91〕

羅雄州人民的反抗鬥爭。《經世大典・招捕錄》云南條載：「大德九年（1305年），羅雄州軍火主阿邦龍少、麻納布昌，結廣西路豆溫阿匡、普安路營主阿普勒下軍火頭阿只、阿為、及亦左鄉阿甫等叛，燒他羅迷驛。左謗軍火主有軍三圈子，普安路有軍六圈子，降旨招諭，仍督兵進討。阿幫龍少拒遠雄山，官軍進攻，虜阿那勇古答等，阿非、阿樓、阿邦龍少子龍豆皆降，豆溫賊阿匡與弟阿思，火頭者哇亦降，連戰敗之，獲阿邦少，追麻納布昌不得。」〔註 92〕《元史・成宗本紀》載：「大德十年（1306 年）四月壬戌，雲南羅雄州軍火主阿邦龍少，結豆溫匡虜、普定路諸蠻為寇，右丞汪惟能進討，賊退據越州，諭之不服，遣平章也速帶而率兵萬人往捕

〔註90〕《元史》卷一百六十八《陳天祥傳》，中華書局 1976 年版第 3950 頁。

〔註91〕倪蛻輯，李埏校點：《滇雲歷年傳》卷五，雲南大學出版社 1992 年版第 219頁。

〔註92〕《經世大典・招捕總錄》，載方國瑜主編：《雲南史料叢刊》（第二卷），雲南大學出版社 1998 年版第 622 頁。

之，兵至曲靖，與惟能合，從諸王昔寶赤、亦里吉帶等，進壓賊境，獲阿邦龍少斬之，餘眾皆潰，命也速帶而留軍二千戍之。其從軍有功者皆加賞賚。」〔註93〕按：此役以羅雄州阿邦龍少為首，聯合廣西路、普安路的彝族起來反抗，行省右丞惟能出兵不能克，增兵萬人始鎮壓下去，可見戰事規模之大，而地方遭受嚴重破壞，亦可想而知。

從以上滇東北地區各族人民的反抗鬥爭看，都是因為封建王朝的壓迫使各族人民不得不為了自己利益而奮起反抗的。但鬥爭的最終命運注定要被中央王朝鎮壓下去，中央王朝調整治理策略，乃稍微緩和民族關係。

總之，元朝在滇東北地區的治理思想是中央王朝委任流官進行直接統治的同時，又廣泛任用土官的對當地各族人民進行統治，從而保證封建統治的迅速建立與鞏固。土官制度雖然是元朝為了加強統治而置於各民族地區的，但這一外因卻反過來通過內因發生了作用，並逐漸變為這些民族地區的一種主要政治制度。元代在滇東北地區設置的土官政權，是封建王朝置於少數民族地區的一種特殊的帶有封建性的地方政權形式，也是中央王朝統治勢力進入滇東北地區的表現，在這一地區雖然土司政權建立起來，但是並意味著中央王朝的能直接進行統治，只是從中國大一統思想上出發的角度來說，在滇東北地區建立土司政權促進祖國的統一、邊疆穩定和少數民族的社會發展等方面起了重要的作用，為明代滇東北地區土司的健全發展奠定了堅實的基礎。

〔註93〕《元史》卷二十一《成宗本紀四》，中華書局1976年版第469頁。

第二章　明代滇東北彝族土司

第一節　明代滇東北彝族土司的設置

一、明初對滇東北地區的招撫

公元 1368 年，朱元璋建立了明王朝，元順帝北逃，明軍平定了中原與湖廣，又擊敗蜀，征服了播州和水西土酋，在西南只剩下雲南尚為元宗室梁王把匝剌瓦爾密控制。其時，梁王仍不斷遣使北上，對北元「達元帝行在，執臣節如故」〔註1〕，對明朝形成南北牽制之勢。朱元璋因明朝初建，以「雲南僻遠，不欲用兵」，先後五次遣使招降〔註2〕，使臣均遭殺害。特別是烏撒、烏蒙、東川、芒部等地的彝族土官在梁王的唆使脅迫下，多次拒絕明王朝的招諭。

洪武十四年（1381 年），朱元璋再次遣使敕諭烏蒙、烏撒諸部酋長說：「西南諸部，自古及今無不朝貢中國。朕受天命為天下主十有五年，而烏蒙、烏撒、東川、芒部、建昌諸部酋長猶桀驁不朝。朕已遣征南將軍潁川侯、左副將軍永昌侯、右副將軍西平侯率師往征。猶恐諸部酋長未諭朕意，故復遣內臣往諭。如悔罪向義，當即躬親來朝，或遣人入貢，亟攄誠款，朕當罷兵，

〔註1〕《御批歷代通鑑輯覽》卷一百，《四庫全書‧史部》。

〔註2〕朱元璋五次派遣使臣招降梁王的時間是：洪武二年（西元 1369 年，見《洪武實錄》卷三十七），洪武三年（西元 1370 年，見《洪武實錄》卷五十三），洪武五年（西元 1372 年，見《滇雲歷年傳》卷六），洪武七年（西元 1374 年，見《洪武實錄》卷九十二），洪武八年（西元 1375 年，見《滇雲歷年傳》卷六）。

以安黎庶。爾其省之。」〔註3〕受到諸部的反抗，明王朝和平爭取再遭失敗，便決意用兵。朱元璋事先對雲南的歷史、地理等情況作了詳細的瞭解，出兵之際便對傅友德、藍玉、沐英等指示說：「雲南自昔爲西南夷，至漢設吏，臣屬於中國。今元之遺孽把剌匹瓦爾密等，自恃險遠，輒害使臣，在所必討。爾等行師之際，當知其山川形勢，以資進取。朕嘗覽輿圖，諮詢於眾，得其扼塞。取之之計，當自永寧（今四川敘永）先遣驍將別率一軍以向烏撒（今貴州威寧）；大軍繼自辰（州駐今湖南沅陵）、沅（州駐今湖南芷江）以入普定（路駐今貴州安順），分據要害，乃進兵曲靖。曲靖，雲南之噤喉，彼必並力於此以抗我師，審察形勢，出奇制勝，正在於此。既下曲靖，三將軍以一人提兵向烏撒，應永寧之師；大軍直搗雲南，彼此牽制，使疲於奔命，破之必矣。雲南既下，宜分兵趨大理，先聲已振，勢必瓦解。其餘部落，可遣人招諭，不煩兵而下也。」〔註4〕按照朱元璋部署的戰略和戰術，沐英、陳垣率師五萬，由永寧趨烏撒，以牽制當時擁兵自大的烏撒、烏蒙、東川、芒部等地的羅羅土官，使他們無暇與盤踞在中慶路與曲靖一帶的蒙古軍相呼應。另一方面明軍在傅友德的指揮下，自辰沅入普定，進攻曲靖，曲靖此時爲梁王把剌匹瓦爾密軍隊盤踞。明軍與梁王軍隊激戰於白石江，梁王軍隊四散潰逃，大敗而去，將領達里麻被活捉，橫屍十餘里，俘虜二萬多。曲靖既下，留兵鎮守。此後傅友德親自率領軍隊，「由曲靖循格孤山而南，以通永寧之兵，搗烏撒」。〔註5〕在赤水河畔與沐英、陳恒率領的軍隊兩面夾擊烏撒女土官實卜率領的彝族軍隊及芒部援軍，實卜等「力不能支，大潰」，明軍「斬首三千級，獲馬六百匹，」〔註6〕「遂城烏撒，得七星關以通畢節，又克可渡河」。懾於明軍的強大兵威，「東川、烏蒙、芒部諸蠻震驚，皆望風歸附。」〔註7〕洪武十五年（1382 年）四月烏撒及東川、芒部復叛，友德遣人會沐英擊之，斬首三萬餘級。五月，覆命令吳復費聚進兵，攻關索嶺及阿咱等，諸蠻寨悉下之，遠近大震，餘黨悉降，蠻地始定。〔註8〕

〔註3〕《明史》卷三百十一《四川土司一》，中華書局 1974 年版第 8002 頁。
〔註4〕谷應泰撰：《明史紀事本末》卷十二《太祖平滇》，中華書局 1977 年版第 165～166 頁。
〔註5〕《明史》卷三百一十一《四川土司一》，中華書局 1974 年版第 8002 頁。
〔註6〕《明史》卷三百一十一《四川土司一》，中華書局 1974 年版第 8003 頁。
〔註7〕《明史》卷三百一十一《四川土司一》，中華書局 1974 年版第 8003 頁。
〔註8〕《昭通志稿》卷五《戎事志》，載《昭通舊志彙編一》，雲南人民出版社 2006 年版第 187 頁。

明軍在滇東北地區取得初步勝利後，即採取「寬猛適宜」、「謹慎處置」、「非惟制其不叛，重在使其無叛」〔註9〕的謹慎方針，企圖加強對滇東北地區的控制。一方面「置雲南左、右、前、後、普定、黃平、建昌、東川、烏撒、普安、水西、烏蒙、芒部、尾灑十四衛指揮使司」，〔註10〕並開闢交通線，修築道路，每隔六十里置一郵驛；另一方面詔諭烏撒、烏蒙、東川、芒部、建昌等地，「約束其酋長，留兵守禦，禁其民毋挾兵刃」，〔註11〕並要求他們「洗心滌濾，效順中國，」〔註12〕令傅友德等把彝族土官「悉送其酋長入朝」〔註13〕。但是，長期以來「自王其地」、擁兵自雄的烏撒、烏蒙、東川、芒部彝族土官們不願意受制於明王朝，因而進行了頑強的抵抗。洪武十五年（1382年），明王朝在滇東北建立衛所時，就不斷遭到彝族土司的襲擊，滇東北彝族土官率領他們的土兵，掀起了一場全面的反明高潮。明王朝被迫抽回已深入滇西的征南部隊主力，在烏撒等地與彝族土官勢力鬥爭，「大敗其眾，斬首三萬餘級，獲馬牛羊萬計，餘眾悉循，復追擊破之。」〔註14〕明軍取得勝利後，又「戮其渠魁，使之畏懼。搜其餘黨，絕其根株，使彼智窮力屈，誠心款附。」〔註15〕在明軍強大的軍事征服和血腥鎮壓下，滇東北彝族土官被迫臣服。於是，洪武十六年（1383年）二月，「烏撒、烏蒙、東川、芒部諸部土酋百二十人來朝，貢方物。詔各授以官，賜朝服冠帶錦綺鈔錠有差。」〔註16〕洪武二十一年（1388年）十月，明軍再次平定了「據烏蒙山路線寨而叛」〔註17〕的東川彝族土官，至此明王朝對滇東北地區的大規模軍事行動才告結束。

二、滇東北彝族上司的設置

明王朝在滇東北地區取得軍事上的勝利後，著手對該地區的治理。明中央王朝先後在雲南設置布政使司、都指揮使司和提刑按察使司，分掌民政、軍事、監察大權。在三司之下，滇東北地區設置了曲靖府、尋甸府、烏蒙府、

〔註9〕　《明實錄·太祖實錄》卷一百四十二，洪武十五年二月己未。
〔註10〕　《明實錄·太祖實錄》卷一百四十一，洪武十五年正月丁亥。
〔註11〕　《明實錄·太祖實錄》卷一百四十一，洪武十五年正月甲午。
〔註12〕　《明實錄·太祖實錄》卷一百四十二，洪武十五年二月戊午。
〔註13〕　《明史》卷三百一十一《四川土司一》，中華書局1974年版第8003頁。
〔註14〕　《明史》卷三百一十一《四川土司一》，中華書局1974年版第8003頁。
〔註15〕　《明史》卷三百一十一《四川土司一》，中華書局第8003頁。
〔註16〕　《明實錄·太祖實錄》卷一百五十二，洪武十六年二月辛卯。
〔註17〕　《明實錄·太祖實錄》卷一百九十一，洪武二十一年六月甲子。

東川府、芒部府，於洪武十五年（1382 年）在烏蒙、芒部、東川置衛指揮使司，並對滇東北地區的政區做了局部調整。洪武十六年（1383 年）將原屬於雲南管轄的烏蒙、芒部二府隸四川布政使司。洪武十七年（1384 年）將東川府調歸四川布政使司管轄。自此，滇東北地區分爲雲南布政使司轄曲靖府、尋甸府，四川布政使司轄烏蒙府、芒部府、東川府。雖然屬兩省分管，但明王朝在元代統治的基礎上，繼續實行「治夷之道，宜順其情」的統治方針，對前來歸附的彝族土官，採取「即用原官授之」的辦法，實行「以夷治夷」的統治政策。史稱：「明踵元故事，大爲恢拓，分別司、郡、州、縣，額以賦役，聽我驅調，而法始備矣。然其道在於羈縻，彼大姓相擅，世積威約，而必假我爵祿，寵之名號，乃易爲統攝，故奔走唯命。」〔註 18〕其主要目的是利用少數民族中的首領擔任地方的行政長官，以便「額以賦役」，聽從明王朝的驅調。所設土官的原則是，「其土官衙號曰宣慰司，曰宣撫司，曰招討司，曰安撫司，曰長官司。以勞績之多寡，分尊卑之等差，而府州縣之名亦往往有之。襲替必奉朝命，雖在萬里外，皆赴闕受職」。〔註 19〕滇東北地區歸順的各彝族土酋，均按明制授以品職，最高者爲土知府，次爲土知州、土知縣，再次爲土巡檢、副巡檢，頒給印信，准許其世襲。如洪武十五年（1382 年）羅雄州知州普苴歸附，總兵官定用前職。〔註 20〕於是在滇東北地區開始建立了一套較之元代更爲完備的土司制度，進入了土司制度的全盛時期。

由於滇東北地區的經濟發展不平衡，曲靖府、尋甸府經濟較發達，而烏蒙、芒部、東川等地經濟欠發達，針對經濟情況的不同，明王朝在曲靖府、尋甸府實行「土流兼治」、「府衛參設」，設置了土府、州、縣、驛丞、巡檢司、衛所等軍政管理機構。但所設衛所多位於本地區的交通幹線和戰略據點，一方面可以加強對當地土著力量的控制，另一方面又可以開展生產、開發當地，所以具有軍事和行政的雙重功能。而在烏蒙、芒部、東川只設了土知府。原因在於這些地方經濟發展相對欠發達，以及文化教育尚處落後的階段，明王朝的軍事機構根本無法進入，只能設置土知府進行管理。明代在滇東北地區設置的土司數目，古今記載不盡一致。

〔註 18〕 《明史》卷三百一十，《土司傳》，中華書局 1974 年版第 7981 頁。
〔註 19〕 《明史》卷三百一十，《土司傳》，中華書局 1974 年版第 7982 頁。
〔註 20〕 《土官底簿》卷上，《四庫全書‧史部》，上海人民出版社電子版。下同。

萬曆《雲南通志》記載有：尋甸府土知府、沾益州土知州、陸涼州土知州、馬龍州土知州、羅雄州土知州、師宗州土知州、亦佐縣土知縣、亦佐縣左土縣丞、亦佐縣右土縣丞、易龍驛、白水驛，倘塘驛、炎方驛、松林驛、馬龍驛、多羅驛、沾益驛、普陀驛、白水關巡檢司、松韶鋪巡檢司、阿幢橋巡檢司、魯婆伽嶺巡檢司。總計土知府一、土知州五、土知縣一、土縣丞二、土驛丞九、巡檢司四。〔註21〕

天啓《滇志》記載有：沾益州土官安舉宗、陸良州土官阿納、舊越州土官龍海、亦佐縣土官沙普、師宗州土官阿的、尋甸府土官安氏、易龍驛土官奄索、松韶關遼檢司土官李英、南寧縣白水關巡檢司巡檢土官李檜芳。總計土官六、巡檢司二、驛丞一。〔註22〕

《土官底簿》記載：烏蒙軍民府知府、芒部軍民府知府、東川軍民府知府、尋甸軍民府知府、沾益州知州、陸涼州知州、馬龍州知州、羅雄州知州、師宗州同知、東川軍民府同知、亦佐縣知縣、亦佐縣縣丞、東川軍民府判官、易隆驛驛丞、曲靖軍民府南寧縣白水關巡檢、禾摩村巡檢司巡檢、松韶鋪巡檢司巡檢。總計知府四、知州四、同知二、知縣一、縣丞一、判官一、驛丞一、巡檢司三。〔註23〕

今人對於明代滇東北彝族土司設置數目的統計結果。江應樑《明代雲南境內的土官與土司》載有：曲靖軍民府土府同知資氏、陸涼州土知州資氏、沾益州土知州安氏、羅雄州土知州者氏、馬龍州土知州安氏、越州土知州龍氏、亦佐縣土知縣沙氏、亦佐縣土縣丞沙氏、亦佐縣土縣丞祿氏、南寧縣白水關巡檢司巡檢李氏、沾益州松昭鋪巡檢司巡檢李氏、師宗州土同知隴氏、尋甸軍民府土知府安氏、易隆驛上驛丞奄氏。〔註24〕

方國瑜主編《雲南地方史講義》載有：曲靖軍民府南寧縣白水關巡檢司巡檢、亦佐縣知縣、亦佐縣丞、沾益州知州、松昭鋪巡檢司巡檢、陸涼州知州、馬龍州知州、羅雄州知州。師宗州同知，尋甸軍民府知府，禾摩本巡檢司巡檢，烏撒軍民府土官知府、烏蒙軍民府知府、東川軍民府知府、同知、

〔註21〕萬曆《雲南通志》卷十六《羈縻志》。
〔註22〕古永繼校點：天啓《滇志》卷三十《羈縻志・土司官氏》，雲南教育出版社1991年版第978、981頁。
〔註23〕《土官底簿》卷上、下，《四庫全書・史部》。
〔註24〕江應樑：《明代雲南境內的土官與土司》，雲南人民出版社1958年版第62～66、82頁。

判官，芒部軍民府知府。〔註25〕

龔蔭《中國土司制度》統計有：尋甸軍民府土知府、陸涼州土知州、羅雄州土知州、馬龍州土知州、馬龍州土知州沙氏、馬龍州土知州常氏、沾益州土知州、越州土知州、亦佐縣土知縣、平彝縣土縣丞、亦佐縣土縣丞、白水關巡檢司土巡檢、松韶鋪巡檢司土巡檢、禾摩村巡檢司土巡檢、易隆驛土驛丞、亦佐縣土把事劉氏博氏、尋甸軍民府安插土千夫長、師宗州同知、東川軍民府土知府、烏蒙軍民府土知府、芒部軍民府土知府、懷德長官司、歸化長官司、威信長官司、安靜長官司。〔註26〕

儘管諸種記載互異，但從一個方面反映了明代滇東北土司設置數目和建置在不同的時期有變化。其原因在於明王朝為了控制的需要，根據當地土官勢力與中央王朝之間的博弈，此起彼伏。關於這些土司的族屬問題，龔蔭先生在《中國土司制度》一書中已考證，在此就不做贅述。以《土官底簿》為主要史料依據，因其「乃前代一時苟且之制，本不足道，然《明史土司列傳》未能具晰，是編詞，雖俚淺，而建置源委一一可徵，存之，亦有足資考證者焉。」〔註27〕其他正史及地方志書為輔，對滇東北地區所設土司、承襲人、承襲時間、土官事蹟進行考證述之。

（一）土知府

1.烏蒙土知府

元順帝至元元年（1335年）改屬四川。洪武十五年（1382年）為府，屬雲南布政司。十六年（1383年）改屬四川布政司。十七年（1384年）升為軍民府。領有歸化州，洪武十五年（1382年）置，尋廢。〔註28〕轄今昭通市。

烏蒙土官承襲情況：

《蜀中廣記》載：「元末彼土有阿普者，仕為總管，洪武初招集鄰酋長效順，於是改宣慰司為軍民府，用阿普為土知府，設流官通判、經歷、照磨各一員，隸四川布政司。」〔註29〕《昭通志稿》載：「阿普，烏蒙官，明太祖洪武十四年（1381年）穎川侯傅友德征南至畢節，阿普軍前效順，十五年（1382年）授烏

〔註25〕方國瑜主編：《雲南地方史講義》，雲南廣播電視大學內部發行第91頁。
〔註26〕龔蔭：《中國土司制度》，雲南民族出版社1992年版第561～572、714、681～687頁。
〔註27〕《土官底簿》提要，《四庫全書・史部》。
〔註28〕《明史》卷四十三，《地理志四》，中華書局1974年版第1039頁。
〔註29〕曹學銓：《蜀中廣記》卷三十六，《四庫全書・史部》。

蒙土知府，世其職，屬雲南布政司。十六年（1383 年）阿普率諸部長一百二十人朝貢方物。」〔註 30〕阿普爲明初烏蒙軍民府第一任土官。以下史料可以佐證，《明史・四川土司一》載：阿普洪武十六年（1383 年）朝貢方物，病死，太祖「詔賜綺衣交棺殮之具，遣官致祭，歸其柩於家。」〔註 31〕《明太祖洪實錄》載「洪武十六年（1383 年）烏蒙軍民府知府阿普，以入朝病卒。詔賜綺衣並棺以殮之，遣官致祭，歸其柩於家。」〔註 32〕阿普於洪武十六年（1383 年）病故由亦德繼任，按照土司承襲順序，疑亦德爲阿普之子。「亦德烏蒙土官，洪武十八年（1385 年）言蠻地刀耕火種，比年歲饑，應輸之糧無從征納，詔悉免之。」〔註 33〕與《明史》所載相同，「洪武十八年（1385 年）亦德言，蠻地刀耕火種，比年霜旱疾疫，民饑窘，歲輸之糧無從征納，詔悉免之。」〔註 34〕

洪武十九年（1386 年）實哲襲烏蒙土官。《土官底簿》載：「實哲，係本府知府亦德曾祖母。洪武十九年（1386 年）七月，蒙總兵官西平侯鈞旨，亦德年幼，不諳理法，著令曾祖母實哲替職。本年十一月，文華殿啓聞，訖依蒙管事。」〔註 35〕所載實哲於洪武十九年（1386 年）襲職無誤，但承襲關係所言有誤，「亦得年幼，不諳理法，著令曾祖母實哲替職。」與《明實錄》與《明史》所載相反，阿普後是亦德襲，亦德後是實哲襲，其具體承襲關係無考，但並不是《土官底簿》所載實哲爲亦德曾祖母。實哲任職至「洪武二十九年（1396 年），烏蒙軍民府知府實哲貢馬及氈衫。」〔註 36〕

洪武三十年（1397 年）設北襲府事。「洪武三十年（1397 年）烏蒙軍民府署府事設北遣使朝貢；」〔註 37〕「洪武三十三年（1400 年）令伊（納孔）妻設北替任管事。」〔註 38〕設北故，其子納孔亦故，納孔妻撒可襲職，「永樂二年（1404 年）八月奉聖旨著撒可襲了知府職事。」〔註 39〕「永樂十二年（1414 年）烏蒙

〔註 30〕　《昭通志稿》卷四《土職》，載《昭通舊志彙編一》，雲南人民出版社 2006 年版第 172 頁。
〔註 31〕　《明史》卷三百十一《四川土司一》，中華書局 1974 年版第 8004 頁。
〔註 32〕　《明實錄・太祖實錄》卷一百五十七，洪武十六年十月壬申。
〔註 33〕　《昭通志稿》卷四《土職》，載《昭通舊志彙編一》，雲南人民出版社 2006 年版第 172 頁。
〔註 34〕　《明史》卷三百十一《四川土司一》，中華書局 1974 年版第 8004 頁。
〔註 35〕　《土官底簿》卷下，《四庫全書・史部》。
〔註 36〕　《明史》卷三百十一《四川土司一》，中華書局 1974 年版第 8005 頁。
〔註 37〕　《明實錄・太祖實錄》卷二百五十一，洪武三十年三月乙丑。
〔註 38〕　《土官底簿》卷下，《四庫全書・史部》。
〔註 39〕　《土官底簿》卷下，《四庫全書・史部》。

軍民府知府撒可遣人貢馬。」〔註40〕撒可故，男祿昭襲，「宣德六年（1431年）二月奉聖旨准他襲。」〔註41〕其承襲年代與其他史料相差幾年，《明實錄》載「宣德二年（1427年）三月，四川烏蒙軍民府土官知府祿昭叔徐祖來朝，貢馬及方物。」〔註42〕「宣德五年（1430年）二月，烏蒙軍民府土官祿昭貢馬及方物，賀萬壽聖節。」〔註43〕因此，祿昭襲職年應在宣德初。祿昭故，其次妾撒姑「正統元年（1436年）四月奉聖旨照例准襲。」〔註44〕「正統元年（1436年）三月，烏蒙軍民府女土官撒姑遣叔阿祿等來朝貢馬。」〔註45〕「正統四年（1439年）二月，烏蒙軍民府土官知府撒姑遣頭目，並云南尋甸軍民府土人阿卑，來朝，貢物。」〔註46〕撒姑故，「保已故長男厄勒正妻亦得母實固就彼冠帶，正統十二年（1447年）七月奉聖旨准他襲。」〔註47〕實固襲職後到成化四年（1468年）祿尉襲，中間有二十年時間，據《昭通志稿》載：「普茂，烏蒙土官，景泰元年（1450年）以貴州諸蠻苗叛，諭令戒嚴防守毋聽賊眾誘惑，倘來逼犯，便當剿殺。」〔註48〕可知景泰間土官是普茂，疑普茂為實固子。「親男祿尉告襲，勘報。成化四年（1468年）三月准行，令祿尉就彼冠帶承襲。」〔註49〕祿尉患病，伊妻實舟應替，「成化六年（1470年）九月准襲。」〔註50〕實舟故，祿溥襲，疑祿溥為祿尉子。「弘治五年（1492年），烏蒙軍民府土官知府祿溥遣舍人朝覲。」〔註51〕「正德四年（1509年）十一月，烏蒙軍民府土官知府祿溥遣人貢馬。」〔註52〕「正德十一年（1516年）八月，烏蒙軍民府土官知府祿溥差吏把孟大成、羅尚感玉來貢馬。」〔註53〕祿溥故，「祿溥族兄阿圭嫡長男祿載應襲，但稱該府地方，與芒部犬牙相擾，難以摘行令本舍照例納穀三百石，就彼冠帶管事。嘉

〔註40〕 《明實錄‧太宗實錄》卷一百五十九，永樂十二年十二月庚辰。
〔註41〕 《土官底簿》卷下，《四庫全書‧史部》。
〔註42〕 《明實錄‧宣宗實錄》卷二十六，宣德二年三月辛丑。
〔註43〕 《明實錄‧宣宗實錄》卷六十三，宣德五年二月戊寅。
〔註44〕 《土官底簿》卷下，《四庫全書‧史部》。
〔註45〕 《明實錄‧英宗實錄》卷十五，正統元年三月丁丑。
〔註46〕 《明實錄‧英宗實錄》卷五十二，正統四年二月癸亥。
〔註47〕 《土官底簿》卷下，《四庫全書‧史部》。
〔註48〕 《昭通志稿》卷四《官師志‧土職》，載《昭通舊志彙編一》，雲南人民出版
　　　　社 2006 年版第 172 頁。
〔註49〕 《土官底簿》卷下，《四庫全書‧史部》。
〔註50〕 《土官底簿》卷下，《四庫全書‧史部》。
〔註51〕 《明實錄‧孝宗實錄》卷六十三，弘治五年五月壬申。
〔註52〕 《明實錄‧武宗實錄》卷五十七，正德四年十一月甲子。
〔註53〕 《明實錄‧武宗實錄》卷一百四十，正德十一年八月壬戌。

靖三年（1524年）七月奉聖旨襲替。」〔註54〕《土官底簿》記錄到此爲止，之後的土官承襲，《明實錄》有零星記載，但無從考證其具體承襲時間及人物。「嘉靖十一年（1532年）四月，烏蒙軍民府女土官實賢遣頭目人等貢馬，以過期減賞如例。」〔註55〕「嘉靖三十三年（1554年）十月，烏蒙軍民府差土官阿羅、頭目阿福等來朝貢馬。」〔註56〕「隆慶二年（1568年）烏蒙府土官阿琦貢馬。」〔註57〕「萬曆十二年（1574年）烏蒙府烏慮妻實佐疏，言暴惡抗違憲斷，殺死親弟。」〔註58〕萬曆以後的土官承襲無考。

依據上述資料，烏蒙土司的承襲情況大致如下表：

序號	姓名	承襲關係	承襲時間	事蹟
1	阿普		洪武十五年	軍前效忠
2	亦德	疑爲阿普子	洪武十六	詔免徵納
3	實哲	亦德曾祖母（有誤）	洪武十九年	朝貢
4	設北	納孔母	洪武三十年	遣使朝貢
5	撒可	納孔妻	永樂二年	遣人貢馬
6	祿昭	撒可子	宣德二年	遣叔朝貢
7	撒姑	祿昭次妾	正統元年	遣頭目貢馬
8	實固	撒姑兒媳	正統十二年	
9	普茂	疑爲實固子	景泰年間	平苗叛
10	祿尉	疑爲普茂子	成化四年	
11	實舟	祿尉妻	成化六年	
12	祿溥	疑爲祿尉子	弘治年間	遣舍人朝貢
13	祿載	祿溥侄	嘉靖三年	納穀三百石
14	實賢		嘉靖十一年	遣頭目貢馬
15	阿羅		嘉靖三十三年	貢馬
16	阿琦		隆慶年間	貢馬
17	實佐		萬曆年間	除惡

〔註54〕《土官底簿》卷下，《四庫全書‧史部》。
〔註55〕《明實錄‧世宗實錄》卷一百三十七，嘉靖十一年四月辛丑。
〔註56〕《明實錄‧世宗實錄》卷四百一十五，嘉靖三十三年十月辛卯。
〔註57〕《明實錄‧穆宗實錄》卷十八，隆慶二年三月己卯。
〔註58〕《明實錄‧神宗實錄》卷一百四十六，萬曆十二年二月甲子。

2.鎮雄土知府

元爲芒布路，屬雲南行省。洪武十五年（1382 年）置芒部衛指揮使司，十六年（1383 年）升爲府，隸四川布政司。十七年（1384 年）五月升爲軍民府，轄阿頭、易溪、易娘三部，又改阿頭爲阿都府。元時屬烏撒，明初屬芒部。正德十六年（1521 年）置白水江簸酬長官司。嘉靖四年（1525 年），隴政支祿誘殺土府隴壽，官軍計之。五年（1526 年），改芒部爲鎮雄府，設流官知府、經歷、照磨、教授、訓導各一員，以通判程洸爲試知府，分屬彝良、母享落角利之地，爲懷德、歸化、威信、安靖四長官司，用隴氏疏屬阿齊、白壽、祖保、阿萬爲長官。六年（1527 年），沙保隴革謀復隴壽子勝，陷城走，洸連討未定。九年（1530 年）四月，革流官知府，仍以隴勝爲通判署府事，尋復土府。萬曆三十七年（1609 年）五月，罷稱軍民府。〔註 59〕

關於四長官司的設置，新纂《雲南通志》記載在嘉靖年間的改土歸流過程中，嘉靖五年（1526 年）兵部的上奏中記載：「請改爲鎮雄府，設流官知府統之，分屬彝良、母響、落角利之地爲懷德、歸化、威信、安靜四長官司，使隴氏疏屬阿濟、白壽、祖保、阿萬四人統之。」〔註 60〕其中沒有提及白水江簸酬長官司。方國瑜先生在論述到相關內容時，只對四個長官司進行了考釋：「此四長官司之地名：歸化在彝良寨，即元之益良州，今之彝良城也。威信在母響寨，即今之母享，在鎮雄縣西南部。安靜在落角寨，疑今之威信縣城，在五貴河邊，今稱羅家渡，羅家媽落角譯音。懷德在卻佐寨，『卻佐江，府西北五十里，下流入白水江。』即在牛街匯入白水江者，卻佐在牛街西南。」〔註 61〕按方先生的方位考證來看，則可能白水江長官司和懷德長官司前後相繼，在嘉靖年間置四司之前，白水江長官司已廢。嘉靖年間復置懷德長官司，故懷德長官司地即前白水江長官司地。

芒部土官承襲情況：

據乾隆《鎮雄州志》載：「隴飛沙，元末明初人，明洪武初，獻土歸順朝廷，授爲芒部世襲知府。」〔註62〕飛沙故，隴發紹襲，「發紹係本府已故土官安茲弟

〔註59〕《明史》卷四十三《地理志四》，中華書局 1974 年版第 1039 頁。

〔註60〕李春龍等點校：新纂《雲南通志》（七），卷一百七十四《土司考二》，雲南人民出版社 2007 年第 697 頁。

〔註61〕方國瑜：《中國西南歷史地理考釋》（下），中華書局 1987 年版第 830 頁。

〔註62〕乾隆《鎮雄雄州志》卷五《土司》，載《昭通舊志彙編四》，雲南人民出版社 2006 年第 1035 頁。

襲職，洪武五年（1327 年），總兵官立嗣，將侄男已作起發赴京，給賜冠帶回還。十六年（1383 年）四月，賜發紹實授知府，朝覲，病故，總兵官著令已作署府事。」〔註63〕隴飛沙與安茲疑爲同一人。發紹洪武十六年（1383 年）朝貢卒於京，朱元璋詔明賜綺衣並棺殮之，復遣官致祭，歸其柩於家。〔註64〕妻速感應襲，「洪武二十二年（1389 年）十月，奉欽依著做知府管事。」〔註65〕「洪武二十四年（1392 年）芒部軍民府知府速感來朝貢馬。」〔註66〕速感故，其男阿弟年幼，令本府小土官暫理府事，「洪武二十八年（1395 年），准令署府事。」〔註67〕「洪武三十年（1397 年）芒部軍民府事土官何伯遣人貢馬。」〔註68〕按土司承襲年齡，十五歲才能承襲，「阿弟出幼，備馬赴貢告襲，永樂三年（1405 年）十二月奉聖旨准他襲職。」〔註69〕阿弟故，其妹香佩襲，「永樂十二年（1414 年），妹香珮襲。」〔註70〕香佩故，阿德襲，「宣德二年（1427 年），芒部軍民府故土官阿的子普澤遣把事額查來朝貢馬。」〔註71〕阿德故，其子普澤襲，「宣德五年（1430 年）芒部軍民府土官知府普得弟密戴來朝貢馬及金銀方物。」〔註72〕普澤與普得疑爲同一人。普澤故，「密戴亦故，正統年間推密戴正妻奢貴，照本府女土官知府速感等，繳部，准令就府冠帶事例，令奢貴冠帶管事。正統七年（1442 年）五月奉聖旨准他，後不爲例。」〔註73〕「正統八年（1443 年），芒部軍民府女土官知府奢貴遣把事何通來朝貢馬及方物。」〔註74〕「景泰二年（1451 年），四川芒部軍民府土官知府奢貴遣舍人以麻等來朝貢馬。」〔註75〕奢貴故，其子居宗襲，「天順三年（1459 年）五月奏奉聖旨，是。」〔註76〕居宗故，其正妻奢慤襲，「成化四年（1468 年）三月准行，令奢慤就彼冠帶承襲。」〔註77〕

〔註63〕　《土官底簿》卷下，《四庫全書‧史部》。
〔註64〕　《明史》卷三百十一《四川土司一》，中華書局 1974 年版第 8004 頁。
〔註65〕　《土官底簿》卷下，《四庫全書‧史部》。
〔註66〕　《明實錄‧太祖實錄》卷二百七，洪武二十四年二月庚申。
〔註67〕　《土官底簿》卷下，《四庫全書‧史部》。
〔註68〕　《明實錄‧太祖實錄》卷二百四十九，洪武三十年正月癸亥。
〔註69〕　《土官底簿》卷下，《四庫全書‧史部》。
〔註70〕　《土官底簿》卷下，《四庫全書‧史部》。
〔註71〕　《明實錄‧宣宗實錄》卷二十八，宣德十年五月丙午。
〔註72〕　《明實錄‧宣宗實錄》卷六十一，宣德五年正月戊午。
〔註73〕　《土官底簿》卷下，《四庫全書‧史部》。
〔註74〕　《明實錄‧英宗實錄》卷一百一，正統八年二月壬辰。
〔註75〕　《明實錄‧英宗實錄》卷二百，景泰二年正月乙丑。
〔註76〕　《土官底簿》卷下，《四庫全書‧史部》。
〔註77〕　《土官底簿》卷下，《四庫全書‧史部》。

奢戮故，其男隴尉襲，「成化二十年（1484年）奢戮男隴尉告襲。」〔註78〕隴尉在承襲之前是芒部府的土官舍人，「成化十二年（1476年）十二月，芒部軍民府土官舍人隴尉遣把事阿體等來朝貢馬。」〔註79〕「弘治年間土官隴尉，先娶水西女沖中生子曰慶與壽，繼娶烏撒女沖叔生子隴政。」〔註80〕隴尉死，嫡子壽繼職，「嘉靖元年（1522年），參將何卿保土舍隴壽該襲，及弟隴政爭奪，先該布政司結勘奏保隴壽，在萬里不毛之地，即該彼處官司會勘，准照及邊事例，就令在彼襲替。」〔註81〕時值隴壽與隴政爭襲，不敢離任，朝廷以嫡故立壽，恐壽赴京授職而政乘隙而亂，因此首開不去京襲職之先例，明代「土官九品以上，皆保送至京乃襲。」〔註82〕隴政與隴壽爭襲，「仇殺如故」，嘉靖四年（1525年），隴政誘殺隴壽，奪其印。兵部奏：「芒部隴氏，釁起蕭牆，騷動兩省，王師大舉，始克蕩平。今其本屬親支已盡，無人承襲，請改鎮雄府，設流官知府統之。」〔註83〕芒部於嘉靖五年（1526年）改設流官治理。

芒部雖改設流官治理，但芒部的動亂並未平息，嘉靖六年（1527年），芒部沙保等謀復隴氏，糾眾攻陷鎮雄城，執流官知府程洸，奪其印。明王朝派川、貴軍會剿沙保，事平。但芒部、烏撒、毋響苗蠻隴革等復起，明王朝主張用兵剿之，御史楊彝言「芒部改土易流非長策，又時值荒饉，小民救死不贍，何能趣戰。」〔註84〕於是四川巡撫唐鳳儀言：「烏蒙、烏撒、東川諸土官，故與芒部為唇齒。自芒部改流，諸部內懷不安，以是反者數起，今懷德長官司阿濟等，雖自詭擒賊，其心固望隴勝得一職，以存隴後，臣請如宣德中復安南故事，俯順輿情，則不假兵而禍源自塞。」〔註85〕芒部改土設流因時機不成熟而告流產。隴壽子隴勝署鎮雄府通判。嘉靖七年（1528年），「革鎮雄流官知府，以隴勝為通判署鎮雄府事。令三年後果能率職奉貢，准復知府舊銜，時嘉靖九年（1530

〔註78〕《土官底簿》卷下，《四庫全書・史部》。

〔註79〕《明實錄・憲宗實錄》卷十六，成化元年四月丙午。

〔註80〕曹學佺：《蜀中廣記》卷三十六，《四庫全書・史部》。

〔註81〕《土官底簿》卷下，《四庫全書・史部》。

〔註82〕劉春龍等點校：新纂《雲南通志》七，卷一百七十四《土司考二》，雲南人民出版社2007年版第697頁。

〔註83〕劉春龍等點校：新纂《雲南通志》七，卷一百七十四《土司考二》，雲南人民出版社2007年版第697頁。

〔註84〕乾隆《鎮雄州志》卷三《兵防》，載《昭通舊志彙編四》，雲南人民出版社2006年版第1014頁。

〔註85〕乾隆《鎮雄州志》卷三《兵防》，載《昭通舊志彙編四》，雲南人民出版社2006年版第1014頁。

年）事也。」〔註86〕隴勝故，其妻奢氏改名爲隴安襲夫職。「勝卒，命名隴安，掌府印，協官兵擒獻沙保，准復世職」。〔註87〕隴安故，其子隴清襲。隴清隴勝子。隴清故，其子來鳳襲，「妻大奢氏生子來鳳，妾小奢氏生來龍。來鳳襲世職未久卒，小奢氏更名隴高，撫來龍掌府印。」〔註88〕隴來鳳，襲職未久卒。其母隴高，即隴清妾小奢氏，奉文護印撫子。隴清妻大奢氏爭之，旋奉委官諭，令二婦共撫其子。未幾，來龍又卒。〔註89〕此隴氏正支無嗣襲。

隴阿章，「隴氏庶祿姑之後，別居彝良，隴清絕嗣，水西安堯臣來贅，欲奄有之，眾論不平，始有驅安立隴之奏，阿章得以立焉。阿章尋死，其子阿固不爲夷所服，因勘查隴氏，後立阿卜，即鶴書也。」〔註90〕萬曆三十九年（1611 年），「命三省會勘，以夷良隴鶴書承襲土知府。」〔註91〕萬曆三十九年（1611 年），「命隴鶴書承襲鎮雄土知府。鶴書，原名阿卜，自其始祖隴飛沙獻土歸順，授爲世職知府，五傳而爲庶魯卜，別居于果利地，又四傳而爲庶祿姑，別居夷良、七久頭地，又五傳而隴氏之正支斬矣。水西安堯臣贅於祿，欲奄有之，眾論不平，始有驅安立隴之奏，奉旨察立隴後。女官者氏阿固應。阿固者，魯卜之六世孫，而易名隴正名者也。於是主立阿固，而先立其父阿章。章尋病死，阿固不爲夷眾所服，往復察勘。者氏及四十八目、十五火頭等共推阿卜。阿卜者，祿姑之五世孫，咸以爲長且賢，而者氏且以印獻，遂定立阿卜而以阿固充管事，從巡撫喬應星之議也。」〔註92〕隴鶴書卒，其妻隴應祥襲。「隴應祥，土知府隴來鳳妻祿氏也。來鳳卒，應祥襲夫姓，主府事。天啓間，藺水繼變，群夷蟻附，一方騷動，應祥矢志效忠，不黨鄰酋。崇禎元年，總制朱燮元統兵進剿，應祥出迎大方，力化安位納款，西南遂平。事聞，授貴西道，誥封正義大夫，晉資治尹，賜『世篤忠貞』四個字，建坊

〔註86〕《明史》卷三百十一《四川土司一》，中華書局 1974 年版第 8008 頁。
〔註87〕乾隆《鎮雄州志》卷五《土司》，載《昭通舊志彙編四》，雲南人民出版社 2006
　　　　年版第 1035 頁。
〔註88〕乾隆《鎮雄州志》卷五《土司》，載《昭通舊志彙編四》，雲南人民出版社 2006
　　　　年版第 1035 頁。
〔註89〕乾隆《鎮雄州志》卷五《土司》，載《昭通舊志彙編四》，雲南人民出版社 2006
　　　　年版第 1035 頁。
〔註90〕乾隆《鎮雄州志》卷五《土司》，第載《昭通舊志彙編四》，雲南人民出版社
　　　　2006 年版 1035 頁。
〔註91〕乾隆《鎮雄州志》卷三《師旅考》，載《昭通舊志彙編四》，雲南人民出版社
　　　　2006 年版第 1014 頁。
〔註92〕《明史》卷三百十一《四川土司一》，中華書局 1974 年版第 8011～8012 頁。

表之。及卒，御製文遣官致祭。」〔註93〕此條史料有誤，隴來鳳應是隴鶴書。
隴應祥故，其子隴懷玉襲，「應祥子，續承世職，克遵母訓，以輯寧疆，功加
升布政使司，晉太僕寺正卿賜匾曰『忠猷益著』；妻誥封淑人。」〔註94〕

依據上述資料，芒部土司承襲情況如下表：

序號	土官姓名	承襲關係	承襲時間	土官事蹟
1	隴飛沙		洪武初	獻土歸朝
2	發紹	隴飛沙弟	洪武十六年	朝貢
3	速感	隴發紹妻	洪武二十二年	朝貢
4	阿伯		洪武二十八年	朝貢
5	阿弟	隴發紹子	永樂三年	朝貢
6	香佩	阿弟妹	永樂十二年	
7	阿德		宣德年間	遣把事貢馬
8	普澤	阿德子	宣德年間	貢馬及金銀器物
9	奢貴	普得弟媳	正統七年	遣舍人貢馬
10	居宗	奢貴子	天順三年	
11	奢慤	居宗妻	成化四年	
12	隴尉	奢慤子	成化二十年	遣把事貢馬
13	隴壽	隴尉子	嘉靖三年	隴壽、隴政爭襲
14	隴勝	隴壽子	嘉靖九年	
15	隴安	隴勝妻		平沙保叛亂
16	隴清	隴勝子		
17	隴來鳳	隴清子		
18	隴高	隴清妾		
19	隴阿章	隴氏宗族		
20	阿固	阿章子		不為夷服
21	隴鶴書		萬曆三十九年	
22	隴應祥	隴鶴書妻	天啓間	助軍剿夷
23	隴懷玉	隴鶴書子	崇禎年間	功升布政使司

〔註93〕光緒《鎮雄州志》卷四《人物》，載《昭通舊志彙編四》，雲南人民出版社2006
年版第1195頁。
〔註94〕乾隆《鎮雄州志》卷五《土司》，載《昭通舊志彙編四》，雲南人民出版社2006
年版第1035頁。

3.東川土知府

元為東川路，屬雲南行省。洪武十五年（1382 年）為府。十七年（1384年）升為軍民府，改屬四川布政司。〔註95〕二十一年（1388 年）因亂廢。二十六年（1393 年）五月復置。〔註96〕

東川土官承襲情況：

《土官底簿》載「攝賽，係烏撒軍民府前知府實卜長女，軍民府女土官姑勝古長男阿發娶為正妻，夫故，前知府姑勝古年老。洪武二十年（1387 年）欽依承襲知府。」〔註97〕道光《雲南志鈔》載：「洪武十四年（1381 年），以土官祿魯祖為知府，隸雲南布政司。……祿魯祖之名見於舊《志》，而《明史》無之。《東川府志》則以明初歸附者為寧隆，不知與祿魯祖是一人是二人也？」〔註98〕《明實錄》載：「洪武十七年（1384 年）七月，以東川土酋寧隆之母勝古為其府知府。」〔註99〕據以上記載知，明代東川軍民府土官祿魯祖洪武十四年（1381年）歸附授知府職，故，其子是寧隆即阿發，未襲故，其母姑勝古洪武十六年（1383 年）襲。姑勝古年老，其媳攝賽洪武二十年（1387 年）襲。又《東川府志》載：「寧隆，東川土酋。洪武十四年（1381 年）歸附，十六年（1383 年）二月入朝貢方物，受世襲土官知府，賜朝服、冠帶、錦綺、鈔錠。」〔註100〕似乎相矛盾，其實一點也不矛盾，寧隆洪武十四年（1381 年）是東川府土酋，並非土官，十六年（1383 年）才授土官，未襲先故，因此其母姑勝古襲。

洪武二十一年（1388 年），因東川府蠻民叛亂，大將軍廢除土官。二十六年（1393 年），「奉太祖皇帝聖旨依舊設府治土官，攝賽還著他做知府。」〔註101〕「洪武二十六年（1393 年）復置東川軍民府，以土官攝賽為知府。」〔註102〕「洪武二十六年（1393 年），東川軍民府女土官攝賽遣使貢馬。」〔註103〕攝賽故，

〔註95〕《明一統志》、《蜀中廣記》、雍正《雲南通志》諸書作洪武十六年改屬四川，《明史·地理志》、《欽定續通典》作十七年，其因或是由二省上報、接收時間不同所造成的。

〔註96〕《明史》卷四十三，《地理志四》，中華書局 1974 年版第 1040 頁。

〔註97〕《土官底簿》卷下，《四庫全書·史部》。

〔註98〕道光《雲南志鈔》卷八《土司志下》，雲南省社會科學院文獻研究所第 448 頁。

〔註99〕《明實錄·太祖實錄》卷一百六十三，洪武十七年七月辛亥。

〔註100〕梁曉強校注：《東川府志》卷十四《土官祿氏世職》，雲南人民出版社 2006年版第 308 頁。

〔註101〕《土官底簿》卷下，《四庫全書·史部》。

〔註102〕《明實錄·太祖實錄》卷二百二十七，洪武二十六年五月丁巳。

〔註103〕《明實錄·太祖實錄》卷二百二十四，洪武二十六年正月丁未。

男普合襲職，「普合備馬赴京進貢，永樂四年正月，奉聖旨准他襲。」〔註104〕普合故，其子阿得襲，時「阿得年幼，眾議親弟阿伯暫襲，候阿得長成襲替，具本差小土官以車等齎奏。永樂十年（1412年）正月奉聖旨，不准他兄弟襲，只著他兒子襲，便十歲以下也著襲了。他那兄弟既是夷民信服，著他做首領官名頭，幫那小的辦事，欽此。」〔註105〕按土司承襲年齡須滿十五歲方可襲，但明統治者不准其叔襲替，於是阿得不滿十歲就署府事，其叔輔佐他理府事。「永樂十二年（1414年），東川軍民府土官知府阿得遣使貢馬。」〔註106〕「永樂二十一年（1423年）東川土官知府阿得遣人貢馬。」〔註107〕阿得故，其妻攝格襲，「攝格，阿得妻，攝土官知府事，宣德三年（1428年）入貢。」〔註108〕「宣德二年（1427年）十二月，東川軍民府故土官知府阿得妻攝格遣叔阿圭來朝貢馬。」〔註109〕「宣德八年（1433年）正月，東川軍民府土官攝格遣叔、把事阿圭、王如松等貢馬。」〔註110〕攝格故，阿得堂弟普得襲。「正統元年（1436年）四月，東川軍民府已故土官知府弟普得遣使貢馬及方物。」〔註111〕「保堂弟普得就府冠帶，正統三年（1438年）正月奉聖旨，即有三司委官保結，且准他襲。」〔註112〕「正統四年（1439年）東川軍民府土官知府普得來朝貢馬及方物。」〔註113〕普得之後的承襲人無考。《明實錄》有零星記載。

《明實錄》載「景泰二年（1451年），東川軍民府土官寶斗遣把事阿東等貢馬。」〔註114〕《土官底簿》載「烏伯查勘應襲，准令就府冠帶。天順三年（1459年）四月奉聖旨，是。」〔註115〕成化二十二年（1486年）七月，東川軍民府小土官安傑來朝貢馬。〔註116〕弘治七年（1494年），東川軍民府署府

〔註104〕《土官底簿》卷下，《四庫全書·史部》。
〔註105〕《土官底簿》卷下，《四庫全書·史部》。
〔註106〕《明實錄·太宗實錄》卷一百五十九，永樂十二年十二月甲午。
〔註107〕《明實錄·太宗實錄》卷二百六十六，永樂二十一年十二月癸酉。
〔註108〕梁曉強校注：《東川府志》卷十四，《秩官土官祿氏世職》，雲南人民出版社2006年版第309頁。
〔註109〕《明實錄·宣宗實錄》卷三十四，宣德二年十二月癸亥。
〔註110〕《明實錄·宣宗實錄》卷九十九，宣德八年二月壬辰。
〔註111〕《明實錄·英宗實錄》卷十六，正統元年五月己巳。
〔註112〕《土官底簿》卷下，《四庫全書·史部》。
〔註113〕《明實錄·英宗實錄》卷五十二，正統四年閏二月庚寅。
〔註114〕《明實錄·英宗實錄》卷二百六，景泰二年七月戊申。
〔註115〕《土官底簿》卷下，《四庫全書·史部》。
〔註116〕《明實錄·憲宗實錄》卷二百八十成化二十二年七月壬子。

事土官舍人阿佐等遣頭目沙沮等來貢。〔註117〕

　　《東川府志》載：「祿慶，嘉靖元年（1522年）以舍人攝府事。」〔註118〕《土官底簿》載：「嘉靖五年（1526年），奏保祿慶承襲。本月奉聖旨，是祿慶准照例納穀完日，就彼襲替，欽此。」〔註119〕按此記載，祿慶在嘉靖元年（1522年）就掌府事，到嘉靖五年（1526年）才獲明王朝批准。嘉靖三十九年（1560年）五月，祿慶死，其子幼，其妻理府事。「東川軍民府土官知府祿慶死，子位幼，妻安氏攝其府事，有營長阿得革頗擅權，謀奪其官，因先求烝安氏，不得，乃綴火焚府治，走武定州，爲土官所殺。」〔註120〕《東川府志》載：「安氏，慶妻，慶卒。子位幼，氏攝府事。營長阿得革，頗擅權，謀奪其官。因先求丞安氏，不得。後來爲其子阿堂囚。堂伏誅，位妻攝行府事。」〔註121〕嘉靖三十九年（1560年），四川東川軍民府土官知府祿慶死，子位幼，妻安氏攝府事。阿堂之亂，位及其弟皆沒。後堂伏誅，安萬銓匿府印，以經歷印畀寧著。寧著爲祿位妻。因寧著署府事值東川動亂，於是由阿采輔佐。阿采，嘉靖四十年（1561年），襲東川府同知，鑄給東川軍民府新印。初阿堂既誅，索府印不獲，懷疑爲水西安萬銓所匿，於是屢勘，印實亡失，而祿位近派悉絕，惟同六世祖有幼男阿采，於是撫官雷賀、陳瓚，請以采襲職，姑予以同知銜。令寧著署掌，後果能撫輯，准其仍進襲知府。其新印初請更名，以防奸僞，旨不必更。阿采之後的承襲人爲祿壽，其關係無考。祿壽，萬曆三十六年（1608年），詔以東川土司並聽雲南節制。先是巡撫鄧美因條三利三不足疑以進，詔從之。四十三年（1615年），雲南巡按吳應琦言：「東川土官祿壽、祿哲爭襲以來，各縱部眾，越境劫掠。前者按臣請敕滇撫兼制，而二酋視之蔑如，擁眾千餘，劫掠兩府，浹旬之間，村屯並遭荼毒，未有如今日之甚者。或剿或撫，廟堂自有長策，毋兩地牽制，養禍日滋。」〔註122〕祿壽之後是祿千鍾，泰昌元年，雲南撫按沈敬價等言：蜀之東川，業奉朝命兼制

〔註117〕《明實錄・孝宗實錄》卷九十二，弘治七年九月辛亥。
〔註118〕梁曉強校注：《東川府志》卷十四《秩官土官世職》，雲南人民出版社2006年版第309頁。
〔註119〕《土官底簿》卷下，《四庫全書・史部》。
〔註120〕《明實錄・世宗實錄》卷四百八十四，嘉靖三十九年五月甲戌。
〔註121〕梁曉強校注：《東川府志》卷十四《秩官土官世職》，雲南人民出版社2006年版第309頁。
〔註122〕梁曉強校注：《東川府志》卷十四《秩官土官世職》，雲南人民出版社2006年版第309頁。

鈐束，然事權全不相關，祿千鍾、祿阿伽縱賊披猖，為患不已。東川土官的承襲在動亂中渡過明代後期。

據上述資料，東川土司的承襲情況如下表：

序號	姓名	承襲關係	承襲時間	土官事蹟
1	祿魯祖		洪武十四年	歸附
2	姑勝古	祿魯祖妻	洪武十六年	
3	攝賽	姑勝古兒媳	洪武二十年	遣使貢馬
4	普合	攝賽子	永樂四年	遣使貢馬
6	阿得	普合子	永樂十年	遣使貢馬
7	攝格	阿得妻	宣德年間	遣叔貢馬
8	普得	阿得堂弟	正統三年	貢馬及方物
9	寶斗		景泰年間	貢馬
10	烏伯		天順三年	
11	祿慶		嘉靖五年	納穀
12	安氏	祿慶妻		阿堂叛亂
13	寧著	安氏兒媳	嘉靖三十九年	
14	阿採	祿慶同宗族	嘉靖四十年	平堂亂
15	祿壽		萬曆三十六年	
16	祿千鍾		泰昌元年	縱賊披猖，為患不已

4.尋甸土知府

元為仁德府，領為美、歸厚二縣。洪武十六年（1383 年）十月辛未升為仁德軍民府，丁丑改為尋甸軍民府。洪武十七年（1384 年）因民希賦寡，革二縣並於府。成化十二年（1476 年）改為尋甸府。〔註 123〕宣德六年（1431年），改尋甸為仁德府，領馬龍、嵩明州，復為美、歸厚二縣。憲宗成化十二年（1476 年），設曲靖兵備道，初置流官時，因土官安陽屢行不法，巡撫王恕奏請以仁德府為尋甸府，設知府、經歷以理之政，改高明為嵩明州隸於雲南府，馬龍州隸於曲靖府，裁為美、歸厚二縣作二十馬頭。〔註 124〕

〔註 123〕《明史》卷四十六，《地理志七》，中華書局第 1175 頁。
〔註 124〕道光《尋甸州志》卷四《建置》，道光八年刻本。

尋甸土官承襲情況：

《土官底簿》載：「安陽，洪武十六年（1383 年），赴京朝覲，蒙實授尋甸軍民府知府。」〔註125〕「洪武十六年（1383 年）尋甸土官安陽等來朝貢馬。」〔註126〕又《明史》載：「洪武十五年（1382 年），仁德土官阿孔等貢馬及方物，改仁德為尋甸軍民府。」〔註127〕疑阿孔為安陽，為尋甸府第一任土官。安陽朝覲回來後病故，其母沙琛襲。「洪武二十年（1388 年），尋甸軍民府知府沙琛親叔阿孔赴京。」〔註128〕沙琛故，其兒媳沙姑襲，「把事金沙等到，保沙姑係故土官安陽正妻，該襲。二十六年（1393 年）七月，奉太祖皇帝聖旨，准襲。」〔註129〕沙姑故，其兒媳沙觀襲。「男長阿察先故，男婦沙觀保送，三十五年（1402 年）十二月，奉聖旨，准他襲做知府。」〔註130〕「建文四年（1402 年）十二月，以雲南尋甸軍民府土知府沙姑男婦沙觀襲土官知府。」〔註131〕沙觀故，其兒媳沙仲襲。「故，男弄革鬼正妻沙仲襲職，正統四年（1439 年）奏奉聖旨即有委官並親族人等保結及保勘，應襲職准他襲，還行文書去，著三司覆勘，若有虛詐不實，奏來定奪。」〔註132〕明王朝對土司襲職一事相當重視，襲職者不是土官的嫡長子，而是其妻，明王朝要求三司嚴格審察土司襲職人員的真假，「若有虛詐不實，奏來定奪」。之後土司襲職，須三司保勘後才准襲，若有爭奪，發回保勘。沙仲故，其子安定與安辛爭襲，明王朝發回保勘。直到襲職人無爭議時，方可承襲。「景泰五年（1454 年）安晟就彼襲職。」〔註133〕安晟之後的襲職人出現混亂，無三司保勘憑證，且承襲人不明，於是改設流官知府。「安晟故，成化九年（1473 年），要保安榮承襲，緣無三司會奏，類行雲南保勘，安晟果否借職，女榮、女直是否女定、女晟親男。前項土官知府，應該何人承襲？行勘明白，定應襲一人。成化十二年（1476 年），巡殷實御史奏稱，知府安晟病故，長安宣被伊叔安倘並安晟妾沙適等謀殺，本舍並無應襲兒男，止有安倘男安勒，亦係極刑，難以承襲。成化十三年（1477 年），改流官知府李祥，丁憂。成化十

〔註125〕《土官底簿》卷下，《四庫全書・史部》。

〔註126〕《明實錄・太祖實錄》卷一百五十六，洪武十六年八月庚子。

〔註127〕《明史》卷三百一十四《雲南土司傳二》，中華書局第 8097 頁。

〔註128〕《明實錄・太祖實錄》卷一百八十五，洪武二十九月己丑。

〔註129〕《土官底簿》卷下，《四庫全書・史部》。

〔註130〕《土官底簿》卷下，《四庫全書・史部》。

〔註131〕《明實錄・太宗實錄》卷十五，建文四年十二月丙子。

〔註132〕《土官底簿》卷下，《四庫全書・史部》。

〔註133〕土官底簿》卷下，《四庫全書・史部》。

七年（1481 年），除知府屈伸致仕。成化二十一年（1485 年），除知府謝紹到任事。成化二十二年（1486 年），沙古等來京奏擾，發回土官衙門鈐束，不許再來奏擾，題奉聖旨。」〔註134〕因土官承襲有爭議，明王朝採取降職的辦法來平息爭鬥。「成化十三年（1477 年）安陽、安乃因爭封襲，內閣遂改設流官，降安氏爲營長。嘉靖六年（1527 年）安陽孫安銓叛，攻尋甸，討誅之，革其職而封襲遂絕。」〔註135〕尋甸府廢除土司治本地，改爲流官執政。因受土司勢力的影響，流官並未到任，當地還是由土官治理，只不過是沒有得到明中央王朝的承認而已。直到嘉靖六年（1527 年），安銓之亂平定後，才徹底廢除土司統治。

據上述資料，尋甸土司的承襲情況大致如下表：

序號	姓名	承襲關係	承襲時間	事蹟
1	安陽		洪武十六年	朝覲
2	沙琛	安陽母	洪武十六年	朝貢
3	沙姑	安陽妻	洪武二十六年	
4	沙觀	沙姑兒媳	洪武三十五年	
5	沙仲	沙觀兒媳	正統四年	安辛、安定爭襲
7	安晟	安定子	景泰五年	
8	安陽		成化十二年	安陽、安乃爭襲改流

（二）土知州

1.越州土知州

洪武十五年（1382 年）三月改爲府。二十七年（1394 年）四月升爲軍民府。〔註136〕

越州土知州世系：

龍海，天啓《滇志》載：「舊越州土官龍海，洪武中歸附，以其地爲越州，以海知州事。」又《新纂雲南通志》載：「明洪武十四年（1381 年），平雲南，龍海歸附，遣子入朝，詔以海爲知州。尋爲亂，西平侯沐英擒之，徙遼東，至蓋州病死。阿資繼其職，益桀驁，遂叛。」〔註137〕洪武十六年（1383 年）

〔註134〕《土官底簿》卷下，《四庫全書·史部》。
〔註135〕道光《尋甸州志》卷十七《封建》，道光八年刻本。
〔註136〕《明史》卷四十六《地理志七》，中華書局第 1173 頁。
〔註137〕劉春龍等點校：新纂《雲南通志》七，卷一百七十三《土司考一》，雲南人民
　　　　出版社 2007 年版第 672 頁。

越州土酋阿資來朝貢馬及方物。〔註138〕阿資襲職後亦桀驁難馴，率眾寇普安，大肆剽掠，傅友德進兵討之，斬其營長。阿資退屯普安，倚崖壁爲寨，並揚言：「國家有萬軍之勇，我有萬山之險，豈能滅我。」〔註139〕傅友德窮追不捨，「蠻眾皆緣壁攀崖，墜死者不可勝數，生擒一千三百餘人，獲馬畜甚眾。」〔註140〕阿資遁還越州，請降。明王朝在越州置衛所，「扼其險要」。洪武二十一年（1388年），阿資復叛，明王朝命何福爲平羌將軍，率師進討，屢敗阿資蠻兵，時逢淫雨水溢，阿資沒有援軍，與其眾降。洪武二十七年（1394年），阿資復反，西平侯沐春及福率兵進討，沐春偵察阿資的情況，「春使人結阿保，覘阿資所在及其經行地，星列守堡，絕其糧道，賊益困。」〔註141〕因阿保爲曲靖土軍千戶，其駐地與越州接境，部落多與貿易。沐春就是利用這一優勢圍困阿資。二十八年（1395年），「福潛引兵屯赤窩鋪，遣百戶張忠等搗賊巢，擒阿資，斬之，俘其黨，越州乃平。」〔註142〕明王朝分其地屬沾益、陸涼、亦佐。置越州、馬龍二衛以扼其要。土知州至此廢除，置流官知州。

根據上述資料，越州土官世襲情況如下：

序號	姓名	承襲關係	承襲時間表	事蹟
1	龍海		洪武初	叛亂
2	阿資	疑爲龍海子	洪武十四年	三叛三降

2.沾益土知州

沾益州「元立萬戶，後改爲沾益州，領石樑、羅山、交水三縣。今洪武間，因民稀少，先後革其並於州。」〔註143〕沾益州領交水、石樑、羅山三縣，洪武十五年（1382年）並三縣及越州五鄉。〔註144〕

〔註138〕《明實錄‧太祖實錄》卷一百五十六，洪武十六年九月壬戌。

〔註139〕劉春龍等點校：新纂《雲南通志》七，卷一百七十三《土司考一》，雲南人民出版社2007年版第672頁。

〔註140〕劉春龍等點校：新纂《雲南通志》七，卷一百七十三《土司考一》，雲南人民出版社2007年版第672頁。

〔註141〕劉春龍等點校：新纂《雲南通志》七，卷一百七十七《土司考一》，雲南人民出版社2007年版第672頁。

〔註142〕劉春龍等點校：新纂《雲南通志》（七），卷一百七十三《土司考一》，雲南人民出版社2007年版第672頁。

〔註143〕李春龍等校注：景泰《雲南圖經志書校注》，雲南民族出版社2002年版第124頁。

〔註144〕古永繼校點：天啓《滇志》卷二《地理志》，雲南教育出版社1991處版第58頁。

沾益州土官承襲情況：

《土官底簿》載：「阿哥前元世襲曲靖宣慰使，洪武十四年（1381 年）歸附，仍充宣慰使兼管沾益州事。」〔註145〕天啟《滇志》載：「沾益土官，元時安舉宗爲曲靖宣慰使。明太祖既平蜀，命征南將軍傅友德以通永寧之兵搗烏撒，元右丞實卜遁走，諸蠻望風降附。土官祿哲妻實卜與夫弟阿哥率眾眾歸順，授實卜爲烏撒土知府，阿哥授沾益土知府。」〔註146〕故阿哥爲沾益州第一任土官。阿哥故，其男阿索承襲。「阿哥故，男阿索承襲。」〔註147〕「洪武十六年（1383年）沾益土官安索叔安茲等貢馬及羅羅刀甲氈衫虎皮。〔註148〕阿索即安索，故，其子阿周襲。「阿索故，嫡長男阿周，三十二年（1399 年）襲。」〔註149〕阿周故，其親侄斗男襲，「斗男係已故同籍弟阿卑男，阿周親侄，備馬赴京進貢，告襲。洪熙元年（1425 年）五月奉聖旨著他襲。」〔註150〕「宣德九年（1434 年）正月，曲靖軍民府沾益州土官知州斗南遣把事李英等來朝貢馬。」〔註151〕斗南故，其妾襲。「斗南故，本官妾適璧，正統八年（1443 年）正月欽准襲職。」〔註152〕適璧故保其兒媳適仲襲，「適仲係適璧童養媳婦應襲姑職，天順三年（1459 年）十月奉聖旨，是。」〔註153〕適仲故，其男安奢襲，「故，男安奢，成化十三年（1477年）七月，准就彼冠帶襲職。」〔註154〕安奢故，其子安民襲，「嫡長男安民弘治十一年（1498 年）二月奉聖旨，安民准襲土官知州，欽此。」〔註155〕安民故，其子安慰襲，「安民故，正德七年（1512 年）四月，男安慰查得祖來不曾開有世襲字樣，奉聖旨是安慰，准他襲。」〔註156〕安慰故，其子安正襲，「安慰，嘉靖十九年（1540 年）二月親男安正奉欽依準令冠帶就彼到任管事。」〔註157〕《土

〔註145〕《土官底簿》卷上，《四庫全書·史部》。
〔註146〕劉春龍等點校：新纂《雲南通志》（七），卷一百七十三《土司考一》，雲南人民出版社 2007 年版第 672 頁。
〔註147〕《土官底簿》卷上，《四庫全書·史部》。
〔註148〕《明實錄·太祖實錄》卷一百五十六，洪武十六年九月乙丑。
〔註149〕《土官底簿》卷上，《四庫全書·史部》。
〔註150〕《土官底簿》卷上，《四庫全書·史部》。
〔註151〕《明實錄·宣宗實錄》卷一百八，宣德九年正月庚子。
〔註152〕《土官底簿》卷上，《四庫全書·史部》。
〔註153〕《土官底簿》卷上，《四庫全書·史部》。
〔註154〕《土官底簿》卷上，《四庫全書·史部》。
〔註155〕《土官底簿》卷上，《四庫全書·史部》。
〔註156〕《土官底簿》卷上，《四庫全書·史部》。
〔註157〕《土官底簿》卷上，《四庫全書·史部》。

官底簿》所記沾益土官襲職到此爲止。

　　據天啓《滇志・羈縻志》載：「傳至安九鼎，世絕，妻安素儀典州事，因以烏撒安紹慶繼，實祿哲七世孫墨次子，烏撒酋安雲龍弟，此沾益絕而烏撒繼也。其後，雲龍爲烏人安國正所殺，復以紹慶次子效良爲烏撒府知府。紹慶死，長子效忠先卒，沿孫安遠襲。效良弟效賢娶於水西，曰設科，水藺之變，與效良合。其法墮、落龍、瓦歹、木洞諸營長以叛，遠不能制，尋死。遠弟邊，初贅亦佐酋婦隆氏，今以繼遠，而諸營陰陽於水、烏間，爲滇寇，邊寄空名而已。土官營柵坐石龍山，險阻四塞，介蜀、黔之境。所部四十八營，以勇健稱，其眾三倍烏撒云。」〔註158〕新纂《雲南通志》載：「萬曆元年（1573 年），奏以烏撒土知府祿墨次子安紹慶爲嗣。紹慶者，阿哥兄祿哲之七世孫也。烏撒、沾益雖滇、蜀異轄，而宗派一源，故彼絕此繼，通爲一家。祿墨長子雲龍襲烏撒土知府，而次子紹慶襲沾益益土知州。」〔註159〕《明史・雲南土司傳》：「沾益安素儀無子，以烏撒土官子安紹慶爲嗣。慶死，孫安遠襲。土婦設科作亂，逐安遠，糾眾焚掠沾益諸堡站，陷平夷衛。天啓三年（1623 年），官兵擒設科，誅之。五年（1625 年），安邊據沾益，從水西叛。」〔註160〕以上資料說明，安九鼎後是其妻安素儀，安素儀後是安紹慶襲職，之後是安遠、安邊襲。《滇遊日記三》載：「沾益州土知州安邊者，舊土官安遠之弟，兄終而弟及者也。與四川烏撒府安孝良接壤，而復同宗。水西安邦彥之叛，孝良與之同逆，未幾死，其長子安奇爵襲烏撒之職，次子安奇祿則土舍也。軍門謝命沾益安邊往諭水西，邦彥拘留之。當事者即命奇祿代署州事，並以上聞。後水西出安邊，奉旨仍掌沾益，奇祿不得已，還其位；而奇祿有烏撒之援，安邊勢孤莫助，擁虛名而已。」又「然邊實忠順，而奇祿狡猾，能結當道歡。今年三月，何天衢命把總羅彩以兵助守沾益，彩竟殺邊，並挈其資兩千金去。或曰：彩受當道意指，皆爲奇祿地也。奇祿遂復專州事，當道俱翕然從之。獨總府沐曰：『邊雖土司，亦世臣也，況受特命，豈可殺之而不問？』故至今九月間，沾益復扤隉不安，爲未定之局云。」

〔註158〕古永繼校點：天啓《滇志》卷三十《羈縻志》，雲南教育出版社 1991 年版第978 頁。

〔註159〕劉春龍等點校：新纂《雲南通志》七，卷一百七十三《土司考一》，雲南人民出版社 2007 年版第 672 頁。

〔註160〕《明史》卷三百一十三，《雲南土司一》，中華書局 1974 年版第 8086 頁。

〔註161〕《明史・四川土司傳》載：「崇禎元年（1628年）四川巡撫官李友芝齎冠帶獎賞（為奪取沾益州知州位，而勾結、依附明朝地方官吏）其爵母子，令管烏撒。安氏惡分，……謀迎沾益土官安邊為婚，授之烏撒以拒其爵。安邊亦欲偶安氏以拒其祿，……一時皇皇謂水西必糾沾、烏入犯。二年（1629年），總督朱燮元調集漢、土兵，列營沾益……發兵逐安邊、安氏……。其爵署烏撒知府，其祿署沾益知州。」〔註162〕「安效良次子其祿襲沾益職，其祿傳重鎮，重鎮傳安民。」〔註163〕明朝滅亡。

據上述資料，沾益州土知州承襲情況大致如下表：

序號	姓名	承襲關係	承襲時間	事蹟
1	阿哥		洪武十四年	征大理有功
2	阿索	阿哥子	洪武十六年	朝貢
3	阿周	阿索子	洪武三十二年	
4	斗男	阿周親侄	洪熙元年	朝貢
5	適璧	斗男姿	正統八年	
6	適仲	適璧兒媳	天順三年	
7	安奢	適仲子	成化十三年	
8	安民	安奢子	弘治十一年	
9	安慰	安民子	正德七年	
10	安正	安慰子	嘉靖十九年至	
11	安九鼎		至嘉靖三十九年前	
12	安素儀	安九鼎妻	嘉靖四十五年	
13	安紹慶	安素儀養子	萬曆元年年	
14	安遠	安紹慶子	萬曆三十九年	
15	安邊	安遠弟	天啓二年	
16	安其祿		崇禎十一年	
17	安重鎮	安其祿子	永曆年間年	
18	安民	安重鎮子	順治年間	

〔註161〕徐弘祖著，朱惠榮校注：《徐霞客遊記》下，雲南人民出版社1985年版第777～778頁。

〔註162〕《明史》卷三百一十一，《四川土司一》，中華書局1974年版第8014頁。

〔註163〕光緒《沾益州志》卷三，《秩官土司》，清光緒十一年抄本。

3.馬龍土知州

元立千戶，後改爲馬龍州。明洪武十五年（1382年），撤通泉縣入馬龍州，隸曲靖府，仍以土酋沙氏領州事。州同一員，吏目一員。十八年（1385年）設魯婆伽嶺巡檢司。〔註164〕宣德六年（1431年）屬仁德府。弘治七年（1494年）改設流官知州。〔註165〕

《土官底簿》載：「安崇本州羅羅人，前代世襲土官知州，洪武四年（1371年）故，男法燈年幼，母薩住赴京告襲，十六年（1383年）十月准襲。故，法燈長出幼，告襲。二十七年（1394年）八月奉聖旨准他襲。」〔註166〕知安崇爲馬龍州第一任土官，洪武四年（1371年）死後，由其妻薩住十六年（1383年）襲，薩住死後，由其子法燈襲。「洪武二十六年（1393年）曲靖府馬龍州知州法燈等遣使貢馬及方物。」〔註167〕法燈死後，其男阿長襲，「阿長，正統六年（1441年）保送總督尙書王驥處襲職。正統八年（1443年）故。男阿僧未襲。先故。長壽係阿長親孫，阿僧嫡長子告襲。成化二年（1466年）正月，准行就彼冠帶。故，嫡長男長輔，弘治元年（1488年）二月，奉聖旨，是，欽此。文選司缺冊，查得弘治七年（1494年）四月，知州長輔故絕，改設流官知州羅環。」〔註168〕故其承襲順序爲法燈、阿長、長壽、長輔。

據上述資料，馬龍州土知州承襲情況大致如下表：

序號	姓名	承襲關係	承襲時間	事蹟
1	安崇		洪武初	
2	薩住	安崇母	洪武十六年	遣便貢馬及方物
3	法燈	安崇子	洪武二十七年	
4	阿長	法燈子	正統六年	
5	長壽	阿長親孫	成化二年	
6	長輔	長壽子	弘治二年	

〔註164〕雍正《馬龍州志》卷二《沿革》，雍正刻本。
〔註165〕古永繼校點：天啓《滇志》卷二《沿革·郡縣名》，雲南教育出版社1991年版第58頁。
〔註166〕《土官底簿》卷上，《四庫全書·史部》。
〔註167〕《明實錄·太祖實錄》卷二百二十九，洪武二十六年八月己卯。
〔註168〕《土官底簿》卷下，《四庫全書·史部》。

4.陸涼土知州

元改為陸涼州，領二縣：曰阿納、曰芳華。洪武二十四年（1391 年），因民稀少，革其縣以並於州。〔註169〕

《土官底簿》載：「資宗，本州羅羅人，世襲土官。洪武十六年（1383 年），總兵官起送赴京朝覲，當年十一月欽除本州知州。」〔註170〕知第一任土官為資宗，資宗故，「男資求，永樂四年（1406 年）十二月奉聖旨，著他做知州。」〔註171〕「永樂十二年（1414 年）十一月，陸涼州土官知州資求，遣人貢馬。」〔註172〕資求故，「男資曹幼，有母沙共告襲夫職，候資曹長成替職。永樂十四年（1416 年）奉聖旨，著沙共借襲。宣德八年（1433 年）四月，資曹替職，正統六年（1441 年）十二月，殺賊有功，升曲靖府同知，仍管州事。」〔註173〕「宣德八年（1433 年），陸涼州女土官知州沙共子資曹來朝貢馬。」〔註174〕「成化七年（1471 年）陸涼州掌州事宣慰使司土官資曹，年老不任事，命其子資安代職，仍理陸涼州事。」〔註175〕

嘉靖十三年（1534 年）閏二月，「資徽奏乞承襲，資曹原襲知州管理事，景泰六年（1455 年）遇全納粟，升宣慰司使，仍管州事，後革。納級今襲府同知職事，仍管州事，奉聖旨是欽此。」〔註176〕《神宗實錄》載：「萬曆三十四年（1606 年）詔捕雲南曲靖府土官同知資世守，行撫按會問。以撫按交參世守侮挾流官，橫科夷寨諸不法云。」〔註177〕「萬曆中，夷婦昂氏傳其侄資世守，以罪戍邊。侄資國效應襲。」〔註178〕道光《雲南志鈔》：「傳至資世守，萬曆中以罪戍邊，職除。」〔註179〕

據上述資料，其承襲情況大致如下表：

〔註169〕李春龍等校注：景泰《雲南圖經志書校注》卷二，雲南民族出版社 2002 年版第 128 頁。

〔註170〕《土官底簿》卷上，《四庫全書·史部》。

〔註171〕《土官底簿》卷上，《四庫全書·史部》。

〔註172〕《明實錄·太宗實錄》卷一百五十八，永樂十三年正月丁卯。

〔註173〕《土官底簿》卷上，《四庫全書·史部》。

〔註174〕《明實錄·宣宗實錄》卷一百一，宣德八年四月丙申。

〔註175〕《明實錄·憲宗實錄》卷九十一，成化七年五月癸未。

〔註176〕《土官底簿》卷上，《四庫全書·史部》。

〔註177〕《明實錄·神宗實錄》卷四百二十一，萬曆三十四年五月癸未。

〔註178〕《陸涼縣志稿》卷六《土司》，1915 年石印本。

〔註179〕道光《雲南志鈔》卷八《土司志》下，雲南省社會科學院文獻所 1995 年版第 394 頁。

序號	姓名	承襲關係	承襲時間	土官事蹟
1	資宗		洪武年間	
2	資求	資宗子	永樂四年	遣人貢馬
3	沙共	資求妻	永樂十四年	
4	資曹	資求子	宣德八年	殺賊有功升同知
5	資安	資曹子	成化七年	
	資徽		嘉靖十三年	納粟升宣慰使
6	昂氏		萬曆年間	
7	資國效	昂氏侄	萬曆年間	

5.羅雄土知州

元憲宗二十三年（1286年），遣太弟由大渡河進攻大理克之，擒段興智，明年，太弟班師留兀良合臺經略雲南，置本府爲磨彌萬戶，本州內附，爲普磨千戶。世祖至元十三年（1276年）置行中書省於善闡，分雲南爲三十七路，置五府，五十四州，四十七縣，改本府爲曲靖路。割夜苴部（即亦佐縣）附本州，仍名羅雄州，隸曲靖。成宗元貞八年（1301年）羅雄酋阿壩叛，大理、金齒都元帥忙古帶擒斬平之。十年（1303年），本州酋長阿邦龍少，結諸蠻爲寇，右丞汪惟能率兵進討，賊退據越州，諭之不服，平章也速得兒帥兵往捕，遂除龍氏，以本州地予施氏世長其土。順帝至正二十三年（1363年），蜀明玉珍寇雲南，梁王奔威楚諸部，悉亂施氏，裔施宗、施秀荒淫弛事，沾益州土舍者洛乘其機會襲施氏，奪其地，本州遂爲者氏有。〔註180〕

《土官底簿》載：「普苴本州羅羅人，洪武十五年（1382年）歸附，總兵官定用前職。」〔註181〕普苴故，其子爾伯襲，「二十九年（1396年）十一月准襲」。樂伯故，「者永係親男年幼，適廣係父樂伯正妻，永樂八年（1410年）十二月奉聖旨准他襲。」〔註182〕適廣故，「者永年幼，伊叔沙陀借襲，永樂十二年（1414年）閏九月奉聖旨准他襲職。」〔註183〕正統十二年（1447年）曲靖軍民府羅雄州土官沙陀等奏：「本州土民累因攢運糧儲及被災傷，各攜老幼逃往廣西等府潛住，遺下稅糧累及在人戶，乞下雲南布按二司法招撫，拖欠

〔註180〕康熙《羅平州志》卷一《沿革志》，傳抄本。
〔註181〕《土官底簿》卷上，《四庫全書・史部》。
〔註182〕《土官底簿》卷上，《四庫全書・史部》。
〔註183〕《土官底簿》卷上，《四庫全書・史部》。

稅糧亦乞停免。」〔註184〕宣德元年（1426 年）十月者永出幼，奉聖旨是，准他襲。者永故，無嗣堂弟者甫告襲，天順八年（1464 年）八月奉聖旨，是。者甫故，庶長男者松，弘治十四年（1501 年）七月奉聖旨，是，者松著冠帶襲土官知州，仍不世襲。故，正德十年（1515 年）十月，親男者達祖來不曾開有世襲字樣，奉聖旨，是，者達准承襲。嘉靖九年（1530 年）十二月親男者昴奉欽依準令冠帶就彼到任管事。」〔註185〕《明史·土司傳一》說：「嘉靖中，羅雄知州者濬殺營長，奪其妻，生子繼榮，稍長即持刀逐濬。……及濬請老，經繼榮代襲，繼榮遂逐濬。……萬曆九年（1581 年），調羅雄兵征緬，……時沾益土知州安世鼎死，妻安素儀署州事，亦提兵赴調。繼榮與之合營，通焉，且倚沾益兵力為助。師過越州，留土官資氏家，淫樂不進。知州戠應奎白於兵備，將擒之，繼榮走，遂聚眾反。攻破陸涼鴨子塘、陡陂諸寨，築石城於赤龍山，據龍潭為險，廣六十里。……三十年（1551 年），巡撫劉世曾乃檄諸道進兵。……降其眾一萬七千人，追奔至阿拜江，斬繼榮，賊平。劉世曾請築城，改設流官，乃以何夥為知州，乃改羅雄州曰羅平，設千戶所曰定雄。」〔註186〕者昴即者濬，因者繼榮的叛亂，明王朝藉此機會改流。

據上述資料，其土司承襲情況大致如下表：

序號	姓名	承襲關係	承襲時間	事蹟
1	普苴		洪武十五年	歸附朝廷
2	樂伯	普苴子	洪武二十九年	
3	適廣	樂伯妻	永樂八年	
4	沙陀	樂伯弟	永樂十二年	乞朝廷免稅糧
5	者永	樂伯子	宣德元年	
6	者甫	者永堂弟	天順八年	
7	者松	者甫子	弘治十四年	
8	者達	者松子	正德十年	
9	者昴(者濬)	者達子	嘉靖九年	
10	者繼榮	者濬子	萬曆年間	叛亂

〔註184〕《明實錄·英宗實錄》卷一百五十三，正統十二年閏四月甲戌。
〔註185〕《土官底簿》卷上，《四庫全書·史部》。
〔註186〕《明史》卷三百一十三，《雲南土司傳一》，中華書局 1974 年版第 8086 頁。

6.師宗州土同知

師宗元初並彌勒，共立一千戶，後改總把，至元二十七年（1357年）改爲師宗州，明代沿襲爲師宗州。〔註187〕

《土官底簿》載：「阿的，羅羅人，承襲父職，洪武十五年（1382年）歸附。十六年（1383年）開設衙門。二十一年（1388年）赴京朝覲，除本州同知。」〔註188〕洪武二十年（1387年），「師宗州知州阿的遣人貢馬。」〔註189〕阿的故，無子，阿救襲，「故，無嗣有阿救，十六年（1383年）九月赴京朝覲告襲，二十七年（1394年）二月，蒙欽除同知職事。故，嫡長男普雙，本年十二月赴京朝賀，告襲。永樂元年（1403年）正月。欽准襲職。故，無嗣，龍哥係弟，年幼未嘗管事，鄉老頭目張文禮等告係普雙妻適蘇承襲，龍哥長成襲職。永樂二年（1404年）六月，奏欽准襲職，後赴京告。故，夫高曾祖父俱係知州，欲升知州職事，部疑不准。永樂七年（1409年）正月，引奉令旨他父親自來朝，升他做知州，只不做世襲，還著流官掌印，以後有當襲的人，仍著做同知，欽此。故，龍哥長成，奉令旨准襲他兄同知的職事，敬此。故，男瓏達告襲。間故，男瓏和，尚書王驥准襲，故。嫡長男瓏宗聽襲間故。男瓏顯，成化二十三年（1487年）七月，奉聖旨，瓏顯准照例襲土官同知。欽此。故，嘉靖九年（1530年）十二月，親姪瓏節奉欽依準令冠帶就彼，到任管事。」〔註190〕天啓《滇志》載：「的孫曰隴哥，遂以瓏爲姓。正、嘉間，沿至瓏節。時有事於安南、那大、十八寨、阿勿及武、尋、蕎甸，咸徵其部三四百人。萬曆中，沿至瓏有光死，妻妾秦氏、昂氏分攝之，諸夷無統紀，益以恣肆、今沿至隴耿，聽襲。」〔註191〕新纂《雲南通志》載：「傳至孫隴哥，遂以瓏爲姓。傳至有光，死，妻妾秦氏、昂氏分領州事，眾夷無統紀，因以恣肆。傳至瓏耿，遣李璜赴京請襲，璜竟請改土設流，職遂除。」〔註192〕據此《雲南通志》與《滇志》所載相同，故師宗土官承襲的時間至萬曆後，土官請設流官。

〔註187〕李春龍等校注：景泰《雲南圖經志書校注》卷三《師宗州》，雲南民族出版社2002年版第183頁。

〔註188〕《土官底簿》卷上，《四庫全書·史部》。

〔註189〕《明史》卷三百一十三《雲南土司一》，中華書1974年版第8077頁。

〔註190〕《土官底簿》卷上，《四庫全書·史部》。

〔註191〕古永繼校點：天啓《滇志》卷三十《羈縻志》，雲南教育出版社1991年版第981頁。

〔註192〕劉春龍等點校：新纂《雲南通志》（七），卷一百七十三《土司考三》，雲南人民出版社2007年版第704頁。

據上述資料，其土司承襲情況大致如下表：

序號	姓名	承襲關係	承襲時間	土官事蹟
1	阿的		洪武十五年	遣人貢馬
2	阿救		洪武二十七年	
3	普雙	阿救子	永樂元年	朝賀
4	適蘇	普雙妻	永樂二年	
5	夫高	曾祖父	永樂七年	
6	龍哥	普雙弟		
7	瓏和	龍哥孫		
9	瓏顯	瓏和孫	成化二十三年	
10	瓏節	瓏顯姪	嘉靖九年	應徵土兵
11	瓏有光		萬曆中	
	瓏耿			改設流官

（三）土縣丞

1.亦佐縣左土縣丞

亦佐故名夜苴部，元即其地建縣使沙蠻領之，隸於羅雄州。洪武二十八年（1395年），沙蠻以罪降縣丞，地入流，設流官知縣，典史各一人。分越州之屈郎村等地入之。永樂初，改屬曲靖府。

《土官底簿》載：「安白係世襲土官，洪武十五年（1382年）歸附。十六年（1383年）赴京欽授本縣官知縣。十七年（1384年）九月與普安仇殺典刑，男沙舊年幼令族叔阿察管事。」「亦佐縣知縣安白係世襲土官，洪武十五年（1382年）歸附。十六年（1383年）赴京欽授本縣官知縣。洪武十七年（1384年）曲靖亦佐縣土酋安伯降。」〔註193〕新纂《雲南通志》載：「平彝縣土縣丞沙普額，明初歸附，領縣事，後降亦佐縣丞，與龍氏分土而傳居。」〔註194〕沙普額即安白，為亦佐縣第一任土官。沙普額犯罪處罰後，其族弟阿察管事。洪武二十一年（1388年），沙舊管襲，除流官知州王和至縣，沙舊與同協力辦事。三十二年（1399年）勘合令襲本州土官知縣。故，男沙存告襲。宣德二年（1427年）十二月奉聖旨，著沙存做亦佐縣縣丞，欽此。故，弟沙得，宣

〔註193〕《明實錄・太祖實錄》卷一百六十七，洪武十七年閏十月辛丑。
〔註194〕劉春龍等點校：新纂《雲南通志》（七），卷一百七十三《土司考一》，雲南人民出版社2007年版第675頁。

德五年（1430 年）十二月奉聖旨，准他做。欽此。沙得在任，酒狂生拗，百姓不服管束，殺死營長，沙陀告發，問疑典刑。沙廣襲。故，無嗣，堂弟沙昶告襲間，故。沙廣堂姪沙圭，在成化二十三年（1487 年）二月奉聖旨，是，欽此。嘉靖二年（1523 年）二月，工部諮擄布政司保送絕嗣土官縣丞沙圭親叔。故，嫡長男沙資所生嫡長男沙安宗該襲，查得本舍既納木價免其赴京，但祖來不曾開有世襲字樣，奉聖旨准他襲。欽此。」〔註195〕《土官底簿》載傳至沙安宗。「萬曆中，沙騰蛟以侄繼伯。死。子應泰襲。應泰死，妻隆氏襲，居舊縣東。士馬柔弱，自沾、烏喪亂以來，益不能自振拔以。」〔註196〕「沙騰蛟正姪，萬曆中襲左土縣丞。沙運泰，騰蛟子，崇禎十三年（1640 年）削籍。」〔註197〕「崇禎十三年（1640 年）土縣丞沙運泰死，無嗣，削襲。」〔註198〕新纂《雲南通志》載：「至運泰，職除。」〔註199〕據以上記載，沙運泰是最後一任土官，因無嗣而廢除土縣丞職。

據上述資料，其土司承襲情況大致如下表：

序號	姓名	承襲關係	承襲時間	土官事蹟
1	沙普額		洪武十五年	歸附
2	阿察	安伯族弟	洪武十七年	
3	沙舊	安伯子	洪武三十二年	
4	沙存	沙舊子	宣德二年	
5	沙得	沙存弟	宣德五年	酒狂生拗
6	沙廣			
7	沙圭	沙廣堂侄	成化二十三年	
8	沙資	沙圭親叔	嘉靖二年	
9	沙安宗	沙資子		
10	沙騰蛟		萬曆中	
11	沙運泰	沙騰蛟子	崇禎十三年	改流

〔註195〕《土官底簿》卷上，《四庫全書·史部》。
〔註196〕古永繼校點：天啟《滇志》卷三十《羈縻志》，雲南教育出版社1991年版第979頁。
〔註197〕康熙《平彝縣志》卷九《土司》，1959年南京古舊書店謄印。
〔註198〕康熙《平夷縣志》圖說，1959年南京古舊書店謄印。
〔註199〕劉春龍等點校：新纂《雲南通志》（七），卷一百七十三《土司考一》，雲南人民出版社2007年版第675頁。

2.亦佐縣右土縣丞

《土官底簿》載：「祿寧，曲靖軍民府前越州已故土官知州阿資男，父因生拗不向化。洪武二十七年（1394年）西平侯剿殺了。當本州地方人民分撥，陸涼、沾益等州，亦佐等縣管屬遺寧，送普安。把者地面，母舅營長自錯家依養進馬，赴京。有舊日把事劉泰、博易告乞，復設越州衙門，除授流官掌印。將寧授佐二職事，參照祿寧係叛賊阿資遺下兒男，雖經赦宥，終難任用。永樂三年（1405年）正月，奉聖旨，他的父祖因是生拗不向化剿殺了，如今他每卻知道理，自來朝貢，便是好人了，這祿寧者，著做縣丞。劉泰、博易都做把事，還跟他去，都便與他冠帶，這兩把事若助祿寧為善，守法度，常著他做。若有不停，當時先問他恁部家差官送他，每到西平侯處，教安排一個縣分裏了，奏將來卻注缺。欽此。」〔註200〕康熙《平彝縣志》載：「龍海，元時領越州事，洪武十四年（1381年）歸附，仍為酋長世襲，子阿資襲土知州，屢叛，洪武二十八年（1395年）沐春等擒斬之，削職以其地入流分屬鄰近州縣，置平彝越州衛以鎮之。祿寧，資之子，永樂三年（1405年）劉楊二戶引之入貢，詔授亦佐縣右土縣丞，以越州附近村莊與之，移駐亦佐縣與沙氏並為左、右土縣丞。」〔註201〕故祿寧為前越州土官阿資男，阿資被斬殺後，其地分設陸涼、沾益，移祿寧至亦佐縣，與亦佐縣縣丞沙氏分管縣務。祿寧故，其子海業襲，「故，嫡長男海葉，自備馬匹，同已故男帶把事劉泰、男劉進博易、男阿定赴京告襲。洪熙元年（1425年）六月奉聖旨都照太宗皇帝聖旨，行著他做。」〔註202〕《平彝縣志》也載：「卒，子業嗣。海業，寧子，襲右土縣丞。」〔註203〕海業之後的承襲人，《土官底簿》載：「業故，男海珍，總督尚書王驥處冠帶。故。無嗣，姪海祿，成化八年（1472年）二月准令。就彼冠帶。故，親男海嶽，正德七年（1512年）九月，查得祖來不曾開有世襲字樣，奉聖旨，是，准他襲，欽此。故，弟海嵩襲。故，男海潮，正德十三年（1518年），奉例納銀八十兩，就彼冠帶。嘉靖十二年（1533年）奉勅一道，加賜從七品服色。」〔註204〕《平彝縣志》載「業卒，子潮嗣，海潮，業之子襲右土縣丞，以功加州判，妥色，潮卒子宇定嗣。海宇定，潮之子，襲右土縣丞，宇定卒子文明嗣。海文明，宇定

〔註200〕《土官底簿》卷上，《四庫全書‧史部》。
〔註201〕康熙《平彝縣志》卷九《土司》，1959年南京古舊書店謄印。
〔註202〕《土官底簿》卷上，《四庫全書‧史部》。
〔註203〕康熙《平彝縣志》卷九《土司》，1959年南京古舊書店謄印。
〔註204〕《土官底簿》卷上，《四庫全書‧史部》。

子襲右土縣丞。文明卒，無子，姪現銀嗣。海現銀，文明之姪襲右土縣丞。現銀卒，無子，叔起龍嗣。海起龍，現銀之叔，襲右土縣丞，起龍卒，子得明嗣。海得明，起龍子襲右土縣丞，明卒無子弟自明嗣。海自明，得明弟襲土縣丞，自明無子姪闊嗣。〔註 205〕又新纂《雲南通志》載：「傳至海潮，以功升州判。又傳至自明子闊，清初平滇，闊投誠，仍授世職。」〔註 206〕據以上資料記錄，《土官底簿》所載海潮與《平彝縣志》所載海潮應是同一人，海潮不是海葉之子，《平彝縣志》記載海潮爲海葉之子有誤，海潮之襲職人員的記載是正確的。

據上述資料，其土司承襲情況大致如下表：

序號	姓名	承襲關係	承襲時間	土官事蹟
1	祿寧	阿資子	永樂三年	朝貢
2	海葉	祿寧子	洪武元年	朝貢
3	海珍	海葉子		
4	海祿	海珍姪	成化八年	
5	海岳	海祿子	正德七年	
6	海嵩	海岳弟		
7	海潮	海嵩子	正德十三年	以功升州判
8	海宇定	海珍侄	嘉靖年間	
9	海文明	海祿子		
10	海現銀	海文明姪		
11	海起龍	海現銀叔		
12	海得明	海起龍子		
13	海自明	海得明弟		
14	海闊	海自明姪	崇禎年間	投誠歸清

（四）巡檢司及土驛丞

1.白水關巡檢司

《土官底簿》載：「李會芳，雲南府昆明縣人，指揮李觀下頭目。洪武十四年（1381 年）隨同本官歸附，節次隨跟大軍攻打大理等處。十六年（1383 年），西平侯撥守金齒仍前參隨。二十四年（1391 年）總兵官箚授白水關巡檢。永樂十七年（1419 年），老病，庶長男李文玉赴京進貢。永樂二十一年（1423 年）

〔註 205〕康熙《平彝縣志》卷九《土司》，1959 年南京古舊書店謄印。
〔註 206〕劉春龍等點校：新纂《雲南通志》（七），卷一百七十三《土司考一》，雲南人民出版社 2007 年版第 673 頁。

十一月奉令旨吏部，查例了，奏請，敬此。緣行勘未報合，將李文玉發回候勘。本年十二月奉令旨，是，敬此。宣德二年（1427年）替職。老疾痼，長男李輔，成化三年（1467年）十二月，准令就彼冠帶。故長男李璘未襲故，嫡長男李俊承襲，伊祖李輔土官巡檢。十四年（1478年）正月奉聖旨，是，李俊準襲土官巡檢職事。」〔註207〕李英，族屬有待考證，因功於洪武二十四年（1391年）授土巡檢；其子李文玉宣德二年（1427年）襲；其子李輔成化三年（1467年）襲；其孫李俊成化十四年（1478年）襲。天啓《滇志》載：「李檜芳，以行伍從指揮李觀克大理，烏撒，累功授土巡檢。沿至李承恩，世絕。」〔註208〕

2.松韶鋪巡檢司

《土官底簿》載：「李英，沾益州民，充把事。宣德九年（1434年）松韶驛山林險惡，蠻賊劫掠。總兵官沐晟奏，英諳曉夷情捕盜有功，任開設松韶鋪巡檢司土官巡檢，英同男李經領軍，獲功三十二次，斬獲首級四顆，年老，李經弘治元年（1488年）九月奉聖旨。李經准做土官巡檢欽此。」〔註209〕新纂《雲南通志》載：「松韶關土巡檢李英，明正統二年（1437年），從征麓川有功，授職。傳至舒和，世絕。」〔註210〕李英，族屬有待考證，因功而授土巡檢司，其具體承襲人無考，只知傳至舒和。

3.禾摩村巡檢司

《土官底簿》載：「王賜，雲南都司，雲南中衛土軍告欲照赤水鵬巡檢司巡檢馬速魯麻例除授。永樂二十二年（1424年）五月，奉令旨照欽依例著做巡檢，多注去，還打差使，敬此。文選司缺冊，內開正統三年（1438年）七月事簡，衙門官員革去冠帶爲民。」〔註211〕王賜於永樂二十二年（1424年）做巡檢，正統三年（1438年）削職。

4.易隆驛土驛丞

《土官底簿》載：「阿素，雲南尋甸軍民府站充本府把事。洪武中從征有功封易隆土驛丞，洪武十七年（1384年）實授。老病，長男阿倘，備馬赴京進貢

〔註207〕《土官底簿》卷上，《四庫全書·史部》。

〔註208〕古永繼校點：天啓《滇志》卷三十《羈縻志土司官氏》，雲南教育出版社1991年第979頁。

〔註209〕《土官底簿》卷上，《四庫全書·史部》。

〔註210〕劉春龍等點校：新纂《雲南通志》七，卷一百七十三《土司考一》，雲南人民出版社2007年版第673頁。

〔註211〕《土官底簿》卷下，《四庫全書·史部》。

告襲。永樂三年（1405年）正月，奉聖旨，他父既老病故了，著他做，不爲例，若不守法度時換了，欽此。故，文選司缺冊內查得。成化四年（1468年）十月，除流官周璉。正德七年（1512年）六月，本部題據布政司結勘土官驛丞奄受。故，庶長男奄盛痼疾，親侄奄成應襲，前來省令聽侯就彼冠帶。奏奉聖旨，是，準他襲，欽此。〔註212〕天啓《滇志》載：「易龍驛土官奄索，初爲尋甸府把事，洪武中從征，資兵餉，授土驛丞。沿至奄榮，世絕。」〔註213〕

5.其他小土官

滇東北地區除府州縣有土官外，在地方治理上，依靠小土官充當中介人員，「上傳下達」，這些小土官的人員當不少，但對他們的記載相對較少，《明實錄》載有：東川軍民府把事阿賽、阿圭、阿務、阿東，舍人阿佐、頭目沙沮等；芒部軍民府把事額查、何通、阿體，舍人以麻等；烏蒙軍民府把事納舉、王如松、夷則、王受元、阿珠，頭目阿福；沾益州把事李英；亦佐縣把事劉泰、博易。

縱觀明代滇東北彝族土官的設置，具有較爲鮮明的個性特徵：全是文職土司，府設有土知府（正四品）、州設有土知州（從五品）、縣設知縣（正七品）、縣丞（正八品），一些州還設有小土司如巡檢司、驛丞等，其品級都較低；在曲靖府還設有流官輔佐，是典型的土流兼制區，設有軍事衛所以震懾當地土司勢力，而烏蒙、東川、芒部等是土官統治區，土司勢力強勁，中央王朝的軍事勢力進入不了，故設置的土司品級相對高一些，且是土官專治區。明初各土官都能遵守明王朝的各項規章制度，按時朝貢，應徵，致力於對轄區內土民的治理，如烏蒙土官亦德、羅雄州土官沙陀向朝廷奏疏免徵稅糧，以安百姓，只有越州土官龍海及其子阿資在明初叛亂；到了明中後期，隨著土司勢力的發展及明王朝本身的勢力弱化，出現了土官爭襲、越境掠奪財產、相互勾結起釁等事件，特別是東川、烏蒙、芒部、沾益、羅雄等地，發生多起叛亂；從明初設土司就開始改流，越州首開改流之先河。

總而言之，明代滇東北地區的土司設置，是在唐宋羈縻制的基礎上確立與發展起來的，其設置沒有標準，「土司的設置及委任土官的等級，並無嚴格的標準，一般根據轄地的大小、勢力的強弱及戶口的多少，如『四百戶以上

〔註212〕《土官底簿》卷下，《四庫全書・史部》。

〔註213〕古永繼校點：天啓《滇志》卷三十《羈縻志土司官氏》，雲南教育出版社1991年第981頁。

者設長官司，四百戶以下者設蠻夷長官司』，但主要是依『勞績之多寡，分尊卑之等差』，如土司助朝廷征討有功，便可擢升較高的官職。另外，還和土司的地理位置及與朝廷的關係有關，內地土司，朝廷威力所及，所授官職較低，邊遠地區或徼外土司，朝廷威力所不及或較弱，則往往授以高職。」〔註214〕所設土司的職位及承襲人嚴格按照明代的規定執行。明代在滇東北地區所設置的彝族土司注定與中央王朝有著千絲萬縷的關係。

第二節　滇東北彝族土司與中央王朝的關係

　　土司制度作爲中央王朝在少數民族地區推行的一種特殊的政治制度，其核心內容就是規定土司與封建王朝之間的關係，具體體現在明封建王朝所採取的一系列管理和控制土司的制度與措施之中。「土司和皇朝的關係，在土司方面，假借皇朝所給予的官位威權，鎮懾部下百姓，便於奴役搜刮；在皇朝方面，用官爵賞賜牢籠有實力的酋長，使其傾心內向，維持地方安定，可以說是互相爲用的」〔註215〕吳晗關於明朝土司的職責及其與明朝廷之間的關係的闡述，也可說明滇東北地區土司與中央王朝的關係。

一、中央王朝對滇東北土司的治理

　　中國古代傳統的治邊思想是「以夷治夷」或「以夷制夷」，歷代封建王朝解決民族問題都遵循這一指導思想。在這一傳統的治邊思想和民族政策之下，明王朝統治者在如何處理好同滇東北土司之間的關係的問題上，注意吸取了歷代封建王朝對邊疆少數民族地區進行統治的經驗。在推行土司制度的過程中，逐步形成了一套較爲全面系統的治理策略和一系列行之有效的管理方法，從而達到強化對滇東北地區彝族土司的管理與控制的目的。明王朝統治者從穩固封建統治的目的出發，既考慮到要處理好民族關係問題，又不願放棄對土司地區的封建統治，採取「威惠並行」的辦法進行施治。並強調：「治夷之道，必威德兼施，使其畏感，不如此不可也。」〔註216〕其治理思想是：「蓋蠻夷非威不畏，非惠不懷，然一於威則不能感其心，一於惠則不能懾其暴，

〔註214〕趙永復：《明代地方行政制度考述》，《歷史地理研究》（二），復旦大學出版社1990年第210頁。
〔註215〕吳晗：《朱元璋傳》，百花文藝出版社2000年版第164～165頁。
〔註216〕《明實錄·太祖實錄》卷一百四十九，洪武十五年十月丙申。

惟威惠並行，此馭夷之道。」〔註217〕其中威是指軍事上的征服、鎮攝，即所謂「以威服之」；德是指政治上的恩懷、德惠，即所謂「以德懷之」。在對彝族土司進行治理的具體實施過程中則是「迨有明踵元故事，大爲恢拓，分別司郡州縣，額以賦稅，聽我驅調，而法始備矣。然其道在於羈縻。彼大姓相擅，世積威約，而必假我爵祿，寵之名號，乃易爲統攝，故奔走惟命。然調遣日繁，急而生變，恃功枯過，侵擾益深，故歷朝徵發，利害各半。其要在於撫綏得人，恩威兼濟，則得其死力而不足爲患。」〔註218〕這就明確指出諸土司「分別司郡州縣，額以賦稅，聽我驅調」，要求土司交納一定的賦稅，在有戰爭時，土司要服從中央王朝徵調其土兵，這是土司對中央王朝應盡的義務，中央王朝對土司則「寵之名號」、「恩威兼濟」。這種治理思想從本質上來說，明王朝統治者之所以對滇東北土司採取恩威並行，剿撫兼施，以撫爲主的統治方針，其宗旨還是在於通過對廣大土官的招撫與籠絡，以便讓他們去治理好本地方的民眾及其內部事務，確保其在該地區的既得利益不受損害和維護封建大一統，從而達到實現「以夷治夷」的治理目的。

　　在「恩威兼濟」統治思想的指導下，中央王朝一方面在滇東北地區各府、州、縣設立各級土司，籠絡和利用土官對其地方進行統治，作爲鞏固其封建統治的重要支柱；另一方面則採取軍事鎮懾的方法，在交通要道設置衛所，對土官予以軍事上的監控，以防其坐大而威脅中央政權。對滇東北地區的彝族土司順則撫之，逆則剿之，直至最後設立流官統治，平時則嚴加防範，保證地方的安定和諧，從而構築一套強化對滇東北彝族土司的管理與控制的制度網路。

二、中央王朝強化對土司的管理

　　明代是整個中國土司制度完善時期，同時也是滇東北彝族土司發展的完善與豐富時期，各府州縣的土司成爲明王朝在滇東北地區的統治基礎。如何管理和控制該地區的土司成爲明王朝治理政策中的一大問題。明王朝在保持「以夷制夷」的原則下，不遺力地制定了一套較爲完整的對土司進行管理的制度。對土司的任職、承襲做出明確的規定，對土司的職責及義務也從法律上嚴格要求，即「西南諸蠻夷朝貢，多因元官授之，稍與約束，定征徭差發之法。……其府州縣正貳屬官，或土或流，皆因其俗，使之附

〔註217〕《欽定執中成宗》卷四，《明太祖高皇帝》，《四庫全書・子部一・儒家類》。
〔註218〕《明史》卷三百一十《土司傳》，中華書局1974年版第7981頁。

輯諸蠻，謹守疆土，修職貢，供徵調，無相攜貳。有相仇者，疏上聽命於天子。」〔註219〕土司的一切行動都得「聽命於天子」，完全將土司置於中央王朝的嚴密監控之下，「如身之使臂，臂之使指，凡所調遣，莫敢不服」〔註220〕。這些制度性措施主要包括：

（一）對土司任職的規定

明代在元代的基礎上，對土官的任命與授職更進一步制度化。明王朝根據土司的勢力範圍，劃定其治理區域，「因其疆域，參唐制，分析其種落。」〔註221〕《明史》載：「洪武初，西南夷來歸者，即用原官授之」，按「以勞績之多寡，分尊卑之等差」。〔註222〕明王朝就是按這些原則授予滇東北彝族土司的官職，有土知府、土知州、土知縣、土巡檢等。這些土官一經任命，明王朝即賜予誥敕、印章、冠帶及符牌等信物，作為朝廷命官的憑證。賜予這些信物的同時，諸土司得向朝廷進貢方物，如洪武十六年（1383年）二月，「烏撒烏蒙東川芒部諸部土酋百二十人來朝，貢方物。詔各授以官，賜朝服冠帶錦綺鈔錠有差。」〔註223〕九月「越州阿資來朝貢馬及方物。詔賜織金文綺及衣服帽帶靴鈔錠有差。」〔註224〕「洪武二十一年（1388年），東川軍民府女土官試知府攝賽來朝，始實授之。仍賜紗帽金帶襲衣文綺鈔錠。」〔註225〕這樣朝廷授土司官職時就伴隨著雙方關係的拉近，土司一經授職既得以世襲。明王朝就是通過這種方式將滇東北地區納入明王朝的版圖，成為其不可分割的組成部分，同時通過土官對本地區行使統治與管理之權，以鞏固明王朝在滇東北地區的封建大一統。

（二）土司對中央王朝的貢賦

土官自歸附起即須向中央王朝朝貢，以示臣屬。土司一經授職就要承擔對明王朝朝貢的義務，以表示其對封建王朝是否效忠和認同，這關係到中央政權在滇東北地區的實施成效。朝貢表示土司對中央王朝的臣服和效忠，納賦則表示土司對中央王朝所承擔的義務，也意味著土司地區歸屬中央王朝的版籍。這是土司對中央王朝是否臣服的重要標誌。余貽澤《中國土司制度》

〔註219〕《明史》卷七十六，《職官志五》，中華書侷限性974年版第1876頁。
〔註220〕《明實錄·世宗實錄》卷八十六，嘉靖七年三月戊戌。
〔註221〕《欽定歷代職官表》卷七十二，《四庫全書·史部》。
〔註222〕《明史》卷三百十，《土司傳》，中華書局1974年版第7982頁。
〔註223〕《明實錄·太祖實錄》卷一百五十二，洪武十六年二月辛卯。
〔註224〕《明實錄·太祖實錄》卷一百五十六，洪武十六年九月壬戌。
〔註225〕《明實錄·太祖實錄》卷一百八十八，洪武二十一年正月甲辰。

說：「朝貢一事，是土司與封建王朝接觸之機。朝廷之斷以重視朝貢，一則以表其歸化之心，一則亦可藉使瞻天子之威嚴，中原之富庶，禮教之敦厚，使之油然向化。至於所貢禮物一朝廷非愛其財，且每次給償甚厚，以表天子之恩也」。〔註226〕從政治上與經濟上來說都是必要的，土司定期向中央王朝朝貢，以便中央王朝把握土司的動向，考察土司對土民的治理情況及是否認同，拉近雙方關係。土司承擔朝貢的義務，客觀上起到經濟文化交流的紐帶作用，也是一種變相的經濟貿易形式。土司通過朝貢，進京貿易，賣出土特產品，買回需要的生活、生產資料，這在一定程度上促進了當地社會經濟的發展。中央王朝獲取土司進貢的物品，滿足對少數民族地區土特產的物質需求。

　　中央王朝對土官的朝貢極重視，舉凡入貢的時間、人數、物品等均有嚴格的規定。明王朝規定「每三年一進貢馬匹、方物，然皆納價值而已。」〔註227〕洪武間規定，「土官三年朝覲進貢一次。布政司給文起送，限本年十二月終到京，貢物不等」。〔註228〕於是滇東北彝族土司朝貢不斷，如洪武十五年（1382年）仁德土官阿札等貢馬及方物。〔註229〕十六年（1383年）土官安陽來朝，貢馬及虎皮、氈衫等物，詔賜衣錦綺鈔錠。〔註230〕「洪武十六年（1383年）沾益州土官安索叔、安磁等貢馬及羅羅刀甲、氈衫、虎皮。詔賜磁冠帶綺羅衣各一襲並文綺鈔錠。」洪武二十年（1387年）師宗知州阿的各遣人貢馬，詔賜文綺鈔錠。〔註231〕

　　但也有不按中央王朝規定的不定期朝貢，據《禮部志稿》載：「湖廣、廣西、四川、雲南、貴州腹裏土官，遇三年朝期，差人進貢一次，俱本布政司給文起送，限本年十二月終到京；慶賀，限聖節以前；謝恩，無常期。貢物不等。」〔註232〕如永樂二十一年（1423年），芒部、烏蒙遣人奉表貢方物，賀明正旦。〔註233〕朝廷遇有喜慶大事如萬壽聖節，立皇太子等，全國文武衙門主要官員都須進表慶賀，滇東北土司屆時也多遣使朝貢，以表慶賀之意，如宣德五年（1430

〔註226〕余貽澤：《中國土司制度》，正中書局 1934 年版第 26 頁。
〔註227〕（明）謝肇淛：《百粵風土記》，《粵西叢載》卷二十四，《四庫全書·集部》。
〔註228〕（清）汪森：《土官朝貢例》，《粵西叢載》卷二十四，《四庫全書·集部》。
〔註229〕《明史》卷三百一十三《雲南土司一》，中華書局 1974 年版第 8083 頁。
〔註230〕《明史》卷三百一十三《雲南土司一》，中華書局 1974 年版第 8077 頁。
〔註231〕《明史》卷三百一十三《雲南土司一》，中華書局 1974 年版第 8077 頁。
〔註232〕（明）俞汝楫：《禮部志稿》卷三十六《主客司職掌·土官》，《四庫全書·史部》。
〔註233〕《明實錄·太宗實錄》卷二百六十六，永樂二十一年十二月丙子。

年）烏蒙軍民府土官祿昭貢馬及方物賀萬聖節。〔註234〕永樂二年（1404 年）九月，芒部軍民府長官、程番等十二長官司各遣人來朝貢方物，賀立皇太子，賜之鈔幣。〔註235〕有的土官在得到朝廷某種賞賜恩典後，要進京朝貢，表示感謝，如洪武二十九年（1396 年），烏蒙軍民府知府實哲貢馬及氈衫。自是，諸土知府三年一攻貢，以爲常，或有恩賜，則進馬及方物謝恩。〔註236〕

爲了表示對封建王朝的臣服和效忠，諸土官朝貢如縷不絕。據《明史》、《明實錄》、《禮部志稿》、《續文獻通考》及地方志書等文獻所載，將明洪武年至萬曆年間，滇東北地區各土司朝貢情況大致統計如下：

朝貢年代	朝貢人物	朝貢物品	回賜物品
洪武十六年	烏蒙、烏撒、東川、芒部諸部長120人	方物	賜朝服冠帶錦綺鈔錠
洪武二十九年	烏蒙軍民府知府實哲	馬、氈衫	
洪武十五年	仁德府土官阿孔	馬、方物	
洪武十六年	尋甸軍民府圭官安陽	馬、虎皮、氈衫	衣服、錦綺、鈔錠
洪武十六年	沾益州土官安索叔、安磁	馬、羅羅刀甲、氈衫、虎皮	冠帶、綺衣、文綺、鈔錠
洪武二十年	越州土酋龍海子	馬、方物	
洪武十六年	越州土酋阿資	馬、方物	織金文綺、衣服帽帶靴襪鈔錠
洪武十七年	烏蒙軍民府知府實哲遣其把事	馬	文綺鈔布
洪武十八年	越州土酋龍海	馬	
洪武二十年	尋甸府土官沙琛遣子安寧	馬	
洪武二十一年	東川軍民府女土官試知府攝賽		紗帽金帶襲衣文綺鈔錠
洪武二十三年	烏蒙、芒部軍民府土酋奚哲、速感	馬	
洪武二十四年	芒部軍民府知府速感	馬、方物	綺帛鈔錠
洪武二十六年	東川軍民府女土官攝賽、芒部女土官	馬、方物	
洪武二十六年	馬龍州知州法燈遣使	馬、方物	

〔註234〕《明實錄·宣宗實錄》卷六十三，宣德五年二月戊寅。
〔註235〕《明實錄·太宗實錄》卷三十四，永樂二年九月辛丑。
〔註236〕《明史》卷三百一十一《四川土司一》，中華書局1974年版第8005頁。

洪武二十九年	烏蒙軍民府知府實哲	馬、氈衫	
洪武三十年	芒部軍民府事土官何伯及沐川、泥溪、平夷、蠻夷等長官	馬	文綺鈔錠
洪武三十年	烏蒙軍民府土官設北	馬	鈔錠
洪武三十一年	東川府土官	馬	
永元年	烏蒙、東川、芒部土官卜穆	馬	賚
永樂二年	芒部府長官	方物	鈔幣
永樂十二年	東川軍民府阿得遣人	馬	鈔幣
永樂二十一年	東川土官阿得遣人	馬	
永樂二十一年	芒部、烏蒙遣人	方物	
宣德元年	東川軍民府攝克遣把總阿賽	馬	鈔文綺襲衣
宣德二年	芒部普澤遣把事額查	馬	鈔、綵幣、馬直鈔幣
宣德二年	東川攝克叔阿圭	馬	鈔綵幣襲衣靴襪
宣德三年	東川攝克及把事		鈔
宣德五年	芒部普行弟密戴	馬、金銀器皿方物	綵鈔幣、絹胖襖
宣德五年	烏蒙祿昭	馬方物	鈔綵幣、絹
宣德八年	烏蒙軍民府撒姑遣把事王如松	馬	鈔絹布及紵絲襲衣
宣德九年	沾益州土官知州斗南遣把事李英	馬	鈔幣紵絲襲衣
正統元年	烏蒙軍民府女土官撒姑遣叔阿祿	馬	晏、綵幣
正統元年	東川軍民府知府弟普行遣人	馬	綵幣
正統二年	東川軍民府普得遣把事阿賽	馬方物	晏、綵幣
正統四年	烏蒙軍民府土官知府撒姑遣頭目，尋甸軍民府土人阿卑	方物	綵幣鈔絹
正統四年	東川軍民府土官知府普得	馬、方物	綵幣鈔錠
正統六年	芒部軍民府遣把事阿務、東川軍民府	馬、銀器、方物	鈔絹
正統七年	烏蒙軍民府遣把事夷則	馬	綵幣
正統八年	芒部軍民府女土官知府奢貴遣把事何通	馬方物	鈔幣
景泰二年	芒部軍民府土官知府奢貴遣舍人以麻	馬	鈔綵幣
景泰二年	東川軍民府土官寶斗等遣把事阿東	馬	鈔綵幣
成化十二年	芒部軍民府土官舍人隴慰遣把事阿體	馬	綵段絹紗

成化二十年	芒部軍民府土官舍人隴慰遣把事阿庫	馬方物	綵段鈔錠
成化二十二年	東川軍民府小土官安傑	馬	綵段鈔錠
弘治二年	烏蒙軍民府土官舍人祿溥遣人	馬	綵段鈔錠
弘治七年	東川軍民府土官舍人阿佐遣頭目沙沮		綵段鈔錠
弘治十三年	烏蒙軍民府土官知府祿濤遣把事王受元		綵段鈔錠
正德四年	烏蒙軍民府土官知府祿溥遣人	馬	鈔錠綵段
正德十一年	烏蒙軍民府土官知府祿溥差吏把孟大成、羅尚玉	馬	
嘉靖十一年	烏蒙軍民府女土官實賢遣頭目	馬	
嘉靖十四年	烏蒙軍民府土目楊紞	馬	
嘉靖二十一年	烏蒙軍民府差舍把安義	馬	
嘉靖三十三年	烏蒙軍民府差土官阿羅、頭目阿福	馬	
隆慶二年	烏蒙府土官阿琦	馬	宴賚
隆慶五年	烏蒙軍民府	馬	賚
萬曆二年	烏蒙軍民府差土舍	馬	

　　從表中總計滇東北土司進貢 58 次，其中洪武年間進貢達 19 次，占總進貢的 32%。明初，各土官歸附後，按照明王朝的規定，「三年一次」朝貢。如有盛大節日或祝壽，可不受此限制。明中後期，朝貢的次數從記載來看，烏蒙、芒部、東川軍民府朝貢的次數相對要多些，尋甸府、曲靖府各州縣土官朝貢次數寥寥無幾。烏蒙、芒部、東川雖地處邊遠山區，夷多漢少，經常朝貢，一方面加強與中央王朝的聯繫，正如羅群所言「土司及貢使進京，沿途經過中原的廣大地區，親眼所見，親耳所聞，接觸漢族地區人民的生產生活方式，瞭解他們包括語言、思維、風俗習慣、價值觀念等在內的各種非正式制度及構成，產生許多感性認識，隨著朝貢次數的增多，逐漸對漢族為主導的中原文化形成認同，最終產生對中原王朝的歸屬感。」〔註237〕另一方面明王朝回賜的鈔錠，是一種「輸血式」扶貧，對當地的經濟產生一定的影響，綵段可以豐富土官們的物質生活。而尋甸府、曲靖府，明代漢族大量進入屯田，其經濟、文化相對要發達一些，可能對朝廷的回賜期望值小。

　　從表中朝貢的人員構成來看，明代滇東北朝貢的土官，有親自出使，或

〔註237〕羅群：《「慕利」與「慕義」——論西南地區土司朝貢的制度建構》，《中國邊疆史地研究》2017 年第 1 期。

遣其叔、弟、子、孫等，或遣把事土目舍人等進京朝貢。所貢方物品種不多，主要有馬、羅羅刀、虎皮、銀器、氈衫等本地物品。明朝廷把馬匹作爲貢品之首，馬匹主要用於戰爭，各地也把馬匹上貢作爲重要任務。明朝廷要求各地土司大量貢馬，乃居於當時形勢之所需。眾所周知，洪武、永樂年間，爲清除元朝殘餘勢力對北方的威脅，曾多次出兵漠北。正統年間，同瓦刺和韃靼部的戰事頻繁，對戰馬的需求量大。爲迎合朝廷的需要，滇東北彝族土司的貢品中，馬匹自然成爲大宗。如洪武十七年（1384 年）烏撒歲易馬六千五百匹，烏蒙東川芒部皆四千匹。後來由於北方馬市的開展，加以南方路途遙遠，遂改貢馬折銀貯諸布政司庫，待後支用。

《明會典》載：「湖廣、廣西、四川、雲南、貴州腹裏土官朝覲，……凡三品、四品回賜鈔一百錠、綵段三表里。差來通事、把事、頭目，各鈔二十錠。」〔註 238〕按土司品級回賜，從回賜的物品看，一般有文綺、綺帛、鈔錠、絹、絲、紗、布、羅、綵、靴、襪等。其價值遠遠超過各土司的貢品，厚賜的目的在於從物質上籠絡土官，使其「以聽徵調、守衛、朝貢、保塞之令」〔註239〕，爲朝廷效力。

在滇東北土司朝貢中，最明顯的一個特點是，遣使朝貢的土官中，有一部分是女土官。如洪武二十六年（1393 年），東川軍民府女土官攝賽、芒部軍民府女土官等遣使貢馬及方物。〔註 240〕正統八年（1443 年），芒部軍民府女土官知府奢貴遣把事何通來朝貢馬及方物，賜鈔幣等物有差。〔註 241〕景泰二年（1451 年），芒部軍民府女土官知府奢貴遣舍人以麻等來朝貢馬及方物，賜鈔綵幣表裏有差。〔註 242〕說明彝族社會母系制還有部分殘餘，女性在地方治理上還具有一定的地位。

納賦是朝廷規定的土司對中央王朝應盡的義務。據《明史》記載：洪武七年（1374 年），「西南諸蠻夷朝貢，多因元官授之，稍與約束，定徵徭差發之法」。〔註 243〕「洪武十七年（1384 年）五月，割雲南東川府隸四川布政使司，改烏撒烏蒙芒部爲軍民府，而定其賦稅，烏撒歲二萬石，氈衫一千五百

〔註238〕　（明）申時行：《明會典》卷一百十三《給賜》，中華書局，1989 年版，第 597 頁。
〔註239〕　《明史》卷七十二，《職官志一》，中華書局，1974 年版，第 1752 頁。
〔註240〕　《明實錄・太祖實錄》卷二百二十四，洪武二十六年正月丁未。
〔註241〕　《明實錄・英宗實錄》卷一百一，正統八年二月壬辰。
〔註242〕　《明實錄・英宗實錄》卷二百，景泰二年正月乙丑。
〔註243〕　《明史》卷七十六，《職官志五》，中華書局，1974 年版，第 1876 頁。

領，烏蒙東川芒部皆歲輸糧八千石、氈衫八百領。又定茶鹽布匹易馬之數，烏撒歲易馬六千五百匹，烏蒙東川芒部皆四千匹。凡馬一匹給布三十匹，或茶一百斤，鹽如之。」〔註244〕雲南各土司「歲各量出差發銀，多不過二千五百兩，少者四十兩或十五兩。」〔註245〕總體上比漢族地區和內地賦稅額要低。對於土司地區來說，納賦在一定程度上具有象徵意義。

土司朝貢和納賦，從政治角度上看，既是土司向中央王朝表示效忠，表明認同中央王朝的權力，所謂「表謝恩，貢方物」〔註246〕；也是中央王朝通過對土司朝貢時間、人數、物品和納賦等方面的限定進而實現對土司的有效控制，所謂「土地既入版圖，當收其貢賦」，〔註247〕，「歲輸貢賦，示以羈縻」〔註248〕。中央王朝根本不在乎土司朝貢的物品，只是通過土司朝貢進行羈縻而已，通過朝貢，進一步密切了土司地區同中央王朝的聯繫。經濟方面，通過朝貢，滇東北地區的土特產品、手工藝品、馬匹等以貢品的形式帶至內地，而朝廷則將中原地區的貨幣、絲綢織品等回賜給貢使，這就為雙方經濟上的交流開闢了道路，提供了條件。不過，頻繁的進貢加重了當地人民的負擔。土司對土民的剝削後文敘述。

（三）土官承襲

土司承襲作為土司制度的核心部分，是管理土司的重要方面，朝廷對土司的承襲比較關注，對土司承襲做了嚴格的規定。明代，土官承襲沿襲於元代，為了有效地對土司進行管理和控制，制定並實施了一系列比元代更為嚴格的承襲規定。「凡土司之官九級，自三品至從七品，皆無歲祿。其子弟、族屬、妻女、若婿及甥的襲職，胥從其俗。」〔註249〕土司是世襲制，其承襲任者多是子侄、兄弟或妻子。洪武二十七年（1394年），「令土官無子，許弟襲；三十年（1397年），令土官無子、弟而其妻或婿為夷民信服者，許令一人襲」〔註250〕。另一方面，明王朝規定凡土官承襲，必須赴京受命，以示朝廷威柄，

〔註244〕《明實錄·太祖實錄》卷一百六十二，洪武十七年五月辛丑。

〔註245〕《蠻司合志》，《雲南史料叢刊》第五卷，雲南人民出版社1998年版第427頁。

〔註246〕《明實錄·太祖實錄》卷八十八，洪武七年三月乙未。

〔註247〕《明史》卷三百一十二，《四川土司二》，中華書局1974年版第8035頁。

〔註248〕《明史》卷三百一十一，《四川土司一》，中華書局1974年版第8001頁。

〔註249〕《明史》卷七十二《職官志一》，中華書局1974年版第1752頁。

〔註250〕《明會典》卷一百六，《兵部四土官襲替》。

所謂「襲替必奉朝命，雖在萬里外，皆赴闕受職」〔註251〕。洪武、永樂年間，滇東北土司「赴京告襲」者，如曲靖府亦佐縣知縣，洪武十五年（1382 年）歸附，十六年（1383 年）赴京欽授本縣官知縣。〔註252〕隨著中央王朝對土司統治的深入，土司承襲時要出具上代土司的「印信號紙」，並經「三司」勘察無誤方可承襲。正統初年，土司奏准應襲者，必須先勘定承襲順序，造冊在官，依次應襲。天順以後，考慮到邊疆地區道路險遠，土官赴京多有不便，明王朝逐漸放鬆對土官赴京受職的要求，規定土官承襲不一定都要赴京受職，「許土官繳呈勘奏」〔註253〕，在當「准就彼冠帶，到任管事」。但承襲仍須履行諸多手續：「土官告襲，所司作速勘明具呈，撫、按復實批允，布政司即為代奏，該部題選……撫按仍設告襲文簿，將土舍告襲、蕃司代填日期登記明白，年終報部備考。」〔註254〕各種手續齊全者才能承襲。

承襲順序，明廷規定土司的子弟、妻女、親屬均可襲位。曲靖軍民府知府晏毅言：「土官承襲，或子孫，或兄弟，或妻繼夫，或妾繼嫡，皆無預定次序，致臨襲爭奪，仇殺連年，乞敕該部移文所司，預為定序造冊，土官有故，如序襲職。」〔註255〕即老土官亡故或老疾致仕，有長子，則由長子承襲；無子，則由親弟繼承；無子無弟，則由其妻妾、女兒替職；如果應襲之人未及承襲年齡，暫由其叔或其母攝政。承襲的次序可謂先嫡後庶，先親後疏。為防止冒襲，須驗封司委官體勘，別無爭襲，明白宗支圖冊，方司襲職。〔註256〕就滇東北土司承襲情況而言有以下幾種情況：

親弟兄承襲，例如：四川芒部軍民府知府發紹「係本府已故土官安茲弟，襲職。」

妻妾繼襲，如烏蒙軍民府府土知府阿普故，子納孔年幼，洪武三十三年（1400年）六月令妻設比替任管事；「宣德間土知府祿昭故，無子，「正妻楊普亦故，止有次妾撒姑應襲。」〔註257〕沾益州土官傳至安世鼎，無子，妻安素儀署州事。

兒媳承襲：沾益州土官妾適璧襲職，故，天順時「保勘適仲係適璧童養媳

〔註251〕《明史》卷三百一十，《土司傳》，中華書局 1974 年第 7982 頁。
〔註252〕《土官底簿》卷上，《四庫全書·史部》。
〔註253〕《明史》卷三百一十，《土司傳》，中華書局 1974 年第 7982 頁。
〔註254〕（明）郭子章：《黔記·宣慰司列傳》。
〔註255〕《明史》卷三百一十三《雲南土司一》，中華書局 1974 年版第 8085 頁。
〔註256〕劉文徵纂，李春龍等點校：《新纂雲南通志》，雲南人民出版社 2007 年版，第 672 頁。
〔註257〕《土官底簿》卷下，《四庫全書·史部》。

婦，應襲姑職。」〔註258〕

　　叔侄相襲，永樂初，羅雄州知州適廣故，男者永年幼，「伊叔沙陀借襲」。個別也有侄子承襲的情況，如：雲南師宗州同知瓏顯故，「親侄瓏節奉欽依準，令冠帶就彼到任管事」。〔註259〕陸涼州土司萬曆中，夷婦昂氏傳其侄資世守。〔註260〕

　　母親承襲，如：雲南尋甸軍民府知府安陽病故，「母沙深襲」。方國瑜先生早已清楚揭示「由於土官乏嗣，其族中皆可繼承，爭執乃起，因無次序規定，故遇土官乏嗣，同室操戈。」〔註261〕

　　土司承襲制度承認土司家族的相對獨立性和世襲權，便不能規定土司乏嗣則其族人可告襲，而絕大多數土司家族都是盤踞上百年乃至數百年的豪酋大族，嫡庶紛紜，支派盤根錯結，土司地區盛行的兩大家族長期聯姻、招上門婿及過繼子侄等風習更使得支系錯綜複雜，朝廷要把握其間嬗遞規律，具體確定繼承人次弟，根本不可能。

　　在土司承襲的手續上，規定更為嚴格，據《明會典·吏部五》載：「洪武二十六年（1393 年）定，湖廣、四川、雲南、廣西土官承襲，務要驗封司委官體勘，別無爭襲之人，明白取具宗支圖本，並官吏人等結狀，呈部具奏，照例承襲。」〔註262〕為彌補宗支圖本的不完整和防止貪官從中漁利，造成土司承襲的隱患，又規定了土官冊報應襲法，以進一步完善上述規定。「正統元年（1436 年）奏准，土官在任，先具應襲子侄姓名，開報合於上司。候亡故，照名起送承襲。六年（1441 年）奏准，預取應襲兒男姓名，造冊四本，都、布、按三司各存一本，一本年終類送吏部備查，以後，每三年一次造徹」；「嘉靖九年（1530 年）題准，土官衙門造冊，將見在子孫，盡數開報。某人年若干歲，係某氏生，應該承襲。某人年若干歲，某氏生，係以次土舍。未生子者，候有子造報，願報弟侄若女者，聽。而政司依期繳送吏兵部二部查照。」可見，明朝關於確定土司承襲人的規定，幾經補充，日臻詳密，其意在於儘量減少由於承襲問題而帶來的不穩定因素。從滇東北彝族土司承襲的實際情況看，並沒有因為上述嚴格的規定而太平無事，相反，因為爭奪繼承權或爭

〔註258〕《土官底簿》卷上，《四庫全書·史部》。
〔註259〕《土官底簿》卷上，《四庫全書·史部》。
〔註260〕（清）沈生遜纂修：《陸涼州志》民國二十六年刊本影印。
〔註261〕方國瑜：《中國西南歷史地理考釋》下冊，中華書局 1987 年版第 1091 頁。
〔註262〕《明會典》卷八《吏部七》，《四庫全書史部》·。

權奪位而相互仇殺的事例並不少見。如烏撒土知府，其長子安雲龍及雲龍的兩個孫子俱亡故，安雲龍之弟安紹慶早先過繼爲沾益土知府子，聞知烏撒土知府亡故，安紹慶又欲以其子安紹良歸宗襲職，但同時安雲龍之妻又聲稱有雲龍遺孤，於是「安雲龍與安紹良爭官奪印，自相仇殺二十年」。〔註263〕

　　爲了強化對土司的控制，明朝出臺了「土司襲替禁例」。據《明會典・兵部四》載：「嘉靖十四年（1535年）議准，雲南、四川兩省土官，各照舊分管地方，如有爭繼案，互相仇殺及借兵助惡，殘害軍民，並經斷未兒輒覆奏擾變亂者，土官子孫不許承襲。」〔註264〕嘉靖三十年（1551年）又規定，「土官土舍婚娶，止許本境本類，不許越省，並與外夷交結往來，遺害地方」，如有故違，「或削奪官階，或革職閒住，子孫永不許承襲。」〔註265〕即凡土司相互仇殺特別是借兵助殺，以及越境、越省婚嫁者，均不准其子孫承襲，限制可謂嚴格。但未能眞正在滇東北地區得到具體實施。禁例難以在滇東北地區落實，各土司間的越境、通婚時有發展，如弘治間，芒部土官隴慰先娶水西女沖中。〔註266〕四川雷波土司楊明義與米貼陸氏亦世爲婚姻。〔註267〕

　　值得注意的是烏蒙、芒部等地彝族傳統的土知府，在明朝有很多時候是由女性承襲的，這是滇東北彝族土司的一大特點。明太祖洪武十九年（1386年）七月，烏蒙土知府亦得年幼，其曾祖母實哲替襲土知府；明惠帝建文二年（1400年），烏蒙土知府阿普亡故，其子納孔年幼，其妻設白替任管事；明成祖永樂二十年（1422年），芒部土知府故後，以其妹香佩承襲土知府職。此後襲土知府的還有烏蒙撒可、撒姑、實固、實舟，芒部速感等人。這也反映了明朝統治階級在實行土司制度時，土司男性、女性皆可承襲，只要不與朝廷對抗能統治地方，達到統治其地的目的即可，並不強求一律按內地一樣要求男性承襲職位。事實上這些女土官中不乏有能力、有作爲的人。

　　由此可見，明王朝對土官襲替的規定是相當嚴格的。誠如《四庫全書・土司底簿提要》所云：「其官雖世及，而請襲之時，必以並無世襲之文上請，

〔註263〕《明神宗實錄》卷五百五十六，萬曆四十五年四月己亥。
〔註264〕《明會典》卷一百六《兵部一・土官襲替》，《四庫全書本・史部》。
〔註265〕《明會典》卷一百六《兵部一・土官襲替》，《四庫全書本・史部》。
〔註266〕（清）顧炎武：《天下郡國利病書》卷六十九《四川五・鎮雄軍民府》，光緒己卯蜀南桐華書屋校刊本。
〔註267〕《恩安縣志稿》卷五《武備》，載《昭通舊志彙編一》，雲南人民出版社2006年版第64頁。

所奉進止亦必以姑準任事，仍不世襲爲詞，欲以是示駕馭之權。」〔註268〕中央王朝牢牢地將土司承襲之權掌握在自己手中，沒有朝廷的允許不得承襲。其目的無疑是爲了加強土司對中央王朝的服從，以防其權力過分膨脹而超出中央王朝統治者所允許的範圍。

（四）對土官的獎懲

爲了有效地控制滇東北土司，中央王朝制定了有關的獎懲辦法。《明大政記》規定：凡土官受命調任或本土世襲，俱以三年爲一考；由土司衙門驗明就任以來事蹟，再報布政司、按察司考核，「平常者復職，稱職者於官內量加賞賜復職；闒茸不稱者降一級，於缺官衙門補用，六年再考如初考，九年給由赴京通黜降；若貪污害民、劫奪仇殺，事有顯跡者，按察司舉問如律」。〔註269〕土官有功則升，有過則被懲當爲定例。明代對滇東北地區的彝族土司獎懲有以下幾種：

有功者獎：明代土官或以勞績升遷，或以軍功升遷，或以納米升遷，途徑頗多。如李英，沾益州民，充把事，宣德九年（1434年）松韶驛山林險惡，蠻賊劫掠。總兵官沐晟奏英諳曉夷情捕盜有功，任開設松韶鋪巡檢司土官巡檢。〔註270〕陸涼州知州宣德八年（1433年）四月，資曹替職，正統六年（1441年）十二月殺賊有功升府同知仍管州事。〔註271〕有罪者罰：對於土官謀亂、侵奪、仇殺等等，重者或征討，或徙流，輕者只要悔過自新，即可免於處分。如弘治十七年（1504年），雲南沾益州土官知州安民有罪，准贖復職。曲靖府越州土官阿資罪誅，徙其子於亦佐。〔註272〕

撫綏：祖上曾冒犯朝廷，而後代已悔過自新者，如曲靖亦佐縣縣丞祿寧之父原爲越州土官知州，因罪被殺，祿寧在母舅家長大，請求朝廷授予亦佐縣縣丞，「永樂三年（1405年）正月奉聖旨：他的父祖因是生拗不向化，剿殺了。如今，他每卻知道理，自來朝貢，便是好人了。這祿寧著做縣丞。」〔註273〕

典刑：明王朝對土司頑固不化，引起百姓的不滿，要處以重刑，予以懲罰。如亦佐縣縣丞「沙得在任酒狂生拗，百姓不服管束，殺死營長沙陀，告

〔註268〕《土官底簿》提要，《四庫全書·史部》。
〔註269〕方國瑜：《中國西南歷史地理考釋》下冊，中華書局1987年版第1088頁。
〔註270〕《土官底簿》卷上，《四庫全書·史部》。
〔註271〕《土官底簿》卷上，《四庫全書·史部》。
〔註272〕《土官底簿》卷上，《四庫全書·史部》。
〔註273〕《土官底簿》卷上，《四庫全書·史部》。

發，問疑典刑」。〔註274〕

　　總之，明封建王朝通過獎懲制度籠絡滇東北彝族土司，目的只是要土司治理好本地區，定時交納賦役，地方不發生叛亂，土司不背叛中央王朝，使本地區處於安定的治理狀態即可。這一制度的實行，進一步加強了明王朝對滇東北彝族土司的約束和駕馭。

（五）中央王朝對土司徵調

　　土司擁有一支兵農合一、兵無定額的土兵武裝，土兵不僅是土司用來對內壓制土民反抗、維持社會秩序、相互仇殺爭權的工具，而且也是中央王朝可以任意徵調用來抵禦外來入侵、鎮壓土酋反叛和農民起義的工具。中央王朝有權對土兵進行徵調，徵調是土官對封建朝廷應盡的義務。明朝對土兵的管理「皆因其俗，使之撫輯諸蠻，謹守疆土，修職貢，供徵調，無相攜貳。有相仇者，疏上聽命天子。」明朝中後期，隨著封建統治的日趨腐朽，明朝廷在雲南的軍事統治力量漸趨削弱，土兵成了中央王朝維持其對雲南統治的重要支柱。明朝廷之所以如此倚重土兵，除了要從軍事上對土司土兵加以控制外，還有一個原因是軍屯制度的破壞，軍屯武裝已不能維護地方的安全。明中葉後，軍政廢弛，衛所徒有虛名，軍資不足，士兵多逃亡，導致官軍嚴重不足額。土兵就成為一種重要軍事力量的補充，土司土兵的作用主要是維護土司的統治和社會秩序；或征討叛亂土司。如成化三年（1467 年）提督四川軍務兵部尚書程信言：「都掌地方、山勢險惡，必得士兵鄉導，請敕四川所屬東川、芒部、烏蒙、烏撒諸土官各集兵以聽調度，仍令各守地方、毋容賊徒逃竄隱藏。」〔註275〕天啓間，亦佐縣「士馬強悍，徵調或至三千人，武、尋等亂咸調之。」〔註276〕在鎮壓叛亂時，土司土兵是一支不可低估的戰鬥力量。

　　為了使土司土兵能為我所用，封建王朝牢牢地掌握著對土兵的徵調之權，「凡軍制內外相維，武官不得輒下符徵發。自都督府，都指揮司，留守司，內外衛守禦、屯田、群牧千戶所，儀衛司，土司，諸番都司衛所，各統其官軍及其部落，以聽徵調、守衛、朝貢、保塞之令」〔註277〕。土司土兵儼然已成為明王朝國家機器的一個組成部分。中央王朝對滇東北地區徵調土司土兵

〔註274〕《土官底簿》卷上，《四庫全書・史部》。
〔註275〕《明實錄・憲宗實錄》卷四十四，成化三年七月丙子。
〔註276〕古永繼點校：天啓《滇志》卷三十《羈縻志土司官氏》，雲南教育出版社 1991 年版第 979 頁。
〔註277〕《明史》卷七十二，《職官志一》，中華書局 1974 年第 1752 頁。

的例子也較多，如萬曆二年（1574 年）鎮雄土官隴清，率兵三千，隨大軍十四萬人，攻打與鎮雄聯界的凌霄峰與四川興文九絲城之山都掌蠻。隴清親率三千軍，火燒凌霄，總兵郭成、吳鯨等亦火燒董布壩及紅岩，鎮雄、酉陽諸土兵更番入，斬寨主阿墨等彝王四，獲阿歐、阿當、阿瓦、阿卦等，擄茶穀金鼓梭槍無算。繼而，隴清等又冒雨攀徑，斬關布入破九絲城，先後克寨六埂十餘，獲酋長三十六人，俘斬四千六百餘人，拓地四百餘里，得諸葛銅鼓九十三面，銅鐵鍋各一，焚廬舍六千所，招安三千三百餘人。萬曆二十八年（1600 年）鎮雄土官隴澄（安堯臣）率眾隨李成化大軍討播州楊應龍，斬楊酋子惟棟、僞提防等五千餘人、賊兵及萬，得貴州巡撫郭子章奏請：「先賞隴兵，爲諸路昌。」天啓七年（1627 年），「武、尋緊扼東川，似伴虎眠，各置一千，猶存見少，不可撤也。二新、石屏、嶍峨，係野賊叢匿之藪，曩年剿定撤兵，零盜仍出沒爲祟，搜捕晝守，乃始竄伏，此土兵七百餘，不可撤也。約計兵一萬四千有奇，每月需餉一萬五千有奇，不啻數米量腹者，請議別省以一萬助滇，而以五千責滇於本地自措，務每年實給滇餉一十二萬，喘息庶幾可延。」疏下部議。〔註 278〕土司的土兵數量及戰鬥力量不低於正規的軍隊力量。

中央王朝並不是無償徵用土兵的，爲了鼓勵土司土兵的作戰士氣，常把他們奪得的人口財物作爲犒賞，以資其欲，導致土司土兵征戰過程中大肆劫掠，致使當地百姓大遭其禍，破壞了當地人民的生產生活。勿庸諱言，土司土兵在鎮壓各族農民起義的過程中充當了封建王朝的幫兇和劊子手，表現出其反動性，阻礙了社會的進步，這是應該否定的。但另一方面在維護土司地區社會秩序方面所作的貢獻是值得肯定的。總之，土兵是土司自身的武裝力量，它既爲土司政權機構服務，又爲中央王朝在有征戰時所利用，成爲中央王朝控制地方的有力工具。封建王朝通過對土兵的徵調，進一步加強了對土司武裝力量的控制，從而在軍事上加強對土司的駕馭和管理。

（六）土流參治二元制

明初，中央王朝從滇東北地區在雲南所處的重要戰略地位出發，在滇東北彝族土官世代統治、全部改設流官還不可能完全實現的情況下，乃對該地區實行「土流合治」二元制統治方式。一方面以土官爲主，任命滇東北原有彝族土官爲土知府，利用他們「以夷治夷」，起招撫和安定其轄區內少數民族

〔註 278〕《明實錄·熹宗初錄》卷八十三，天啓七年四月庚戌。

的作用。另一方面由政府派出流官任副職，對土官起輔助和監督作用。如烏蒙府「設流官通判、經歷、照磨各一員」，東川府「添流官通判、經歷、照磨各一員」，〔註279〕沾益州：「流官一，土官一。」〔註280〕「土流合治」是中央王朝採取的一種土官統治向流官統治的過渡形式。目的只是為了加強對滇東北彝族土司的控制，並爭取在有條件的情況下廢除土官統治，全面實現流官統治。在滇東北地區，大多數流官在當地並無話語權，治理當地的大權仍掌握在土司手中，除了極少數流官如芒部同知剛正「撫字有方，蠻民信服」，〔註281〕善於與當地彝族土司相處外，絕大多數外來流官，遭受土司勢力排擠，很難在該地區插足，更談不上統治權力。一些漢族官吏也不願到彝區任職，《請巡撫兼制東川府疏》載：「舊制蜀中雖設通判一員管理府事，實未嘗親履其地，土官專制自如」。〔註282〕烏撒、烏蒙等地流官因未能發揮其作用，明中葉以後相繼被裁撤了。正統七年（1442年）「裁四川烏撒軍民府通判、推官、知事、檢校各一員，並革司獄司」，十一年（1446年）「裁四川烏蒙軍民府、東川軍民府知事、檢校各一員。」〔註283〕「土流合治」制度未能得到始終如一的貫徹，流官徒有虛名，實無權力，滇東北地區實際上又恢復了土司統治。

　　流官統治與土官統治都是封建王朝實現其統治的兩種手段，從這個意義上講，土與流並沒有根本的區別。然而，土官統治與流官統治是不同的。土與流的差異在於：一是土官由當地貴族首領充任，「世襲其職，世守其土，世長其民」，而流官則由朝廷隨時委任，職不世襲，官不常留，可以隨時調任、升降、任免；二是在土司統治區域內，一切任憑土官決斷其內部事務，中央很少過問，而流官統治區域內的各項政事都按中央王朝的法令處理；三是土司轄區的土地和人民，實際上都屬於土司所有，糧、差在土司名下進行徵收，而流官地區則要「編戶齊民，計畝升科」；四是流官制度一般實行於漢族地方「漢夷雜居」地區或經濟比較發達的少數民族地區，土官制度則用於經濟落後的少數民族地區。在滇東北地區，土司統治最大特點是：「修其教，不易其俗；齊其政，不易其宜。」明王朝允許土司「因俗而治」。在不變動原有的經

〔註279〕曹學佺：《蜀中廣紀川南道》下，《四庫全書·史部》。

〔註280〕古永繼點校：天啓《滇志》卷五《建設志沾益州》，雲南教育出版社1991年版第197頁。

〔註281〕《明史》卷三百一十一《四川土司一》，中華書局1974年版第8006頁。

〔註282〕梁曉強校注：《東川府志》卷二十上《藝文志》，雲南人民出版社2006年版第363頁。

〔註283〕《明史》卷三百一十一《四川土司一》，中華書局1974年版第8005頁。

濟基礎，不改變原有的政治制度和生產生活方式的情況下，授予滇東北彝族土官封號爵祿，宦服於中央王朝並治理其轄區。

總之，有明一代，爲了從制度上強化對土司的管理和控制，以防土司因權勢的膨脹而日益坐大，「皆以世襲職授土官，而設流官佐之」，「土流參治」之法得到普遍的推行。「其府州縣正貳屬官，或土或流，皆因其俗。使之附輯諸蠻，謹守疆土，修職貢，供徵調，無相攜貳，有相仇殺者，疏上聽命天子。」〔註284〕在中央王朝看來，實行土官爲主、流官爲輔的統治政策，既可以充分利用土官瞭解其轄區內的民風民情，便於進行直接管理，從而減少各種反抗性活動的發生，維護當地安定的社會秩序，同時又可以利用流官加強對土官進行監督和制衡，使土官按照明王朝的意旨行事，從而加強中央王朝對土司統治地區的控制，爲最終改土歸流奠定基礎。

（七）設置衛所以軍事震懾土司

明王朝在明初用兵雲南的過程中，了解到滇東北彝族土司所具有的實力及其在本地錯綜複雜的關係，再加上這一地區的烏蒙、芒部、東川屬轄而未治、開發程度較低，同時又是一個土著勢力較強的戰略要地。爲了控制這一戰略要地，對滇東北地區給予了高度重視，沿交通線設立了眾多的衛所，藉以限制和削弱滇東北彝族土司勢力的發展，防範和鎮壓土司的反叛。

洪武十四年（1381年），征南大軍入雲南，首先攻克曲靖，洪武十五（1382年）即設置曲靖衛控制整個滇東北地區。但是，僅一個衛的屯駐兵力仍顯單薄，很難鎮服當地人民的反抗。洪武二十年（1387年）越州土酋阿資與羅雄州營長發束聯合發動反叛，阿資曾揚言曰：「國家有萬軍之勇，我地有萬山之險，豈能盡滅我輩。」〔註285〕迫使明朝再度調兵進討，在這一地區增設越州、馬龍二衛，「扼其險要」。不久沐英以「陸涼西南要地，請設衛屯守」〔註286〕，增設了陸涼衛。又以普安路「道過平夷，以其山險惡，宜駐兵屯守，遂遷山民往居卑午村，留神策衛千戶劉城等將千人置堡其地，後以爲平夷千戶所」。洪武二十三年（1390年）「改平夷千戶所爲平夷指揮使司」〔註287〕，即平夷衛。在交通要道烏撒路衝要之地，洪武年間平定雲南後，「明太祖取土司心腹

〔註284〕《明史》卷七十六，《職官志五》，中華書局 1974 年版第 1876 頁。
〔註285〕《明史》卷三百一十三《雲南土司一》，中華書局第 8085 頁。
〔註286〕《明史》卷三百一十二《雲南土司傳一》，中華書局 1974 年版第 8084 頁。
〔註287〕《明實錄·太祖實錄》卷二百三，洪武二十三年八月壬午。

地置郵傳通道，鎮以衛所屯軍，爲烏撒衛後三所」，並實行軍屯，「介南、北兩盤江間幅員廣大，其間一線官道爲烏撒後所（在今宣威市）屯軍地面，即宣化里是也。屯軍皆中土大姓，而土州所統皆係夷民」〔註288〕。在驛道上設十一鋪，均撥官軍駐守。「縱數百里，橫不過十餘里，爲屯軍防禦耕種地點，其間鋪、堡、驛站，森然羅列」〔註289〕。洪武二十三年（1390年）在尋甸府城東七十里設木密守禦千戶所。〔註290〕嘉靖六年（1527年）在尋甸府城置鳳梧守禦千戶所。〔註291〕萬曆十四年（1586年）九月在羅平州境內置定雄守禦千戶所。〔註292〕這樣在「雲南全省東以曲靖爲關」〔註293〕的要衝地區，以護衛交通幹線和鎮服當地民族爲目的，設立衛所，互爲犄角，以備策應，即所謂「鎮奪周密」，遙相呼應，組成強大的軍事力量。同時，屯戍相連，此呼彼應，形成了明中央王朝對滇東北彝族土司的一張軍事控制網路，監督和震懾土司。

　　從滇東北地區衛所設置的分布上來看，多位於滇東北地區的戰略要點和主要交通線上，如曲靖衛、烏撒後所等位於雲南通往外省的主要交通幹線上，如此安排的確是比較成功的，一方面，由於滇東北地區特殊的地理環境造成的交通不便，雲南溝通外界的主要交通線多位於本地區及其邊緣，可以保障交通的暢通；另一方面，將大量衛所置於本地區的主要交通線、戰略要點和邊緣區，也可以加強對當地土司力量的監控和威懾。更爲重要的是，每個衛所既是軍事單位，又是生產單位，集軍事、行政功能於一身，組成人員多爲中原士兵及其親屬。不但加快了對滇東北地區的開發速度，同時更加快了當地的漢化進程，使其更快地融入到中央王朝的大一統中。如果說軍事的佔領和改土歸流爲本地區盡快融入內地一體化提供了硬件，那麼以衛所形式出現的大量中原移民據點則爲本地區盡快融入內地一體化提供了軟件。這種軟體的影響是潛移默化的，在當時的表現並不明顯，但影響力並不因此而降低，他們的存在不僅加大了當地與內地一體化的進程，而且其先進的生產技術、文化等對當地人民也具有相當的吸引力。明朝中後期，這些衛所的軍事

〔註288〕民國《宣威縣志》卷二《區域》。
〔註289〕民國《宣威縣志》卷十二《土司傳》。
〔註290〕《明史》卷三百一十四《雲南土司傳二》，中華書局1974年版第8079頁。
〔註291〕萬曆《雲南通志》卷七《兵食志》。
〔註292〕《明史》卷四十六《地理七》，中華書局1974年版第1174頁。
〔註293〕萬曆《雲南通志》卷一《地理·沿革》。

功能減弱，大多被專門招募的職業軍隊所代替，只剩下生產功能，實際上與一般的州、縣沒有多大的區別，衛所土兵已融入到本地民族中，變成了本地的農民。

衛所和屯田制度的建立，是明政府為加強控制滇東北地區而採取的重要措施，具有十分深遠的意義。首先，通過建立衛所和推行屯田制度，中央政府向滇東北地區大規模移民，使滇東北地區的民族成分發生了重大變化，改變其「客民多，夷漸少」的分布格局，漢族人數首次超過了土著民族。由於人數眾多，這些屯戍軍民的進入，再也沒有像歷代進入的移民那樣孤立地聚居一隅或被迫「變服、從其俗」，而是與當地各民族共同生產生活，使滇東北地區與中原更加緊密地聯繫在一起；其次，內地漢族軍民的大規模進入，給落後的滇東北地區帶來了先進的農業生產技術和農耕工具，極大地促進了農業生產的發展；再次，內地的「軍匠」、「工匠」也帶來了先進的開採技術和礦冶技術，礦冶業迅速發展起來，銀、銅礦的開採冶練，得到了較大發展，為金屬貨幣的使用流通提供了物質條件，促進了滇東北地區經濟形態的轉化，從封建農奴制進入到封建領主制。因此，明代建立衛所和屯田制度，是滇東北地區具有劃時代意義的大事，對當地經濟和文化發展產生了重大的促進作用。

綜上可知，明朝對土官的管理與控制是相當嚴格的，使得明代成為自唐宋以來對土司控制最強的一個朝代。由於中央王朝採取了上述政策和措施，不僅鞏固和發展了滇東北地區的土司制度，而且進一步強化了中央王朝對土司政權的管束，這對於遏制土司的橫行跋扈、維護社會穩定、加強多民族國家的統一是有一定的積極作用。但是明王朝對這些政策和措施的實施，是以限制和壓抑土司的勢力為目的的，這自然會引起土司的強烈不滿和反對，在一定程度上加深了土司與中央王朝之間的矛盾，從而引起一系列的社會問題，如土司反對中央王朝的反抗鬥爭。

三、滇東北彝族土司反抗中央王朝統治的鬥爭

明代，土司反抗中央王朝的鬥爭時有發生。這些鬥爭既有廣大少數民族人民反對封建剝削與民族壓迫的鬥爭，也有土司反對中央王朝統治的鬥爭，而且這兩種不同性質的鬥爭，往往是互相交織在一起進行的。

（一）土司反抗中央王朝統治的鬥爭緣起

在土司制度下，土官世代承襲，各據一方，擁有統兵治民之大權，無異

於少數民族地區的土皇帝。中央王朝與土司之間始終存在著一種互相利用的關係。按照規定，土司在接受中央王朝的任命的同時，還必須對中央王朝履行一定的義務，「自都督府，都指揮司，留守司，內外衛守禦、屯田、群牧千戶所，儀衛司，土司，諸番都司衛所，各統其官軍及其部落，以聽徵調、守衛、朝貢、保塞之令」〔註294〕，土司「其所以圖報於國家者，惟貢、惟賦、惟兵」〔註295〕，土司與中央王朝的關係通過朝貢和冊封來維繫。由於中央王朝賦予土司的權力過於龐大和集中，導致土司地區具有很大的獨立性，與中央王朝的關係貌合行離。土司既是中央王朝統治少數民族地區的得力助手，土司勢力的膨脹又使中央王朝深感畏懼而朝夕難安。故中央王朝與土司之間在權利分配上始終存在著各種矛盾，在統治與獨立的問題上，始終存在著控制與反控制的鬥爭。

據《明史・土司傳》載：「嘗考洪武初，西南夷來歸者，即用原官授之。其土官銜號曰宣慰司，曰宣撫司，曰招討司，曰安撫司，曰長官司，以勞績之多寡，分尊卑之等差，而府州縣之名亦往往有之。襲替必奉朝命，雖在萬里外，皆赴闕受職。天順末，許土官繳呈勘奏，則威柄漸弛。成化中，令納粟備販，則規取日陋。孝宗雖發憤釐革，而因循未改，嘉靖九年（1530 年）始復舊制，以府州縣等官隸驗封，宣慰、招討等官隸武選。隸驗封者，布政司領之；隸武選者，都指揮領之。於是文武相維，比於中土矣。其中叛服不常，誅賞互見。」〔註296〕由此可見，隨著土司制度的不斷完善和發展，部分土司勢力隨之壯大起來，加以明朝政府自身的腐敗也在不斷加劇，進而逐漸喪失對土司的有效統治，土司中的一些驕橫跋扈分子，趁機發展其勢力，有時到了不服管束、直接叛抗封建朝廷的嚴重程度。爲了加強對土司地區的管理和統治，中央王朝在對土司的任職、承襲、貢賦、獎懲、徵調等方面，制定了一套較爲嚴厲的制度和方法，同時加強對土司地區的軍事鎮懾，委派流官前來監督，甚至在局部地區進行改土歸流，從而造成中央王朝同土司之間的矛盾日趨尖銳化，致使土官反對中央王朝統治的鬥爭時有發生。

（二）土司反抗中央王朝統治的鬥爭

明初，中央王朝採取有效的措施治理滇東北地區，滇東北地區的社會很快趨於穩定，再加上國力強盛，封建專制主義中央集權的力量比較強大，因

〔註294〕《明史》卷七十二，《職官志一》，中華書局 1974 年第 1752～1753 頁。

〔註295〕（明）張萱：《西園聞見錄》卷七十九，《土官》。

〔註296〕《明史》卷三百一十《土司傳》，中華書局 1974 年第 7982 頁。

此，土官叛亂的次數較少，叛亂的規模也比較小，且旋即被明王朝鎮壓下去。
在滇東北彝族土司區，只有越州土官阿資三反三服。洪武二十一年（1388
年）九月，越州（今曲靖市南部之越州）羅羅苦麻部土目阿資叛。傅友德等
率軍討伐，途經平彝（今富源縣），因其地勢陡峻，近阿資，乃將山民遷移
到早上村，留神策衛千戶劉成等人駐兵把守，設立柵欄，後爲平彝千戶所。
阿資率眾攻打普安（今貴州盤縣特區），焚燒府署，大肆搶掠。傅友德擊敗
其眾，殺頭目滿已青，阿資降。洪武二十二年（1389 年）春正月，阿資退
守普安，依懸崖峭壁設立營寨。傅友德率精兵進擊，阿資兵沿峭壁懸崖攀登，
摔死者不計其數，俘獲一千三百餘人，阿資逃回越州。沐英遣寧正率兵隨傅
友德往越州追擊阿資，大敗阿資，殺其頭目火頭弄宗等五十多人。沐英請設
越州、馬龍二衛，扼其險要地段，分兵追殺，阿資被迫而降。洪武二十八年
（1395 年），阿資第三次發動叛亂。沐春率兵進討，「覘阿資所在及其經行
地，星列守堡，絕其糧道」。明軍屯赤窩鋪，「遣百戶張忠等搗賊巢」，在當
地土軍的幫助下，採用聲東擊西的戰術擒獲阿資及其黨羽，最終平定了阿資
的叛亂。〔註 297〕

　　明朝中後期，宦官專權，政治腐敗，各種社會矛盾逐漸激化，中央王朝
無力顧及邊疆地區，對邊疆地區統治的程度明顯減弱，封建統治出現了空虛，
從而爲土司叛亂提供了機會，導致滇東北彝族土司的叛亂比明初頻繁，規模
更大，危害更強烈。

　　嘉靖六年（1527 年）芒部頭人沙保等攻陷鎮雄府城，「執試知府程洸，奪
其印，所殺傷數百人，洸奔畢節」。〔註 298〕貴州、四川守臣派人招撫沙保。四
川巡撫官以「保等狡悍，終不可馴」，「檄敘、瀘守備丁勇擊之；又遣使勞賜
芒部撫夷邵良佐，使計擒沙保以獻：保怒，復叛。」〔註 299〕嘉靖七年（1528
年），川貴諸軍會剿，「擒斬三百餘級，招撫夷、玀男婦以千計，奪獲牛、馬
器械甚眾。」〔註 300〕明王朝鎮壓沙保之叛後，仍在芒部設流官如舊，敕貴州
威寧兵備副使改駐畢節地方，兼制雲南沾益州、四川烏蒙、烏撒、東川、鎮
雄四府並永寧宣撫司，以加強軍事控制。

　　嘉靖七年（1528 年）武定尋甸土酋反，初仁德府土官安洋安乃屢亂，降

〔註 297〕《明史》卷三百一十三，《雲南土司一》，中華書局 1974 年版第 8085 頁。
〔註 298〕《明實錄·世宗實錄》卷七十七，嘉靖六年六月辛未。
〔註 299〕《明實錄·世宗實錄》卷八十，嘉靖六年九月戊寅。
〔註 300〕《明實錄·世宗實錄》卷八十五，嘉靖七年二月甲辰。

為馬頭，改尋甸設流官，至是，知府馬性魯因徵糧，裸撻安銓妻子，仍繫於獄，銓遂結武定蠻鳳朝文叛，陷尋甸武定，殺官十三人，連兵二萬焚掠會城，命兵部尚書伍文定討之，未至，援師已集斬朝文與銓。〔註301〕

　　萬曆三十六年（1608 年）正月，阿克、鄭舉自武定攻祿豐，破其城，知縣蘇夢暘率民兵力戰，被執，不屈。左布政使彭應時、右參政楊俊臣、副使陳綯、都司范繼斌、游擊段戻、守備裴希度、王之瑞分別率兵征討阿克。六月，諸路兵合剿，斬其家屬十一名。阿克、鄭舉敗奔東川，官兵追至東川境上，東川土司祿哲縛阿克、鄭舉獻軍前，左布政彭應時復擒阿克黨羽鄭文、鄭宗舜，武定平，參政楊俊臣等率廣南儂兵亦擊尋甸彝婦海沖等，得嵩明州各印信，副使羅希益督沾益土官安紹慶兵斬楊之子楊成，俘其妻妾四口，游擊段戻擒楊禮妾及子四口，尋甸亦平定。

　　由於「橫征無藝，歲額之外溢千三百餘金，而歇戶諸色橫索尤甚，民不堪命」，天啓二年（1622 年）二月，沾益土婦設科、土目補鮓、奈科、李賢等夷漢民眾舉兵起義。他們佔領沾益所屬倘甸六堡，隨後攻破平夷衛（在今富源縣），殺管操指揮曹三捷及軍民數百人。掌印指揮唐九官等棄城逃跑。同時，武定夷目張世臣等也乘機起事，攻佔他頗、補知二營，殺死衛所軍官。三月，東川土酋祿千鍾與張世臣、設科等聯合進攻嵩明、陸涼等地。七月，補鮓、安應龍等先後攻佔亦佐（今屬富源縣）、越州（今屬曲靖），又犯羅平。十月，安效良等攻佔沾益州城（今宣威），同城撒烏衛後所千戶長劉受祿等棄城奔交水（今沾益交河村），軍民或降或亡，一遍混亂。滇東北的戰亂又同時引發了滇南一帶的動亂。十月，土酋父岡等進犯安南長官司（今蒙自東部老寨）所屬龍古哨等地……烽火連天，全滇告急。〔註302〕

　　天啓三年（1623 年）二月，明中央王朝只好下令「暫停本省貢金」。四月，閔氏等誘殺羅平叛首阿九父子，又趁勝追剿補鮓、安應龍等，收復亦佐、普安等地。同時，下令「勒石除羅平苛政七十二款，夷漢相慶」！又任用驍將袁善率軍收復平夷衛城，「收招流散，屯種如故」。八月，發兵援黔，重新打通黔滇之路，使兩省兵力互為犄角聲援之勢。九月，遣袁善率軍南進，解除安南長安司之圍，並「出帑銀一千三百兩賑城中軍民」。閏十月，收復新興、

〔註301〕雍正《馬龍州志》卷二《沿革》，雍正抄本。
〔註302〕古永繼點校：天啓《滇志》卷一《總部沿革》，雲南教育出版社 1991 年版第　46～47 頁。

普安等城。十一月，生擒叛首設科、李賢等人，恢復亦佐等地治安，「收招流散、被擄人民七百有奇，撫定夷寨一千六十有奇……築城守之。」天啓五年（1625 年）二月，經過數年苦戰，最後平定沾益州，基本上平息了滇東北彝族土司爲主的動亂。

綜上所述，土司與朝廷之間的矛盾與鬥爭隨著雙方勢力的強弱而互相牽制，終明之世，叛亂不止。中央王朝與土司間的控制與反控制的鬥爭，其實質就是權力的博弈過程。由於土司叛亂時有發生，彼此之間的爭鬥持續不斷，造成當地人民群眾的生命財產遭受嚴重摧殘，生態環境嚴重受到破壞，其危害和影響不可低估。

（三）土司反抗鬥爭的歷史特點

滇東北彝族土司反抗中央王朝控制的鬥爭，是特定的歷史條件下產生的，是土司與中央王朝之間的矛盾鬥爭的必然產物。其鬥爭特點主要有如下幾個方面：

第一、土司反抗鬥爭達到高潮的時間主要是在明中後期，這是由於中央王朝統治力量與土司勢力之間此消彼長的結果。明初，各土司懾於中央王朝的軍事壓力和政治權威，不得不納款歸附，聽命於中央王朝。明王朝中後期，隨著土司社會經濟的發展，土司對中央王朝的統治及約束感到不滿，反抗鬥爭時有發生，加以明王朝自身政治上日趨腐敗，軍政廢弛，社會危機加深，土司與中央王朝之間的權力博弈越來越激烈，其控制力量相對削弱，導致土司地區反抗中央控制的鬥爭愈演愈烈，尤其是芒部、尋甸、東川、沾益土司反抗最爲劇烈。

第二、土司反叛鬥爭的最終結果是被中央王朝改土歸流或「分而治之」，分設低級別的土司來管理本地。明王朝統治初期，在少數民族地區設置土司，不過是中央王朝在「設流」條件尚未成熟的情況下採取的一種權宜之計，改土歸流的條件一旦成熟，中央王朝便千方百計地加以改流構建與內地一樣的管理體系。土司叛亂無疑給改流工作找到了藉口，因而在平定阿資的叛亂後，中央王朝不失時機地加以改流並駐軍，由中央政府委派的流官代替土司進行直接統治。

第三、明王朝與滇東北彝族土司之間是一種既聯合又鬥爭的關係。一方面明王朝通過土司制度拉攏滇東北彝族土司，利用他們維護當地的秩序，確保與內地的交通線暢通。同時土司也借助明王朝的力量確認其統治

的合法性，以提高自己的地位，增強自己的實力，鞏固對轄區各民族的統治，兩者在權力上相互承認。但是，一旦當地人民不堪忍受壓迫、剝削起而反抗時，他們往往爲了共同的利益聯合起來，鎮壓各族人民的起義。另一方面，中央集權與地方分權的矛盾客觀存在，土司制度保留了諸土司的政治、軍事、經濟大權，當土司勢力膨脹，甚至擁兵自雄影響中央集權的加強，或中央集權進一步加強而損害土司利益時，兩者間的矛盾和衝突就會激化，甚至釀成戰爭。

總之，土司的反叛鬥爭，實際上是中央王朝與土司之間的控制與反控制的鬥爭，是中央集權與地方勢力之間的一場政治博弈。「就其目的來說，後者要鬧獨立，要搞分裂割據，這是違反各族人民團結的意願，是違反歷史潮流的；前者雖然是爲了鞏固中央王朝對少數民族地區的統治，客觀上是有利於各族人民間的友好往來和經濟文化交流，是符合各族人民的意願的，是順應歷史潮流的發展趨勢。但就其性質來說，則是由於歷代中央王朝與土司之間因權力較量和制衡而引起的」〔註303〕。歷史地看，中央王朝以武力鎮壓土司叛亂，體現了封建統治者實行民族壓迫的殘暴本質，但在當時具體的歷史條件下，這對維護多民族國家的統一局面，客觀上也不是沒有積極意義。

第三節　滇東北彝族土司的統治與社會發展

一、設立統治機構

（一）中央王朝在滇東北土司區設置的統治機構

明初征服滇東北地區，有設置軍屯之議，言：「置雲南左、右、前、後、普定、黃平、建昌、東川、烏撒、普安、水西、烏蒙、芒部，尾灑十四衛指揮使司」；此十四衛，後來大都已設置，惟烏蒙地區，只設烏撒衛隸貴州都司，而烏蒙、東川、芒部及烏撒並設爲軍民府，隸四川布政司，以土官爲知府，添設流官副職。烏蒙軍民府「設流官通判、經歷、照磨各一員」，東川軍民府「添流官通判、經歷、照磨各一員，立營長六，頭目九管攝。」〔註304〕說明明初這些地方設有流官。又《明史·四川土司傳》載：「正統七年（1442年）

〔註303〕粟冠昌：《試論我國古代西南各省土官制度的影響》，載《廣西地方民族史研究集刊》（第2輯），廣西師院歷史系編印1983年版第132頁。
〔註304〕曹學佺：《蜀中廣記》卷三十六，《四庫全書·史部》。

裁烏撒軍民府通判、推官、知事、檢校各一員。十一年（1446 年）裁烏蒙、東川知事、檢校各一員」。〔註305〕這裡所裁者當然是流官。故在滇東北地區在明初設有流官統治政權機構，但以土官政權爲主，流官佐貳之。雖然設有流官，其職不能有所作爲，即被裁撤，實際上處於土官統治之下，而土官爲統治階級的利益，抑制社會經濟文化的發展，故滇東北地區的烏蒙、東川、芒部等地較曲靖府、尋甸府發展緩慢。

在曲靖地區，羅雄州爲土官世守，設州同治之，萬曆十五年（1587 年）滅者酋，遂改爲羅平州，設知州、學正、訓導、吏目、驛丞等各一員，調曲靖衛中左所爲定雄所守禦，設指揮僉事一員，正副千戶九員，百戶十七員，三分馬步旗軍，漢軍六十七名，土軍一百二十四名。天啓間補鮓作叛，所衛兵不克防禦，巡撫閔弘學題請以游擊李思忠駐羅平往來師宗，爲師羅參將尋廢。〔註306〕陸涼州弘治七年（1494 年）四月，增設流官知州一員。改設馬龍州流官知州一員。巡撫都御史張誥等言：陸涼知州俱有故未襲，馬龍州土官知州故絕也。萬曆《雲南通志·建設志》言「陸良州，知州一人、同知一人、土官同知一人；沾益州，流官知州一人、土官知州一人」，〔註307〕則在萬曆以前土官已改爲同知。中央王朝在烏蒙、東川、芒部等土司勢力強大的地方設土司衙門對土民進行統治，而在曲靖府則設土司的同時在部分地方設有流官進行統治。

（二）土司設置的統治機構

土司的統治機構主要土司衙門，專門管理轄區內的各族人民。土司衙門實爲土府、州、縣的最高行政機構，集土司的行政、司法、軍政於一體，屬於典型的封建領主的專政機關。正如《農部瑣錄》言：「土官設制，設曲覺三人，分管地方；遮古三人，管理莊田；更資三人，管理喇誤，一應調遣，備領步兵從征；扯墨一人，管理六班快手；管家十二人，管莊田租穀。皆頭目也，藉土衙之勢索取，夷民畏之如虎，故土官亦藉頭目之爲爪牙擾噬，其勢益張。」〔註308〕在土司制度下，土司爲了維護其世襲特權，保證能世代相傳，長久地統治本地人民，必須要籠絡一批俯首貼耳的心腹做幫手，因而要設立龐大的官僚機構。土司衙門正是爲了適應這種專制統治的政治需要而設置，是土司對土民實行專

〔註305〕《明史》卷三百一十一《四川土司一》，中華書局 1974 年第 8005 頁。
〔註306〕《羅平州志》卷二《兵防志》。
〔註307〕萬曆《雲南通志》卷二《建設志》。
〔註308〕《農部瑣錄》卷三《風土志》。

政的主要工具。土司是中央王朝的政治代表，是統治權力的執行者，把持著衙門的一切權力。衙門的所有大小事情，皆由土司的意志而定，「生殺予奪，盡出其酋」，土官之下，設有若干部門和吏目，如芒部土司設「四十八目、十五火頭」。〔註309〕所有辦事吏目和人員均要對土官負責，唯土官之命是從。土司統治，實際上是一種獨裁政治。可以說，土司衙門實際上是土司實施專制統治的中樞機關，是土司發號施令的重要場所，對土民的統治盡在其中。

（三）土司法制

在土司轄區內，土司衙門沒有成文法規，土司的意志就是法規，「生殺予奪，盡出其酋」。「土司法極嚴肅，鞭笞殺戮，其人死無二心，民怯於私憤，勇於公鬥，似秦；嚴刑峻法，嫻於文司，似鄭。」〔註310〕在土司轄區內，土司刑法僅僅是對土民而言，土司對土民的任意殘殺是不會受到任何懲罰。司法方面，明王朝規定：土司犯法，如果是選用的土官，與流官同等治罪；如果是世襲土司，由朝廷裁決。土司和土司之間的紛爭，必須服從朝廷的裁決。洪武二十七年（1394年）烏撒軍民府卜穆向朝廷控訴：「沾益州屢侵奪其地。」〔註311〕朱元璋命鎮守雲南的西平侯沐春對此事進行理斷，結果把爭執的土地「給烏撒衛官軍屯種」。〔註312〕宣德年間，烏撒、烏蒙二土知府因爭地發生仇殺，明朝派章聰、侯進等人前往處理，「以所爭地十之三讓給烏撒，治溝為界，永息爭訟。」〔註313〕明王朝利用統治力量，成功地調解了土司之間的糾紛，阻止了械鬥和衝突的發生，減少了對社會的危害。在此後一段時間，滇東北地區的社會秩序相對安定，度過了一段夷漢相安的時期。

宣德五年（1430年）巡按雲南監察御史杜琮奏：「土官有犯例應奏請提問，本以寬待之，而蠻夷恃恩，愈益縱肆，每犯罪即以進貢為名，遷延避匿，或巡歷鄉村，橫斂無厭，人多受害。請如流官例，五品以上奏請，六品以下聽巡按御史按察司提問，庶革奸欺。」宣德帝以其奏示法司，且諭之曰：「蠻夷不可以中國之治治之，琮所言過矣，其循祖宗成憲毋改。」〔註314〕嘉靖八年（1529年），雲南巡按御史沈教上奏：「雲南番夷雜處，故設土官，使以夷治

〔註309〕《明史》卷三百一十一《四川土司一》，中華書局1974年版第8012頁。
〔註310〕（明）鄺露：《赤雅》卷一，《法制》，《四庫全書・史部十一》。
〔註311〕《明實錄・太祖實錄》卷二百三十四，洪武二十七年九月丁巳。
〔註312〕《明實錄・太祖實錄》卷二百三十六，洪武二十八年二月庚午。
〔註313〕《明實錄・宣宗實錄》卷一百三，宣德八年六月丙午。
〔註314〕《明實錄・宣宗實錄》卷七十一，宣德五年十月己巳。

夷，其干紀者，必繩之以法。緣安、鳳二賊扇亂（按指彝族尋甸土官安氏和
武定彝族土司鳳氏發動的動亂），詔惟罪其謀逆，餘悉宥原，蓋一時之權宜也，
非謂自是以後，殺人及盜皆不抵罪，乞敕所司宣諭之。上曰：然，肆赦恩命，
皆謂頒詔之前，非著令邊，今后土官有犯，仍照律例科斷，但宜亟爲讞決，
毋得留獄，以失夷情。」〔註315〕說明嘉靖八年（1529年）後，凡土官犯謀逆、
殺人、盜竊等危害國家統治安全的罪，不再得到寬容，同樣要按大明律治罪，
按照明代的法律，這幾種罪都是十惡不赦的重罪。但明代根據「重其所重，
輕其所輕」的法律適用原則，結合具體情況，對於各級土司所犯的罪行，如
果不是對國家的統治造成很大威脅的罪，是可以放寬處理的。正如《明史》
所說：「其要在於撫綏得人，恩威兼濟，則得其死力而不足爲患。」〔註316〕

二、土司統治下的社會經濟

（一）明王朝採取恢復和發展土司區的經濟措施

明初，由於大軍征服，對當地的經濟造成破壞，爲了恢復滇東北地區的
農業生產，維護對少數民族的封建統治，明王朝採取休養生息的政策，著力
於對滇東北地區的經濟發展，並制定一些具體措施。

1.中央王朝對土司地區輕繇薄賦

爲了維持對土司地區的統治，中央王朝通常採用薄賦或免稅政策，不去
觸動和改變少數民族的經濟基礎和生活方式，使土司與中央王朝之間保持較
爲簡單的貢賦關係。「廣西、雲南、貴州、四川各處蠻夷邊境，地皆炎瘴，人
皆頑梗，不可以中國之治（法）治之。仰惟高皇帝，初定天下，特於前項夷
方，止設土官控制，凡百糧差，悉從輕省，實係羈縻。」〔註317〕所有這些，
對土司地區農業生產的恢復和發展是極爲有利的。

2.賑濟百姓

中央王朝賑濟百姓，雖旨在穩住局勢，穩定統治，客觀上卻有利於土司地
區社會經濟的恢復和發展。洪武十八年（1385年）烏蒙府知府亦德言：「蠻地
刀耕火種，比處霜旱疾疫，民饑窘，歲輸之糧無從徵納。詔悉免之。」〔註318〕

〔註315〕《明實錄·世宗初錄》卷九十九，嘉靖八年二月乙亥。
〔註316〕《明史》卷三百一十《土司傳》，中華書局1974年第7981頁。
〔註317〕（明）閻珪：《撫講岑應疏》，《粵西文載》卷五，《四庫全書本·集部》。
〔註318〕《昭通志稿》卷二《食貨志蠲恤》，載《昭通舊志彙編一》，雲南人民出版社
　　　　2006年版第138頁。

洪武二十八年（1395 年），戶部尚書郁新言：「近烏撒、烏蒙、芒部、東川歲賦氈衫不如數，已詔免徵。」〔註319〕

3.滇東北地區的賦役狀況

　　賦稅是整個中央行政權力機構的生活源泉。中央王朝向人民徵取租賦來維護國家財政開支，向人民徵發兵役、徭役以從事戰爭和勞役，以確保整個封建統治機構的正常運轉。明初，「踵元故事，大為恢拓，分別司郡州縣，額以賦稅，聽我驅調，而法始備矣」。〔註320〕明王朝對土司的治理只在於「額以賦稅，聽我驅調」，並在對後治理過程中具體實施，洪武十七年（1384 年），定田賦，芒部輸米八千石。洪武二十八年（1395 年），戶部言芒部等歲賦不如數，詔已免徵，今有司仍追之，宜申明停止從之。萬曆中，土府歲納建武糧二百三十石，名「報效糧」。〔註321〕

　　隨著滇東北彝族土司的興盛和明中央政權採取的一些有利於農業生產發展的措施，使得滇東北地區的農業生產有了一定程度的發展，另一方面軍屯及漢族人民的大量進入，滇東北地區的農業發展邁上了新的臺階。

（二）社會經濟生產的發展狀況

1.農業生產在屯田制下緩慢發展

　　明初，滇東北彝族地區尚被人視為「蠻荒」之地，農業生產不發達，以山地農業為主，不用耕牛，而以刀「芟林布種」，實行刀耕火種。「昭城地屬荒服，昔為夷族所居，山峻水枯，刀耕火種，漫無法制。」〔註322〕陸涼州「羅羅乃其土著之民也，居止多在深山。雖高岡曉壟亦力墾之以種甜苦二蕎自贍。」〔註323〕尋甸「乾羅羅，出人常佩刀劍.好戰鬥，亦耕種，自食其力。」〔註324〕「苗類，鎮雄四境皆有，好山居，男女任力，刀耕火種以供食用。」〔註325〕

〔註319〕《明實錄・太祖實錄》卷二百四十一，洪武二十八年乙卯。
〔註320〕《明史》卷三百一十《土司傳》，中華書局 1974 年第 7981 頁。
〔註321〕乾隆《鎮雄州志》卷三《田賦》，載《昭通舊志彙編四》，雲南人民出版社 2006 年版第 1003 頁。
〔註322〕民國《昭通縣志稿》卷五第十一農政田制，載《昭通舊志彙編一》，雲南人民出版社 2006 年版第 345 頁。
〔註323〕李春龍校注：景泰《雲南圖經志書校注》卷二《曲靖府陸涼州》，雲南民族出版社 2002 年版第 129 頁。
〔註324〕嘉靖《尋甸府志》卷上，嘉靖刻本。
〔註325〕乾隆《鎮雄州志》卷三《風俗》，載《昭通舊志彙編四》，雲南人民出版社 2006 年版第 1002 頁。

又張紞的《雲南機務鈔黃》記載：洪武十六年（1383 年）六月二十七日敕諭征南將軍傅友德等「近有人來言回軍一節，朕即深思復料曲靖等處糧儲，雖目前可以支吾，冬春未見善謀；假使曲靖所下種八百餘石，驗種得糧不過收稻八千餘石，正得四千石米，以守禦軍士每軍一月約用三斗給之，不滿四月，至八月食新糧起至十一月終糧盡矣，欲接明年夏麥，尚有六個月無糧相接，未審那軍何以充腹？」〔註 326〕從這段史料可以看出：當時曲靖等處一年兩獲，糧食產量只得種子的十倍，收穫甚少，故所有守軍不過三千多人，也不能供應所要食用的糧食，可見農業生產力相當低下。而畜牧業卻成為主要的生產部門，陸涼州「以畜馬為生，牧養蕃息，剔去尾骨二節，謂之雕尾，以此為貴。」〔註 327〕尋甸「近郡之夷名黑玀玀，以畜牧為生。」〔註 328〕再從征南大軍所獲物可以看出，「將東川牛、羊收與軍，計羊三萬，牛一萬；又烏蒙邊上經行收羊六午，牛二千五百；至烏撒收至牛、羊五萬；芒部牛、羊四萬」。〔註 329〕所擄獲之物，牲畜很多，而未見穀物。「洪武十九年（1386 年）往東川等軍民府市馬，得馬二千三百八十八匹。」〔註 330〕可見當時滇東北地區的農業生產尚以畜牧業為主。

基於當時滇東北農業發展的情況，洪武十九年（1386 年）西平侯沐英奏：「雲南土地甚廣，而荒蕪居多，宜置屯，令軍士開耕，以備儲蓄。上諭戶部臣曰：屯田之政，可以抒民力，足兵食，邊防之計，莫善於此。」〔註 331〕洪武二十一年（1388 年）六月，沐英又奏：「今東川、越州、羅雄諸夷悍鷙未服，必須並力剿捕。一以資給糧餉，一以警懾餘眾使賊聞之，奸計自沮，仍於寬衍之地，為來歲屯田之計。內地既定，續議大舉可也。東川一部稍為強盛，今罪狀已露，尚恃奸勇，必用進兵，庶可宣揚威德。」〔註 332〕於是在滇東北地區設立衛所屯田，「度要害係一郡者設所，連郡者設衛。大率以五千六百人為衛，千一百二十人為所，一百二十人為百戶所。」〔註 333〕共設有烏撒衛後

〔註 326〕張紞：《雲南機務鈔黃》中國書店 1959 年版。
〔註 327〕李春龍校注：景泰《雲南圖經志書校注》卷二《曲靖軍民府陸涼州》，雲南民族出版社 2002 年版 129 頁。
〔註 328〕萬曆《雲南通志》卷四《尋甸府》。
〔註 329〕張紞：《雲南機務鈔黃》中國書店 1959 年。
〔註 330〕《明實錄·太祖實錄》卷一百七十八，洪武十九年五月庚申。
〔註 331〕《明實錄·太祖實錄》卷一百七十九，洪武十九年九月庚申。
〔註 332〕《明實錄·太祖實錄》卷一百九十一，洪武二十一年六月乙巳。
〔註 333〕《明史》卷九十《兵志二》，中華書局 1974 年第 2193 頁。

所（駐今宣威縣），曲靖衛（駐今曲靖市西部），平夷衛（駐今富源縣），越州衛（駐今曲靖市南部越州鎮），六涼衛（（駐今陸良縣），馬隆守禦千戶所（駐今馬龍縣），木密關千戶所（駐今尋甸縣東南部之易龍），鳳梧千戶所（駐今尋甸東部）。而烏蒙、東川、芒部沒有設衛所。

屯田情況如下表：〔註334〕

衛所名稱	軍屯人數				屯田畝積		屯租連入（斤）		屯牛
	旗軍	屯軍	舍丁	軍餘	職田	屯田	夏稅	秋稅	
曲靖衛	1458	1716	618	7204	9077.1	65035.13	3612.7425	18247.64186	597
馬隆千戶所	313	145	197	1181	1008.5	9758.2	387	2109.654	526
平夷衛	732	644	224	1251	1907.4	24006.05	1132.9	6845.7096	373
越州衛	580	820	125	1921	2984.8	18625.29	725.905	7154.7826	272
六涼衛	1100	516	221	6061	3784.41	36494	648.698	13230.833	436

從上表可以看出，經過屯田以後，隨著先進生產工具的推廣和使用，生產技術提高了。檀萃《滇海虞衡志》卷七說：「自前明開屯設衛以來，江湖之民雲集，而耕作於滇。即夷人亦漸習於耕，故牛爲重」。漢族屯戶與當地少數民族田地「畛畔相入，盈虧互察」。〔註335〕因旱勞相關，而堤堰共修，灌溉同利。先進的生產工具和生產技術在各民族中廣泛傳播，田畝耕耘愈加精細，農作物產量提高了。滇東北的農業經濟發展很快，從最初的「蠻地刀耕火種，比年霜旱，疫疾，民饑窘，年輸之糧無從征納而詔悉免之。」〔註336〕到後來徵收夏秋稅，滇東北地區上繳數量不少。

屯田，在滇東北地區的開發中起到非常重要的作用。國家大規模的軍事屯戍，使這些軍兵在屯戍地獲得了土地、耕牛、種子和生產工具，具備起碼的生產條件，迅速投入生產，初步實現與土地的結合，調動了他們的生產積極性。屯戍人員的到來，促使農業勞動力急劇增加，且衛所組織進行規模化屯田，能夠集中大量的勞動力在滇東北人口稀少、開發程度很低的地區進行大規模的拓荒墾殖，是私有土地制下一家一戶農業耕作難以做到的。在古代封建經濟條件下，生產力的發展、生產規模的擴大，除了人口因素外，生產

〔註334〕《雲南古代各民族史略》初稿，第559～560頁。
〔註335〕檀萃輯，宋文熙校注：《滇海虞衡志》卷七，雲南人民出版社1990年版第153～154頁。
〔註336〕《明史》卷三百一十一《四川土司一》，中華書局1974年版第8004頁。

技術的提高和生產關係的變革也是重要因素。大量漢族人員進入，增加開發生產的勞動力，爲滇東北地區的大開發提供了必須的人力資源，更重要的是這些漢族人員，他們原本就是內地熟練掌握農耕技術的農民或擁有一技之長的工匠和各類專業人員，且大多來自社會經濟比較發達的地區，他們的到來，不僅帶來了內地比較先進的生產技術，而且改變了烏蒙、芒部、東川等處的經濟形態（處於農奴制經濟形態階段）。隨著漢族人民的不斷進入，內地的生產技術及先進經驗也隨之傳入，加上漢族在當地定居，與當地各民族相互依存、交流的影響，共同推動滇東北地區的發展，使滇東北地區的社會生產發展到了一個嶄新的階段。

2.興修水利工程

興修水利，實乃造福百姓、利益國家的大好事，明中央王朝和土司政權對農田水利建設甚爲重視。當時所修水利工程，可數的有沾益交水壩，曲靖西湖壩、馬龍仙人洞、陸涼壩子等。景泰《雲南圖經志》卷二曲靖府沾益州說：「交水壩，在州南一百七十里。其初，以土堰水，每歲隨決，宣德十年（1435 年）曲靖衛管屯千戶梅用，構木鑿石爲壩，其水利灌田百餘頃，軍民感之，號曰梅公壩。」〔註337〕正德《雲南志》卷九曲靖府說：「大壩，水出木容箐。洪武初指揮劉壁築壩，廝渠爲三，造閘以蓄泄水利，於是東南三鄉四堡之田，咸受灌溉。」〔註338〕萬曆《雲南通志》卷三曲靖府說：「西湖壩，在府城東北十里，洪武間鑿有壩閘，積水以灌田，軍民利之。」〔註339〕《馬龍州玄武觀記》載：「有仙人洞五龍潭，上下平田千頃，雲南前衛屯兵數百家居焉」，〔註340〕這是在馬龍州城西南四十五里中和山，軍屯開墾，引龍潭水灌溉。陸良壩子，「水田少，陸地多」，雖「岡阜曉壟，皆可墾熟」，原來卻只種甘苦蕎麥等旱地作物，收穫甚微。自洪武三十一年（1398 年）「沐春駐六涼，開建衛治，墾闢屯田」，〔註341〕大量荒地得到開墾，屯田周圍修築水利工程，形成了較完善的灌溉系統，乃始種稻麥。

水利工程建設基本上是在設置衛所屯田的地方興修，而烏蒙、芒部、東川三府無衛所屯田，各種史書無記載，同時也說明這三個地方的農業經濟還

〔註337〕李春龍校注：景泰《雲南圖經志書校注》卷二《曲靖府沾益州》，雲南民族出版社 2002 年版第 126 頁。
〔註338〕正德《雲南通志》卷九。
〔註339〕萬曆《雲南通志》卷三《地理志》。
〔註340〕雍正《馬龍州》卷十《藝文》，雍正刻本。
〔註341〕道光《陸涼州志》卷五《秩官》，雲南省社會科學院藏。

停留在封建農奴制階段。而曲靖府、尋甸府已進入封建地主經濟制階段。

3.交通初步打通

交通運輸業是一個重要的物質生產部門，爲了加強對少數民族地區的封建統治，各級封建統治者也比較注重發展滇東北地區的交通。「昭通居滇省之東北隅，全境南高北低，地勢傾斜，東控黔西，北制川南，西扼巴蠻，南衛滇疆。用兵攻守俱利，商旅則轉輸活潑。固滇東之鎖鑰，川黔之樞紐也。溯自漢代開疆，置朱提縣，隸蜀犍爲郡。是時，鳥道崎嶇。岩疆險阻，無交通之可言。唐末爲烏蠻竊據，歷宋、元、明三朝，雖曰歸附，叛服無常。祇以憑恃天險閉關自固，嚴禁交通爲能事。」〔註342〕說明自古及今，烏蒙地區的地理位置重要，是雲南通往內地的重要交通線之一，因當地土司的勢力強大，閉關自守。明洪武十五年（1382 年）二月癸丑，遣使敕諭水西、烏撒、烏蒙、東川、芒部、沾益諸酋長曰：「今遣人置郵驛通雲南，宜率土人隨其疆界遠邇，開築道路，其廣一丈，準古法，以六十里爲一驛。符至奉行。」〔註343〕主要有昆明達沾益經松林至貴州威寧道，昆明經羅平至貴州興義再南入廣西道，昆明經東川、昭通達四川筠連道。明代滇東北土司地區交通建設的發展，對該地區社會經濟的發展是起了一定的促進作用的，同時也使中央與地方之間減少了藩籬之隔，從而更加有利於中央王朝對滇東北地區的管理與控制，有利於封建國家的大一統。

三、土司統治區的教化

（一）興辦儒學促教化

在土司制度下，中央王朝出於鞏固封建統治的需要，採取各種措施推行漢文化教育，藉以「用夏變夷」，達到教化土司的目的，「教化行而馴服易，倫序明而爭端息」。「洪武以定天下，文教以化遠人」是明太祖朱元璋治理少數民族地區的思想。洪武十五年（1382 年），朱元璋詔諭普定知府：「當諭諸酋長，凡有子弟皆令入國學受業，使知君臣父子之道，禮樂教化之事，他日學成而歸，可以變其土俗同於中國，豈不美哉。」〔註344〕對於「據阻險深，與中土聲教隔離」〔註345〕的烏蒙、烏撒等地，明王朝也同樣推行這種同化教

〔註342〕《昭通志稿》卷一《方輿志交通》，載《昭通舊志彙編一》，雲南人民出版社
　　　　2006 年版第 124 頁。
〔註343〕《明實錄·太祖實錄》卷一百四十二，洪武十五年二月癸丑。
〔註344〕《明實錄·太祖實錄》卷一百五十，洪武十五年十一月甲戌。
〔註345〕《明史》卷三百一十一《四川土司一》，中華書局 1974 年版第 8002 頁。

育。洪武二十八年（1395 年）明太祖朱元璋就下旨：「邊夷土官皆世襲其職，鮮知禮義，治之則激，縱之則玩，不預教之，何由能化！其雲南四川邊夷土官，皆設儒學，選其子孫弟侄之俊秀者以教之，使之知君臣父子之義，而無悖禮爭鬥之事，亦安邊之道也。」〔註 346〕按照明太祖的指示，滇東北地區陸續建立起儒學，以教子民「無悖禮爭鬥之事，」對儒學教育進行嚴格的規定。

1.規定各土司地區「皆立儒學」

明朝封建統治者從傳統的「以夏變夷」思想出發，認為「教化行而馴服易，倫序明而爭端可息」，用「以夏變夷」的思想改變土司的意識形態，在土司統治地區推進漢文化教育。洪武二十八年（1395 年），「諭令四川、雲南邊夷土官、設儒學。」儒學在滇東北地區的推廣時間稍晚，「永樂元年（1403 年）建曲靖府儒學。經籍、雅樂、祭器皆備。」〔註 347〕永樂十五年（1417 年）七月庚午，「設四川烏撒軍民府及雲南二儒學。」〔註 348〕宣德八年（1433 年），「遣行人章聰、侯璡齎敕往諭，設烏蒙教授、訓導各一名。」〔註 349〕萬曆元年（1573 年），「鎮雄女土官隴安呈准，建府儒學於府城南。」〔註 350〕在土司統治區設立儒學，目的是「選取土民俊秀子弟入學讀書，庶使遠人通知禮義，亦得賢才備用」。明王朝利用儒學教化滇東北彝族土司的子弟，使他們瞭解封建國家的法規，認識封建王朝的威嚴，並逐步樹立君臣觀念。滇東北地區的土司，雖未參加科舉考試，但他們先後興建了魁星閣、文昌宮、萬壽宮、楚聖宮等教育基地和教育設施，造成一種學習中原文化的社會氛圍，以影響子孫後代和本地區的各個階層。

2.規定土司承襲務必讀書習禮

為了使土司盡忠職守，服從中央王朝的統治，明朝統治者十分重視對土司子弟的教化，將入學讀書習禮作為土司襲替的必備條件，要求土司遵照執行。規定：「土官應襲子弟，悉令入學，漸染風化，經格頑冥。如不入學者，

〔註 346〕《明實錄·太祖實錄》卷二百三十九，洪武二十八年六月壬申。
〔註 347〕古永繼點校：天啓《滇志》卷九《學校志曲靖府》，雲南人民出版社 1991 年版第 317 頁。
〔註 348〕《明太宗實錄》卷一百九十一，永樂十五年七月庚午。
〔註 349〕《昭通志稿》卷三《政典志學校》，載《昭通舊志彙編一》，雲南人民出版社 2006 年版第 152 頁。
〔註 350〕雲南省鎮雄縣志編纂委員會編纂：《鎮雄縣志》云南人民出版社 1987 年版第 386 頁。

不准承襲。」〔註351〕滇東北地區的土司積極響應，洪武二十三年（1390年），「雲南烏撒軍民府土官知府何能，遣其弟忽山及羅羅生二人入國子監讀書」。〔註352〕「雲南烏蒙、芒部二軍民府土官遣其子以作捕駒等入國子監讀書」。〔註353〕明王朝給予他們優厚的待遇，「各賜鈔錠」、「賜以衣鈔」，對他們進行嚴格的管理，以使其衣冠言行符合封建道德規範。

　　弘治五年（1492年），明王朝規定土官襲職後，先要學習禮儀三個月，然後方准「回任管事」〔註354〕。弘治十年（1497年）規定，「以后土官應襲子弟，悉令入學，漸染風化，以格頑冥。如不入學者，不准承襲」〔註355〕。嘉靖二十六年（1547年），「命歸順土官子孫照例送學，食廩讀書」。〔註356〕可見明王朝對土司子弟的讀書習禮是相當重視的。鑒於當時土司區建學有成效者少，明政府還規定，在未設儒學的土官府、州、縣，土官子弟就近到設有儒學的府縣儒學就讀。成化十七年（1481年），「令土官嫡子，許入附近儒學」〔註357〕。成化中規定，「土官子弟，許入附近儒學，無定額」〔註358〕。烏蒙府的生員往往到曲靖府去讀書。明王朝之所以這樣做，總的指導思想是要求土官子弟必須入學讀書，接受封建教育，做為土司的繼承人才儲備，為封建王朝的統治服務。很顯然，明朝統治者要求土司遣子弟入學當作制馭土司的一種手段。

3.制定科舉考試條規

　　明代對科舉考試相當重視。規定「科舉必由學校」〔註359〕，中央王朝為了鞏固和擴大對少數民族地區的封建統治，希望通過學校教育和科舉考試為其「用夏變夷」的民族同化政策服務。順應了土官要求將子弟送府州縣學和國子監讀書的願望，「雲南所屬各府州縣儒學生員，自洪武永樂年間開設以來，不分流土官衙門，一例選貢。自洪熙元年以後，始分土官衙門者選貢，流官衙門者歲貢，由此累年，多有考試不中，復往人難，今後宜照舊例，不

〔註351〕　《明史》卷三百一十《土司傳》，中華書局1974年版第7997頁。

〔註352〕　《明實錄‧太祖實錄》卷二百三，洪武二十三年七月戊申。

〔註353〕　《明實錄‧太祖實錄》卷二百四，洪武二十三年九月辛卯。

〔註354〕　《明會典》卷一百六，《土官襲替》，《四庫全書‧史部》。

〔註355〕　《明史》卷三百一十，《湖廣土司傳》，中華書局1974年版第7997頁。

〔註356〕　《續文獻通考》卷五十，《學校考》，《四庫全書‧史部》。

〔註357〕　（明）俞汝輯：《禮部志稿》卷二十四，《學校》，《四庫全書‧史部》。

〔註358〕　（明）俞汝輯：《禮部志稿》卷二十四，《儀制司職掌‧儒學》，《四庫全書‧史部》。

〔註359〕　《明史》卷六十九，《選舉志一》，中華書局1974年第1675頁。

分流土官衙門，仍舊一例選貢，不許更改」。〔註360〕同時也為土司子弟入學及其出貢制定了不少優待政策，如羅平州「儒學廩膳十八名增廣十八名，附學無定額，歲科兩考取充附童生八名，四年三貢。」〔註361〕對土司子弟入學和參加科舉考試的行為採取一定保護政策。弘治十三年（1500年），奏准「凡廣西、雲、貴、湖廣、四川等處，但有冒籍生員，食糧起貢及買到土人例，過所司起送公文，頂名赴吏部投考者，俱發口外為民，賣與者行移所在官司追贓問罪」〔註362〕。對於冒籍入學和參加科舉考試者，則予以嚴懲，決不寬容。如「萬曆四年（1576年）定廣西、四川、雲南等處，凡改土歸流，州縣及土官地方建學校者，令提學嚴查，果係土著之人方准考充附學，不許各處士民冒籍濫入。」〔註363〕有的地方考試還需找一擔保人，以確保不冒名頂替「文童之應試者，於縣試時即覓定廩生一人為保師，曰認保，又聯他廩生一人互保之，曰派保，並須具供甘結各書。查出例喪、替冒及娼優隸卒，除本童嚴懲外，並治認、派保以朦徇之罪。」〔註364〕明政府這種規定是正確的、及時的，在相當大的程度上保證了滇東北地區的科舉名額，使這些民族地區出現了不少人才。如曲靖府孫繼魯，明弘治十年生於沾益州松韶關，少年好學，善詩文詞，喜讀兵書。嘉靖二年中進士，授澧州知州，後提升國子監助教、戶部郎中、淮安知府等。著有《松山文集》、《習杜祠堂記》。

在長期的社會歷史發展過程中，土司為了維護其自身的世襲統治地位，便致力於給土司子弟及官族人員灌輸各種尊祖耀宗的思想，進行各種傳統教育，於是繼承了以儒學為主體的封建主義文化，並將其規範化。

（二）學校教育的發展與科舉考試

1.學校教育的發展

明代封建者崇尚文治，「建學崇師儒」，對官學教育極為重視，明初，朱元璋親令府、州、縣立學，並諭中書省臣曰：「朕惟治國以教化為先，教化以學校為本。……宜令郡縣皆立學校，延師儒，授生徒，講論聖道，使人日漸

〔註360〕《明實錄·英宗實錄》卷二百三十一，景泰四年七月甲子。
〔註361〕《羅平州志》卷二《學校志·考校》，康熙抄本。
〔註362〕《明會典》卷七十六，《禮部三十五》，《四庫全書·史部》。
〔註363〕乾隆《鎮雄州志》卷三《學校》，載《昭通舊志彙編四》，雲南人民出版社2006年版第998頁。
〔註364〕《綏江縣縣志》卷二學額，載《昭通舊志彙編三》，雲南人民出版社2006年版第896頁。

向化，以復先王之舊。」〔註365〕於是，「天下府、州、縣、衛所，皆建儒學，教官四千二百餘員，弟子無算，教養之法備矣」〔註366〕在封建統治者的重視下，滇東北土司區設立各種官學，本著「治國以教化爲先，教化以學校爲本」的原則，目的是「使某知君臣父子之義，而無悖理爭鬥之事，亦安邊之道」〔註367〕，認爲從家庭到社會對邊遠地區人民進行漢文化灌輸、教化，可以起到安家治國的作用。曲靖府儒學永樂元年建，沾益州儒學嘉靖二十八年（1549年）建，馬龍州儒學嘉靖二十一年（1542年）建，羅平州儒學萬曆十五年（1587年）建，平夷衛儒學正德九年（1514年）奏建，六涼衛儒學嘉靖二十一年（1542年）奏建。〔註368〕同時，中央王朝亦重視書院建設，並將其納入官學體系。

書院是我國古代一種特有的教育機構。作爲地方重要教育機構，對培養鄉村人才、振興鄉村教育，起到重要的作用。書院有大量的藏書、嚴密的組織管理和經費來源，保證書院的正常運行。書院的創辦者是政府官員，或學行兼優的鄉賢，由山長負責教學。書院的教育旨宗、教學科目及教育實施狀況與官學略同，均以培養人才爲目的，以四書五經爲主要內容，只是在教學安排上較府學、縣學靈活。書院的教育以學生自學爲主，爲了參加科舉，生員必須掌握八股文。因此，八股文成了各書院教學的主要內容。山長的水準不外乎四書、詩貼以及經文、律賦、策論之類，偶而也涉及經學、史學、文學等內容。書院以考課爲主要教育活動，制定了嚴格的考課制度。滇東北地區的書院始建於永樂元年（1403年），尋甸養正書院正德九年（1514年）建，萃華書院嘉靖六年（1527年）建，尋陽書院萬曆初建。〔註369〕曲靖府有靖陽書院、南寧書院、興古書院、通泉書院。

社學是中央王朝在府州縣及鄉鎮里社興辦的初等教育機構，其目的，主要在於以教輔政，鞏固對平民百姓的思想文化統治。因此，社學的教學內容主要是宣傳儒家倫理道德思想。兒童初入社學，先習《三字經》、《百家姓》、《千字文》等然後進一步學習經、史、曆、算等知識。明政府規定《御製大誥》及明朝律令爲社學學生的必學內容。此外，教師還須認眞講習明朝的冠、婚、喪、祭之禮，以使廣大民眾自幼就懂得綱常禮儀制度。爲了體現以教輔

〔註365〕《明史》卷六十九，《選舉志一》，中華書局1974年第1686頁。
〔註366〕《明史》卷六十九，《選舉志一》，中華書局1974年第1686頁。
〔註367〕《禮部志稿》卷一，《聖訓》，《四庫全書·史部》。
〔註368〕萬曆《雲南通志》卷八《學校》。
〔註369〕道光《尋甸州志》卷七《學校·書院》，道光八年刻本。

政的治國思想，朱元璋在洪武八年（1375 年）詔令全國創辦社學時，就強謂「延師以教民間子弟，兼讀部制大誥及本朝律令」，「民間幼童十五歲以下者送入讀書，講習冠、婚、喪、祭之禮」。〔註370〕洪武二十年（1387年），又下令獎勵社學中的優秀學生「令社學子弟讀浩律者，赴京，禮部較其所育多寡，次第給賞〔註371〕。」可見，統治者大力發展社學教育的目的，主要是爲了培養安分守己的「良善之民」，以維護明王朝在鄉村的專制統治。社學是封建地方政府興辦的對少年兒童進行啓蒙和初等教育的學校，主要設在農村，也有設在府、縣治所的。作爲實施官辦鄉村或城鎮啓蒙增長率和初等教育的社學，其課程一般是《詩經》、《四書》以及御製大誥和本朝律令等。滇東北土司區的社學有沾益社學二，陸涼社學，越州衛社學，馬龍社學，羅平社學，師宗州社學、尋陽社學、易龍社學等。

值得指出的是，封建統治者和土司政權在土司地區推行漢文化教育，其受教育的對象多是土司地區的上層分子，尤其是土司、土目及官族中人，至於廣大的土民，則備受土司壓制，很難有學習漢文化的機會。更有甚者，土司爲了維護其專制統治，往往採取愚民政策，千方百計限制土民讀書應考，不讓土民接受文化教育。因此土司地區的學校教育與科舉考試遠遠落後於流官統治地區。

綜觀滇東北地區的學校建設，在雲南屬於學校教育落後的地區，曲靖府及尋旬府的教育相比稍好一些，烏蒙、芒部、東川三地基本上沒有建立過書院社學等學校。故「滇在西南百蠻雜處素爲文教難通之域」。〔註372〕這一地區的土司桀驁不馴，經常發生戰爭，給明王朝的統治帶來了不少麻煩，明代的改土歸流在這一地區根本沒有辦法進行，即使像芒部已歸流，但是流官無法統治，只好恢復土官統治。

2.科舉考試的主要成就

由於中央王朝及地方官吏的重視，使得滇東北地區的科舉考試取得了一定的效果的。這一地區的各族人民，因掌握了一定的漢文化基礎而參與科舉考試並得以中式。

滇東北地區明代科舉舉考試取得的成績如下：

〔註370〕《明史》卷六十九《選舉志一》，中華書局 1974 年第 1690 頁。
〔註371〕《明史》卷六十九《選舉志一》，中華書局 1974 年第 1690 頁。
〔註372〕道光《尋旬州志》卷七《學校》，道光八年刻本。

府州名	舉人	進士	鄉舉	貢生
曲靖府	86	25		17
宣威	14	3		29
陸涼		2	7	
師宗				8
羅平	4			
平彝	7	4		24
馬龍	27	4		14
尋甸	8		17	7

資料來源：天啓《滇志》、康熙《平彝縣志》、《南寧縣志》、《陸涼州志》、《師宗州志》、《羅平縣志》、雍正《馬龍州志》、嘉靖《尋甸府志》等。

　　從上表可以看出，烏蒙、東川、芒部沒有一個人取得科舉考試的名額，由於這三府的教育相對落後，中央王朝雖然要求土司子弟入學學習漢文化才能襲職，但土司子弟學習平平，沒有取得大的成就。且三府都沒有正規的學校，只有一些魁星閣、萬壽宮等非正式教育基地，只是學習封建禮儀，與科舉考試內容相差甚遠。

　　明代統治者在滇東北少數民族地區開科取士，在客觀上有著一定的積極作用和影響。第一、在少數民族地區開科取士，推動了這一地區教育的發展，提高了滇東北地區的漢文化水準，也有利於社會風氣的改善。明代統治者在滇東北地區設立科舉考試的用意是使其人民「相勸於學」，用科舉功名來引導他們埋頭學習，以此來消除他們的反抗思想，服從於封建土朝的統治。客觀上，科舉考試在滇東北地區的推行，推動當地文化教育發展。如曲靖府、尋甸府在開設學校，置科取士後，到萬曆年間，民間的文化水準和社會風氣有了較大改變，「衣冠禮法，言語習尚，大率類建業。二百年來，薰陶漸染，彬彬文質，與中州同埒矣」。〔註373〕馬龍州「所居彝漢雜處，漢人繫馬龍所軍籍，皆中州人，其土著者有僰一種，衣冠飲食亦與漢人同焉，亦喜讀書，出身仕宦，代不乏人」。〔註374〕

　　第二、在少數民族地區開科取士，有利於少數民族文化人才的培養。明代統治者在少數民族地區開科取士，在某種程度上說，的確起到了「得經明

〔註373〕（明）謝肇淛：《滇略》卷四《俗略》。
〔註374〕雍正《馬龍州志》卷三《風俗》，雍正刻本。

行修文質相稱之士」的作用。如徐瀚，郡戶侯，樂善好施，並建義倉，捐穀千石預備貧民借種之計，遇荒散賑多所全活，建文明坊，買學田立義冢。造津梁，善行多端。〔註375〕封建社會中的科舉人才，雖然有華而不實，空有其名的弊病，但從某種角度分析，一個地區科舉人才的多少，反映了這一地區文化教育水準的高低。明代統治者在滇東北地區開科取士後，這一地區科舉人才的增多，在某種程度上說明這一地區文化教育水準的提高，以及漢族與其他各少數民族文化交流的加強。

第三、在滇東北地區開科取士，為當地土司和平民提供了一條入仕當官的途徑。如張璁，平彝衛人，成化己丑進士，授南刑部主事，歷員外郎中以明允著遷重慶知府，遇事迎刃而解，郡中翕然大治，丁外艱復補，重慶治績卓異。弘治初南贛閩廣彝寇為亂，擢江南兵備副使，既至繕城池積糧糒練士卒，修器械，設險隘防禦建七縣城堡，人皆稱便，偶與當事論，不合拂衣新行，於是盜復起，江西巡撫鄧廷瓚疏奏，南康城新學校盜，聞風解散，尋以疾辭官。璁剛直不阿，盤錯立斷，墨吏斂手比歸穀中無餘資。又如唐時英，平彝衛人，嘉靖己丑進士，授平職令，問民疾苦，知賦稅不均，遂銳意履畝清丈，凡六閱月得其平。又疏陂塘與水利，會明年大旱，民得以濟，升戶部主事，歷員外郎。〔註376〕又如羅平州周嘉誥，明萬曆間任蜀馬湖府推官，剿烏廷霄有功，升廣西思明府，未就任道卒，博學多才，長於賦詩，當時考語有四知峻節，八面長才之譽，今蜀人猶稱其德。又如李高明，崇禎間任浙江嚴州府通判，繼升平府同知，所在多惠政，後以老致仕歸，惟兩袖清風而已，丁亥，流寇入滇，陷羅平，大肆屠戮，高率其家丁壯擊，賊度力不支，觸城而殆，亦疾風之勁草板蕩之忠臣也。又如楊開泰，萬曆間任湖廣武昌知縣，清正愛民，縣之利弊興革者十數，事後致仕歸郡。〔註377〕

總之，明代是滇東北地區政治、經濟、文化得以發展的重要時期。各級地方官吏能夠遵照明政府「撫綏得人，恩威兼濟的」的指導思想，把「附輯諸蠻」、「教化為先」作為治理滇東北的重要內容。但是政治、經濟的發展依靠各族人民文化素質的提高，這一切都得益於明代在滇東北地區開展的文化教育。首先，明朝統治者為了強化中央集權統治，培養為統治階級「奔走惟

〔註375〕道光《陸涼州志》卷七《鄉賢》，雲南省社會科學院藏。
〔註376〕康熙《平彝縣志》卷八《人物志‧鄉賢》，1959年南京古舊書店謄印。
〔註377〕康熙《羅平州志》卷二《人物志‧鄉賢》，康熙抄本。

命」的接班人，重點加強各族人民的封建文化教育。在曲靖府、尋甸府取得了明顯的效果。其次，提高了滇東北地區各族人民的整體文化素質，為滇東北的進一步開發提供了較為良好的人力資源。教育，從根本上說是開發人力資源的主要手段，是培養和生產人的勞動能力的手段。在君主專制統治下的明朝，統治者在滇東北地區發展學校教育的目的當然是為了「化民成俗」，鞏固專制主義的中央集權，但在客觀上卻打破了滇東北地區學校教育長期滯後的歷史局面，為開發滇東北的人力資源創造了有利條件。學校教育的發展不僅提高了滇東北各族人民的整體文化素質，而且打破了滇東北地區的封閉和落後，滇東北少數民族逐漸改變了刀耕火種的生產方式，開始採用中原的牛耕技術。而生產和生活方式的改變，在一定程度上提高了各族人民的生活品質。再次，推動了滇東北地區的民族融合，為滇東北的政治穩定和經濟發展創造了良好的社會條件。學校教育的發展，使儒學文化以更強勁的勢頭衝擊著滇東北地區社會的各個階層，改變著滇東北地區各族人民的思想觀念，讀書——趕考——做官逐漸成為各族青年的價值取向和理想追求。由於科舉制度是中央王朝運用全國統一的語言文字和統一的考試內容公開考政府官員，其平民性特徵和公平競爭，量才錄用原則使滇東北各族人民真正感受到「學而優則仕」的儒學理念在實際生活中的體現。追求知識可以改善生活水準，提高生活品質，大大提高了人們勤奮學習儒家文化的積極性。當滇東北各族人運用統一的語言文字和考試內容去參加科舉選拔時，儒學文化就已經濟潛移默化於他們的社會生活和價值追求中。第四，促進了滇東北傳統文化的發展和創新。在我國多民族國家，無論是主體民族還是少數民族，都有獨特的傳統文化，也都有相互借鑒與吸收的文化內容，同時也都有接納與吸收外來傳統優秀文化的內在動力。隨著各民族自我文化傳遞和各民族間文化的相互交往，明代滇東北地區教育逐步向多元一統方向發展。正如清初詩人吳中藩所言：「有明成化以降，重熙累洽，聲教極於無外。士大夫家有其學，人自得其師。齔未脫，已談聲律。膝頭飲酒，屬對賦詩，以相娛樂。」〔註378〕儒學文化通過學校教育與滇東北地區本土文化相互接觸、相互碰撞、日益交融，並作用於滇東北傳統文化和各個層面。滇東北各民族人民不僅正在「變其土俗」、「同於中國」，而且在全新的文化背景下，滇東北地區各民族的傳統文化

〔註378〕吳中藩：《雪鴻堂詩選序》。

經過各族人民的重新整合與勤奮推進，在更高階段上獲得了發展和創新，逐步形成了滇東北色彩斑斕、多元一統的民族文化新格局。

第四節　滇東北彝族土司區的民族關係

　　明代是滇東北彝族土司發展的重要時期。隨著土司勢力的不斷發展及中央王朝治理方式的調整，各種矛盾也隨之暴露出來。除了土司與中央王朝之間的矛盾鬥爭外，各土司之間和土司官族內部的矛盾和鬥爭也相當尖銳和複雜，這些矛盾往往又是相互交織在一起的。所有這些，表明滇東北土司地區存在著相當多的不穩定因素。

一、諸土司內部的關係

　　土司內部的矛盾和鬥爭大抵源於爭權奪利，其主要是圍繞土官職位的襲替而表現出來。由於土司官族內部爭奪襲位的鬥爭，使得外部勢力往往乘機而入，導致土司內部爭權奪利的鬥爭最終演變成一場土司族人之間、土司之間乃至與土司與外裔之間爭襲、爭地的複雜的多元關係。

（一）芒部土司爭襲

　　正德十五年（1519 年），芒部土舍隴壽與其庶弟隴政、其嫂支祿因爭襲發生仇殺。嘉靖元年（1522 年），朝廷以嫡故，命隴壽襲職。隴政、支祿佯裝聽撫，暗中勾結烏撒土舍安定仇殺如故，並糾集其黨羽阿核等「剽掠畢節等處，殺傷官軍，毀官民房屋甚眾，」〔註379〕給周圍各族帶來災難。為穩定局勢，明王朝被迫調集重兵，「屯截要地，防賊奔逸」。〔註380〕嘉靖四年（1525 年）隴政使人誘殺隴壽，並奪其印，竄逃烏撒等地。明軍最後在水西擒獲隴政，奪回印信，「前後斬獲六百七十四級，生擒一百六十七人，招撫白馬石等四十九寨」。〔註381〕嘉靖五年（1526 年），明朝以芒部本屬已盡，改芒部軍民府為鎮雄府，設流官知府統之。其所屬夷良、毋響、落角利之地分設懷德、歸化、威信、安靜四長官司，由隴氏疏屬阿濟、白壽、祖保、阿萬四人為長官統之。中央王朝採取「分而治之」的策略才平息了芒部的爭襲之戰。

〔註379〕《明實錄·世宗實錄》卷四十，嘉靖三年六月甲辰。
〔註380〕《明實錄·世宗實錄》卷四十，嘉靖三年六月甲辰。
〔註381〕《明實錄·世宗實錄》卷五十三，嘉靖四年七月己未。

（二）東川阿堂之亂

嘉靖三十九年（1560 年），阿堂之父阿得革營長欲乘東川土知府祿慶去世、其子祿位尙幼之機謀奪知府大權。因未能如願，便懷恨在心，「綴火焚府治，走武定州，爲土官所殺。」〔註382〕阿堂乘機奪取了東川府土知府印。祿氏姻親貴州宣慰使安萬銓、沾益州土官安九鼎出面干預此事，與阿堂兵戎相攻。阿堂帶兵攻入羅雄州時，安九鼎、祿位與羅雄土官者睿等上書訟阿堂罪，雲貴川三省撫按會省，以隊堂「獻所劫府印並沾益、羅雄人口、牲畜及侵地，」〔註383〕了結此事。此後，祿位及其弟相繼去世，東川土知府後繼無人，阿堂「復以幼子詭名祿哲以報，占府印不發，復與九鼎治兵相尋益急」。〔註384〕四十年（1561 年）阿堂爲營長者阿易所殺，安萬銓無視中央王朝的存在，「取東川府印藏之；以府經歷印畀故土知府祿位妻寧著，令署其政；以照磨印畀羅雄土官者睿；以寧者女妻者睿子，」〔註385〕通過聯姻方式建立起他們的關係網。爲了加強防禦，安萬銓「仍留水西兵三千於東川，爲寧著防衛」。〔註386〕阿堂之亂發生不久，嘉靖四十一年（1562 年），烏撒又發生安效良與安雲翔之爭。經官府調停，「以傚良爲雲龍（前土知府）親侄，雲翔乃其堂弟，親疏判然，效良自當立。」〔註387〕

滇東北土司內部關係的特點：一是錯綜複雜性。如東川之亂，土舍阿得革爲達到襲職的目的，勾結各方力量進行爭奪，與土司祿位兵戎相見，干戈不止。二是嚴重的危害性。芒部土司之爭，「前後斬獲六百七十四級，生擒一百六十七人，招撫白馬石等四十九寨」，使社會局勢動盪不安，使廣大人民群眾死傷無數，流離失所，這嚴重地破壞了社會生產力，阻礙了社會經濟的發展。

二、與相鄰土司之間的關係

（一）沾益、烏撒二土司之爭襲

雲南沾益州與四川烏撒軍民府雖各屬滇、川兩省管轄，但實爲一家。明初，女土官實卜與其夫弟阿哥歸順，朝廷授實卜爲烏撒土知府、阿哥爲沾益

〔註382〕《明實錄・世宗實錄》卷四百八十四，嘉靖三十九年五月甲戌。

〔註383〕《明史》卷三百一十一《四川土司一》，中華書局 1974 年版第 8009 頁。

〔註384〕《明實錄・世宗實錄》卷四百八十四，嘉靖三十九年五月甲戌。

〔註385〕梁曉強校注：《東川府志》卷十四《秩官土官祿氏世職》，雲南人民出版社 2006 年版第 309 頁。

〔註386〕《明史》卷三百一十一《四川土司一》，中華書局 1974 年版第 8010 頁。

〔註387〕《明史》卷三百一十一《四川土司一》，中華書局 1974 年版第 8012 頁。

土知州。「其後彼絕此繼，通爲一家」〔註388〕。萬曆元年（1573年），沾益女土官安素儀無嗣，奏請朝廷以烏撒土知府祿墨次子安紹慶襲沾益州土知州職。後來祿墨與長子安雲龍及兩孫相繼去世，安紹慶奏請以次子安效良歸宗，襲烏撒土知府。安雲龍之妻隴氏不甘心將土府職位拱手相讓，挾娘家鎮雄府兵力與安紹慶爲敵。安紹慶亦倚沾益兵力與隴氏爲敵，彼此仇殺，長達十四年之久。三十八年（1610年），安雲龍的堂弟安雲翔又上奏安效良「不可立者數事」。四十一年（1613年），朝廷裁決，「以傚良爲雲龍親侄，雲翔乃其堂弟，親疏判然」，立安效良爲烏撒土知府。〔註389〕爭襲之事暫時至此。

天啓二年（1622年）永寧土司奢崇明、水西土司安邦彥反明，安效良糾結東川土官祿阿伽起兵回應。與安邦彥等合力陷畢節，破安順，圍貴陽，攻曲靖、尋甸，破沾益、羅平、馬龍、陸涼、嵩明、富民等地，給明軍造成強大壓力。〔註390〕五年（1625年）明軍出奇兵破沾益，殺死安效良。安效良死後，其妻安氏與其妾設白及庶子其爵、其祿爭烏撒土知府職。其爵母子獲得官府的支持，崇禎元年（1628年）四川巡撫差官李友芝令其爵管理烏撒。安氏遂與沾益土官安邊成婚，倚沾益兵力與明軍及其爵等對抗。二年，擊敗安氏、安邊之後，其爵署烏撒知府，其祿署沾益知州，烏撒、沾益方得平息。

（二）芒部、烏撒土司作亂

芒部改土歸流後，與之相鄰的烏蒙、烏撒、東川等地的土官心懷不安，「以貴州諸苗爲叛亂，恐滋蔓鄰近，宜戒嚴防守，毋聽誘惑，倘來逼犯，便當剿殺。」〔註391〕烏撒土司效良叛，東川助之。朝廷令大軍進剿，而御史楊彝則言：「芒部改土易流非長策」。〔註392〕四川巡撫唐鳳儀不僅反對改土歸流，而且呈請「如宣德中復安南故事，俯順輿情」，復流爲土，認爲這樣才能「不假兵而禍源自塞」。〔註393〕明朝廷針對芒部改流事，詳細論述了「流官不可設」的三條理由。其中談到，芒部「百餘年來爲我輸租稅矣，爲我應站驛矣，爲

〔註388〕《明史》卷三百一十一《四川土司一》，中華書局1974年版第8011頁。

〔註389〕《明史》卷三百一十一《四川土司一》，中華書局1974年版第8012頁。

〔註390〕《明實錄·熹宗實錄》卷三十一，天啓三年二月甲戌。

〔註391〕《烏蒙紀年》卷三，載《昭通舊志彙編六》，雲南人民出版社2006年版第1829頁。

〔註392〕《明經世文編》卷一百一十九，楊一清：《條處雲南土夷疏》。

〔註393〕《明史》卷三百一十一《四川土司一》，中華書局1974年版第8008頁。

我來朝貢矣。不流固爲我之服屬」，而且認爲「設流官必建城池，有城池必探軍守，有軍守必須糧食，此事勢必然而不可易者也，」流官之設「既非拓土開疆之功，實爲勞民費財之舉」。〔註394〕到了明後期，朝政腐敗，武備廢弛，加上黨爭的日趨激化，遼東戰局的日益緊張，特別是明末農民起義爆發後，統治階級已是自顧不暇。儘管「諸土司皆桀驁難制」〔註395〕土司制度的弊端已完全暴露，而明下政府也已無能爲力了。崇禎二年（1629年），川滇大亂，「烏撒失、沾益危，而全滇動搖，非但震鄰，實乃切膚」，面對這種狀況，「廟堂之上方急流寇，不復問云」。〔註396〕中央王朝無暇顧及芒部、烏撒土司的叛亂，任其發展。

（三）東川土司與鄰境土司的糾紛

東川地理位置特殊，《明史·四川土司傳》載：「巡按鄧漾疏稱：『蜀之東川，逼處武定、尋甸諸郡，只隔一嶺，出殁無時，朝發夕至，其酋長祿壽、祿哲兄弟，殘忍無親，日尋干戈。其部落以劫爲生，不事耕作。蜀轄遼遠，法紀易疏。滇以非我屬內，號令不行。以是驕慣成習，目無漢法。今推改敕滇撫，兼制東川。』因條三利以進，詔從之。」〔註397〕東川地理位置決定了其土司爲非作歹，經常發動叛亂或越境搶奪鄰境地的財產。東川與鄰近地發生糾紛的次數記載有：隆慶六年（1572年），東川營長阿科等從武定土酋阿倫叛，攻曲靖、尋甸諸府，討平之。《滇考》載：「武定阿倫，潛奔四川會理州，招集亡命，誘索林與講好，殺其總管鄭雄等七十人。出富民、羅次界抄掠。又分遣東川營長阿科等兵攻曲靖、尋甸諸府。」〔註398〕《滇雲歷年傳》載：「沾益土婦設科、土目補鮓、李賢，武定夷目張世臣等叛，糾東川酋祿千鍾入寇。巡撫沈儆介經便宜起用原任參將袁善、李思忠，提兵分剿，大破賊眾。設科攻嵩，忽暴雷擊死。東川二賊遂焚劫陸涼。知州俊義戰敗，死之。」〔註399〕萬曆二十二年（1594年）夏，建昌衛土官另娶烏蒙土官知府女祿氏。貴州宣慰司土婦官氏，爲爭婚搶奪烏蒙祿氏奩財，並且掠奪烏蒙境

〔註394〕《明經世文編》卷一百四十九，王廷相：《與胡靜庵論芒部改流革土書》。
〔註395〕《明史》卷三百一十一《四川土司一》，中華書局1974年版第8013頁。
〔註396〕《明史》卷三百一十一《四川土司一》，中華書局1974年版第8015頁。
〔註397〕《明史》卷三百一十一《四川土司》，中華書局1974年版第8011頁。
〔註398〕馮甦：《滇考》，《武尋諸府改流官始末》。
〔註399〕倪蛻輯，李埏校點：《滇雲歷年傳》卷八，雲南大學出版社1992年版第376頁。

內十餘家為奴隸，導致烏蒙土官祿承爵過金沙江仇殺，進行冤家械鬥。「東川、芒部諸夷，種類皆出於羅羅，厥後子姓蕃衍，各立疆場，乃異其名曰東川、烏撒、烏蒙、祿肇、水西，無事則互起爭端，有事則相為救援。」〔註400〕《明史‧土司傳》載：「萬曆三十五年（1607年），繼祖姪阿克，久徙金沙江外，賊黨鄭舉等誘阿克作亂。陰結會川諸蠻，直陷武定，大肆劫掠，連破元謀、羅次諸城。」〔註401〕《雲南通志》載：「萬曆三十六年（1608年）正月，左布政使彭應時、參政楊俊臣、副使陳洵、都司范繼斌等，率兵分剿阿克、鄭舉。是月賊破。祿豐知縣蘇蘿陽死之。六月，諸路合兵剿賊，阿克等奔東川，官兵厭其境，土司祿哲縛阿克、鄭舉獻軍前。左布政彭應時復擒其黨鄭文、鄭宗舜。」〔註402〕

萬曆年間又爆發了永寧土司奢崇明和水西土司安邦彥領導的大規模反明戰爭，烏撒土舍安效良與之呼應，攻羅平，進沾益，東川土司祿千鍾和沾益土司進攻嵩明。戰亂雖然最終被平息下去了，但明王朝的統治力量遭到嚴重削弱，再也無力過問土司間的爭殺，使土司與中央王朝的臣屬關係名存實亡，實際上已成為割據一方的土皇帝。

（四）烏蒙、烏撒之間的爭地

土司對土地的佔有是其勢力大小的表現之一，相鄰土司之間在某一時期為了爭奪土地，禍亂一方。宣德七年（1432年），兵部右侍郎王驥言：「四川烏蒙、烏撒二府土官互侵土地，不服三司辦理，宜選能幹官二人往會巡按御史三司，各委官同詣其地，諭以禍福，令各還侵地，以安夷民。如仍不服，具奏處置若罔聞。」〔註403〕針對這一地區的特殊性明中央王朝不敢貌然行事，令地方官查明，拿出解決方案，使雙方都能接受。宣德八年（1433年）七月，四川都司掌司事都督徐甫等奏：「比以烏撒、烏蒙二府知府祿昭、祿尼等爭地仇殺，蒙遣行人章聰、侯進奉敕與巡按御史李實及三司官往諭之，皆悅服。蓋所爭者初本烏蒙之地，為烏撒所據，今烏蒙耆老，念其世親，以所爭地十之三讓烏撒。治溝為界，永息爭訟。」〔註404〕

〔註400〕《明史》卷三百一十一《四川土司一》，中華書局1974年版第8004頁。
〔註401〕《明史》卷三百一十四《雲南土司二》，中華書局1974年版第8097頁。
〔註402〕道光《雲南通志》卷十六《師旅考》。
〔註403〕《明實錄‧宣宗實錄》卷九十七，宣德七年十二月壬寅。
〔註404〕《明實錄‧宣宗實錄》卷一百三，宣德八年六月丙午。

（五）中央王朝對土司間紛爭的回應

土司之間的爭襲構釁，連年內戰，導致了滇東北地區社會局勢的動盪不安，嚴重地破壞了社會生產的發展，給人民群眾帶來了深重的災難。土司內部爭權奪利的鬥爭，不僅給滇東北地區的社會發展造成了嚴重的破壞性影響，同時也給中央王朝在這一地區的統治構成了嚴重威脅。爲了進一步強化對土司的管理與控制，中央王朝不得不採取剿撫兼施的兩手策略，對土司內部的矛盾和鬥爭進行處置。統治者往往在平定土司內戰之後，趁機消弱或廢除土司，實行改土歸流。改土歸流儼然成爲中央王朝解決土司與土司之間及土司內部的矛盾和鬥爭的一種重要手段。

三、滇東北地區各土司間的婚姻關係

明代滇東北地區的諸土司爲了鞏固勢力，擴大影響，保存和提高自己的統治地位，相互間較多的採取了聯姻、結盟等手段和策略。如嘉靖七年（1528年）尋甸土舍安銓構亂，因沾益土知州與尋甸軍民府安氏世代通婚，沾益土官安慰死後還未襲替，土民未受約束，朝廷爲防止沾益陰助安銓，督促鎮巡官及早保勘襲替。據《世宗實錄》記載：「省城迤東如沾益州土官安慰一族，貴州、鎮雄、四川等府地方要害，且與安銓連姻，今安慰已死未襲，提督官至曲靖即宜召其酋長量加賞勞，令所司早爲保勘襲替，使可統攝土人，仍戒諭不許通賊，指引自取罪責。」〔註405〕也有因姻親關係而導致紛爭的不斷，如水西與芒部：《天下郡國利病書》載：「宏（應爲弘）治間，（芒部）土官隴恩先娶水西女沖中，生子曰慶與壽。……及後奢氏耄，而來龍妻祿氏再贅水西安堯臣，盤踞其地，印爲攜去，隴不絕如線。」〔註406〕隴慰爲弘治年間芒部軍民府土官，先娶水西女沖中，生隴慶和隴壽，繼而又娶烏撒女沖叔，生子隴政。正德末年，隴慰死，隴壽與庶弟隴政、嫂支祿爲爭襲土司，相互殘殺。在爭鬥中，隴政誘殺隴壽，繼而隴政又被明政府殺害，便以隴氏「本蜀親支已盡，無人承襲爲由」而改流。

烏撒與沾益係同宗，往往此絕彼嗣。萬曆後期，烏撒土知府雲龍與兩孫俱死，沾益州土知州安紹慶奏以次子安效良歸宗襲烏撒土知府，雲龍妻堅決

〔註405〕《明實錄・世宗實錄》卷八十六，嘉靖七年三月戊戌。

〔註406〕（清）顧炎武：《天下郡國利病書》卷六十九《四川五・鎮雄軍民府》，光緒己卯蜀南桐華書屋校刊本。

不從，認爲雲龍雖死，但尚有遺孤，因此借母家兵力與紹慶爲敵，而紹慶亦以隴氏所出係假子，倚沾益兵力與隴氏爲難，彼此仇殺，流毒一方。《天下郡國利病書·曲靖府》載「沾益州土官安舉宗，在元爲曲靖宣慰司，其後有祿哲。天兵平南，哲妻實卜與夫弟阿哥歸附。卜授烏撒府知府，哥授霑益土知州。傳至安九鼎世絕，妻安素儀典州事，因以烏撒安紹慶繼，實祿哲七世孫祿墨次子、烏撒酋安雲龍弟，此霑益絕而烏撒繼也。其後雲龍爲烏人安國正所殺，復以紹慶次子效良爲烏撒府知府，此烏撒絕而霑益繼也」〔註407〕；《明史·四川土司傳》載「安氏（效良妻）懼，謀迎沾益土官安邊爲婚，授之烏撒以拒其爵。安邊亦欲偶安氏以拒其爵，以崔糧爲名至建昌，安氏遂迎邊至鹽倉成婚」〔註408〕。沾益與烏撒原爲同宗，世代聯姻。因此，滇東北土司之間聯姻更多的是政治的需要，無事則起爭端，有事則互相團結。

四、滇東北地區各民族之間的關係

（一）滇東北地區的民族分布

明代滇東北地區的民族眾多，有倮倮（羅羅）、僰人、仲家（布依族）、苗、漢等民族。如烏蒙府「民有三種：郡志夷民有三種：曰羅羅、曰土獠、曰夷人。擊齒乃娶。男子十四五歲，擊去左右二齒乃娶。去帽爲禮，夷人土獠種類不一，出入佩刀，以隨相見去帽爲禮。」〔註409〕尋甸府「民類有四曰黑爨、曰白爨、曰僰、曰色目，皆束髮於頂，戴黑氈笠，見尊長以笠，撲背露頂爲禮，多居山林，刀耕火種，以畜牧爲生。」〔註410〕東川府「夷人有二種：其一曰僰人，椎髻披氈戴氈笠，用氈裹其脛躡皮履好貿易爲業。性勁而悍，其一曰羅羅，即爨蠻也，性勁而悍，摘髻束髮於頂，覆以白布尖巾，衣氈履革。」〔註411〕「黑玀玀在曲靖者，居深山，雖高岡磽隴，亦力耕之，種甜、苦二蕎自贍。善牽馬，牧養蕃息。」〔註412〕反映了這區域的民族種類繁多，農業生產不甚發達，大部分居住在山區或半山區，其生活習俗各異。鎮

〔註407〕（清）顧炎武《天下郡國利病書》卷一百九《雲南三·曲靖府》，光緒己卯蜀南桐華書屋校刊本。

〔註408〕《明史》卷三百一十一《四川土司傳一》，中華書局 1974 年第 8014 頁。

〔註409〕《明一統志》卷七十二，《四庫全書·史部》。

〔註410〕《明一統志》卷八十七，《四庫全書·史部》。

〔註411〕《明一統志》卷七十二，《四庫全書·史部》。

〔註412〕古永繼點校：天啓《滇志》卷三十《羈縻志種人》，雲南教育出版社 1991 年版第 995 頁。

雄府男耕稼婦絕粉黛，子日薄西山貿易。府西南有鼠街，夷人每遇子日相聚
於此貿易。〔註413〕東川府俗尚戰爭，居多板覆，烏蠻富強，白蠻貧弱，尚戰
爭，類吐蕃，居多板屋，貿易爲業。〔註414〕曲靖府風俗椎髻皮服。力耕好訟，
元志野無荒閒，人皆力耕，地富饒，好囂，懷戰爭，少廉恥。〔註415〕

　　這些民族大多交錯雜居，受滇東北彝族土司的統治，土司憑藉中央王朝
賦予的政治特權肆意壓迫、剝削土民，土民佃種土司的耕地，被牢牢地束縛
在土地上，依附於土司，受土司剝削。明朝中後期，土司之間的矛盾鬥爭逐
漸激烈，土司的殘酷統治、爭襲和仇殺，對社會造成嚴重危害，對人民的生
命財產造成嚴重威脅，滇東北地區各族人民紛紛起來進行反抗。

（二）滇東北地區各民族的反抗鬥爭

　　土司是政治壓迫和經濟剝削相結合的統一體。在滇東北地區，土民不僅
受到繁重的經濟剝削，而且受到殘酷的政治壓迫。土民耕種的土地完全屬於
土司所有，土民被牢牢地束縛在土地上，承受著土司對他們的種種剝削，毫
無人身自由可言。按規定，土司無俸祿，土司所有的財政支出及生活消費都
來於對土民剝削，他們並不限於規定的數字，而是隨意向土民苛派榨取，特
別是朝貢一項，只要是土司想徵收的，土民便無條件的進呈給土司，這就進
一步加重了土民的負擔。在政治權力方面，土司與土民之間，等級極爲森嚴。
土司是名副其實的專制土皇帝，對土民操有生殺予奪之權。各族人民受土司殘
酷的政治壓迫和經濟剝削之苦，過著十分悲慘的生活。使土民與封建朝廷及土
司之間的矛盾日益尖銳化，導致滇東北地區各族人民的反抗鬥爭時有發生，其
矛頭直指封建王朝的專制制度以及土司的罪惡統治。只是在狹隘的民族意識和
宗族血緣關係的陰影籠罩下，土民直接起而反抗土司的鬥爭比較少見，往往是
與反對中央王朝統治的鬥爭交織在一起，而且在明朝和土司的共同剿殺下，反
抗鬥爭最終歸於失敗。

　　有明一代在滇東北地區發生的民族起義主要有：洪武二十一年（1388年）
六月，東川羅羅叛亂，明太祖命傅友德爲征南將軍，沐英、陳桓爲左右將軍，
曹震、葉升爲左右參將，統領步騎各路兵馬前往討伐。八月，沐英派都督寧
正率傅友德征討東川。

〔註413〕《明一統志》卷七十，《四庫全書・史部》。
〔註414〕《明一統志》卷七十二，《四庫全書・史部》。
〔註415〕《明一統志》卷八十七，《四庫全書・史部》。

「天順元年（1457 年）鎮守四川中官陳清等奏：芒部所轄白江蠻賊千餘作亂，攻圍筠連縣治，敕御史項懌會鎮巡官捕之。」〔註416〕

正德十五年（1519 年），芒部土舍隴壽與其庶弟隴政、其嫂支祿爭襲追仇殺，廣大土民深受其害。芒部僰蠻阿又磙、者唾、者鳩等不堪忍受土司之間仇殺帶來的災難，起而反抗。反抗遭到明王朝和土司的聯合鎮壓，「貴州參政傅習、都指揮許紹，督永寧宣撫同女土官奢爵等，討擒阿又磙等四十三人，斬一百十九級，事乃定」。〔註417〕

正德十六年（1520 年）四川流民謝文禮、謝文義聚集僰人在芒部白水江發動反對土司統治的鬥爭。明王朝派「巡撫都御史盛應期、總兵吳坤率指揮何卿等，並烏蒙、芒部土兵討之」。白水江漢僰人民的鬥爭再次在中央王朝與土司的聯合鎮壓下失敗。

嘉靖六年（1527 年），流官知府程洸「募民占種夷田」〔註418〕，侵佔了原有土官土目的利益，引起了激烈的反抗。隴壽部下沙保等擁隴壽私生子隴勝〔註419〕，欲謀復隴氏，糾眾攻陷鎮雄城，驅逐程洸，奪取流官印信。明王朝令川貴兩省合力會剿，敗沙保，仍設流官如舊。然而，芒部改流引起烏撒、烏蒙、東川土官的驚恐和懷疑，與芒部唇齒相連、世戚親厚的烏撒、烏蒙、東川等地也惟恐波及自身的統治地位，因而「自芒部改流，諸部內懷不安，以是反者數起」。嘉靖七年（1528 年）「芒部、烏撒、毋響苗蠻隴革等復起，攻劫畢節屯堡，殺掠士民，紛紛見告」，沙保之子普雄也乘機聯合烏撒、毋響、陸肇、水西夷民，「攻劫畢節，並索鎮雄府土官印」。川、貴諸軍會討芒部沙保之亂，數年無功，反呈愈演愈烈之勢。

天啓二年（1622 年），祿千鍾、祿阿伽與沾益、武定土賊反。陷亦佐、平彝、沾益諸城官兵討平之。〔註420〕

天啓三年（1623 年）正月，羅平彝族阿九率眾起義，三次圍攻羅平州城，一次圍攻師宗州城。「羅平各夷之亂也，由有司橫征無度，歲額之外，溢千三百餘金，而歇戶諸色，橫索尤甚，民不堪命，亂所從來矣！勒石除苛政七十

〔註416〕《明史》卷三百一十一《四川土司傳一》，中華書局 1974 年版第 8006 頁。
〔註417〕《明史》卷三百一十一《四川土司傳一》，中華書局 1974 年版第 8006 頁。
〔註418〕曹學佺：《蜀中廣記》卷三十六，《四庫全書·史部》。
〔註419〕《明實錄·世宗實錄》卷一百一十二，嘉靖九年四月乙丑。
〔註420〕《巧家縣志稿》卷一《大事記》，載《昭通舊志彙編二》，雲南人民出版社 2006 年版第 545 頁。

二款，夷漢相慶」。〔註421〕這時巡撫閔洪學廢除羅平苛政，此僅一地，其餘各地亦然，呻吟於虐政下的彝族人民，當然要起來反抗。

　　明代滇東北地區各民族的反抗，土司和中央王朝之間雖然在權利的分配方面存在著諸多矛盾和鬥爭，但是，作為統治階層，在壓迫和剝削人民這一根本問題上他們的階級利益是一致的。當各族人民的反抗鬥爭殃及他們的統治利益時，中央王朝和土司便在共同的利益的基礎上互相勾結起來，殘酷鎮壓各族人民的起義。為了達到完全壓制各族人民起義的目的，封建統治者在官軍兵力不足的情況下，採取了「以夷攻夷」的手法，利用土司土兵來鎮壓各族人民的起義。滇東北地區各民族反抗鬥爭的其特點是規模小，影響不大，中央王朝旋即就鎮壓下去，另一方面，反抗鬥爭中有少數民族和漢族共同參加，各族人民在並肩戰鬥中增進了相互間的瞭解和友誼，對推翻明王朝的腐朽統治和打擊土司的反動勢力作出了積極的貢獻。

第五節　滇東北部分彝族土司的改土歸流

　　改土歸流，就是中央王朝改土官統治為流官統治，或廢土司為府、州、縣，把世襲的土官統治改為由中央王朝直接委派的流官進行管理。中央王朝設置土司乃只是一時的權宜之計，一旦其統治地位鞏固，便趁機剝奪土司的世襲地位，改以流官直接統治，實行與內地一致的政治制度，將土司納入中央王朝的集權統治之下，實現從形式到內容上的真正大一統的局面。

一、滇東北彝族土司改流的歷史背景

　　改土歸流是在土司與中央王朝之間的矛盾日益尖銳化的情況下出現的。明初，針對滇東北地區的社會政治、經濟發展的特殊性，中央王朝因地制宜地推行了有別於內地的土司制度。中央王朝在少數民族地區推行土司制度上不得已而為之的，就中央王朝本身而言，設置土司絕非其統治者的最終目的，其終極目標就是要建立中央集權制國家。因此，朝廷在授予土司職位之時，即相應地採取夷漢參用、土流相制的措施，其目的就是要以此過渡到改土歸流。

　　在滇東北地區，土司世有其土，世領其民，割據一方，擁有獨立的軍政大權，隨著土司制度的發展，土司的勢力也隨之得以膨脹，一旦勢力坐大之

〔註421〕古永繼點校：天啓《滇志》卷一《大事考》，雲南教育出版社1991年版第47頁。

後，私欲也隨之膨脹，常有非分之想，不再聽從中央王朝和都指揮使司或布政使司的調遣，甚至煽動叛亂，反對中央王朝的治理策略，對中央王朝的離心力不斷增強。另一方面，中央王朝對土司土兵的依賴，也在一定程度上助長了土司囂張的氣焰，導致有的土司擁兵自固，隨著中央王朝和土司間在勢力上的此消彼長，彼此間原本就存在著的在權力分配上的矛盾就變得更加突出，土司對中央王朝的威脅也在增大。自明初開始，土司因不甘受中央朝廷的控制而起兵叛亂的事時有發生，迄至明中期愈演愈烈。許多土司隨著自身勢力的不斷壯大，其貪婪和擴張的野心也越來越大。個別土司已經不再滿足於既得權力，公然舉兵反叛，與封建朝廷相抗衡，以謀求更多更大的權勢和利益。

土司勢力的膨脹到明中後期已成為中央王朝的一個相當棘手的問題，土司和中央王朝之間的矛盾已經達到了尖銳化的程度。這就嚴重妨礙了明王朝民族政策的實施，極大地損害了明王朝在滇東北地區的統治利益。面對各地土司的反叛活動，朝廷也並非完全被動。土司的這種有損於中央王朝國家統一的行為，自然是一統政權所不能容忍的。因此，土司的存在是中央王朝自身力量不逮的情況下，假手於土司進行間接統治的一種過渡性措施，所以一旦感到來自土司的威脅時，中央王朝統治者自然就要伺機進行變革。於是，裁革土官，改由流官直接管理，就成了明王朝決策者的主導意識，「改土歸流」即勢在必行。

二、改流過程

（一）越州土知州改流

洪武二十一年（1388年），雲南越州土知州阿資叛，明政府經過長達七年的數次征伐，於二十八年（1395年）正月擒斬阿資。〔註422〕於是廢土州，置越州衛，以流官統之。這是彝族土司改土歸流的最早一例。當時，土知州阿資桀驁不馴，舉兵反叛時，「燒府治，大肆剽掠」〔註423〕，並揚言：「國家有萬軍之勇，而我地有萬山之險」。〔註424〕起初是明政府只想征服之，因而當阿資投降後，仍令為土知府。結果，七年之間，阿資三降三叛，「終不悛」〔註425〕。明政府在忍無可忍的情況下，終於在擒斬阿資後改土置衛。

〔註422〕《明實錄・太祖實錄》卷二百三十六，洪武二十八年正月甲子。
〔註423〕《明史》卷三百一十三《雲南土司一》，中華書局1974年版第8085頁。
〔註424〕《明實錄・太祖實錄》卷一百九十五，洪武二十二年二月己巳。
〔註425〕《明史》卷三百一十三《雲南土司一》，中華書局1974年版第8085頁。

（二）尋甸土知府改流

成化中期，尋甸土司內部因職位之爭而改流。《明史・土司傳》載：「尋甸府土知府安晟於成化十四年（1478 年）死，兄弟爭襲，遂改置流官」〔註 426〕。《土官底簿》載：「成化十二年，巡按御史奏稱：尋甸知府安晟病故，長男安宣被伊叔安倘並安晟妾沙適等謀殺，本舍並無應襲兒男，止有安倘男安勒亦係極刑，難以承襲。」〔註 427〕故廢除土官知府。明廷改設流官知府治之，由於知府謝紹遲遲未能到任，一段時間並未引起土司的強烈反對。成化二十一年（1485 年）知府到任，次年土官婦拉古既「來朝奏擾」，被朝廷「發回土官衙門鈴束，不許再來奏擾」。但直到嘉靖六年（1527 年），土舍安銓仍藉故起兵反叛，要求恢復其土司世襲，經長時間彈壓才安定下來。

（三）芒部改流

嘉靖五年（1525 年），芒部土府隴氏爭權，發生內亂，朝廷藉此用兵將隴氏爭權的一方壓下去，即在芒部廢土官，實行改土設流，將古芒部改為鎮雄，並在芒部土司所轄地設懷德、歸化、威信、安靖四長官司分而治之。由於芒部改流危及土司的統治地位，與芒部境土相連、血緣相親的烏撒、烏蒙、東川等地彝族土司「心懷不平，反者數起」。〔註 428〕嘉靖七年（1528 年）「芒部、烏撒、毋響苗夷隴革等復起，攻劫畢節屯堡，殺掠土民」。〔註 429〕鎮雄府普奴等聯合烏撒、毋響、陸肇、水西彝民，攻劫畢節，「並索鎮雄府土官印」。〔註 430〕面對土司的威脅，明朝官吏相互推諉，無能為力，後據御史戴金言：「芒部夷穴，地不可守，乞俯順夷情，復立土官便。」〔註 431〕於是「革鎮雄流官知府，而以隴勝（隴壽之私生子）為通判，置鎮雄府事。令三年後果能率職奉貢，准復知府舊銜」，〔註 432〕芒部改土設流以失敗而告終。後人曾尖銳地指出，土司的繼續存在「乃有明當國運式微之會，……是亦土司之大幸也。」〔註 433〕

〔註 426〕《明史》卷三百一十四，《雲南土司二》，中華書局 1974 年版第 8098 頁。

〔註 427〕《土官底簿》卷下，《四庫全書・史部》。

〔註 428〕《明實錄・世宗實錄》卷九十六，嘉靖七年十二月癸未。

〔註 429〕《明史》卷三百一十一《四川土司一》，中華書局 1974 年版第 8005 頁。

〔註 430〕《明實錄・世宗實錄》卷八十七，嘉靖七年四月甲寅。

〔註 431〕《明實錄・世宗實錄》卷一百一十二，嘉靖九年四月乙丑。

〔註 432〕《明史》卷三百一十一《四川土司一》，中華書局 1974 年版第 8008 頁。

〔註 433〕道光《宣威州志》卷七上，《宣威州・總論》。

關於芒部改土歸流，又恢復土官的經過，《明世宗實錄》自嘉靖元年（1522年）至九年（1531年）多有記載，《明史·四川土司傳》也有記載。但《蜀中廣記》記其事較祥：「弘治間，土官隴慰先娶水西女沖中，生子曰慶與壽，繼娶烏撒女沖叔，生奸子隴政。既而仇殺，水西則爲隴壽之助，烏撒由爲隴政之黨。嘉靖三年（1525年）慰死，嫡子壽繼職，庶子政謀壽殺之。都御史王軌奏調官兵擒政及其嫂支祿繫獄死，奏改流鎮雄府，設經歷、照磨、教授各一人，立懷德長官司於卻佐，安靜長官司於落角，威信長官司於母響，歸化長官司於夷良，以重慶通判程洸爲試知府。明年，洸方募種夷田，於是水西乘機勾引隴壽之黨沙保爲亂。沙保者，故水西勝奴也，與壽部下阿得、獅子吼等破府城，逐洸，劫其印，川、貴會奏，動三省官兵剿之。沙保詐稱已死，主者弗察，誤以捷聞，各升賞有差。七年（1528年），沙保等復聚寇掠，奏聞，會議：土官土舍或爭襲或仇殺，興師問罪甫定之後，建議者即欲速議改設流官。及流官再設，而土官隨叛，殺人奪地，比昔尤甚。蓋作惡者不過一二人，今乃以一二人之惡而遂改易一府一州，拂其本心，違其約信，所謂犯眾怒也。是以屢剿屢亂，而兵革卒無寧日，合無凡有土官惡逆被顯戮者，通拘所部頭目，今其自保，應立力足以制服夷眾之人，或土官之子孫弟姪女族人，俱爲眾所推服者。於是，議以隴勝爲知府。」〔註434〕改名隴安。安擒獻沙保，地方頗寧。

（四）師宗州改流

弘治年間，土民李璜代土官赴京請襲，「璜謂無流官制土，土終願得民秧，至京請設流。議下，因除流官知州。土官不得協管州事。」〔註435〕師宗亦廢除了土官統治。康熙《廣西府志》載：「師宗州爲土官隴氏所領，弘治間土民李璜代土官越京襲職，請改土設流。惟改土未成。」〔註436〕按李璜請設流官未成。《土官底簿》師宗土知州載，成化二十三年（1487年）七月隴顯襲職事之後曰：「嘉靖九年（1531年）十一月親姪隴節奉欽依準令冠帶，就彼到任管事」，則土官又得襲職。《天啓滇志》載：「師宗州土官，萬曆中沿至隴有光死，令隴耿聽襲」。〔註437〕《廣西府志》載：「隴有光名耿，暴虐，天啓甲子（四

〔註434〕曹學佺：《蜀中廣記》卷三十六，《四庫全書·史部》。
〔註435〕康熙《廣西府志》卷八。
〔註436〕康熙《廣西府志》卷一。
〔註437〕古永繼點校：天啓《滇志》卷三十《羈縻志土司官氏》，雲南教育出版社1991年版第981頁。

年）春欲糾夾眾竊印據城，耿尋死嗣絕，則至是改流官也。」〔註438〕故因土司暴虐，天啓間改土設流。

（五）羅平土知州改流

萬曆中，調羅平兵征緬，者繼榮赴調，路過越州，見越州土舍海現寡嫂資氏有殊色，即頓其家，淫樂不進。越州知州派兵擒者繼榮，者繼榮逃脫，藉此機會糾其兵謀反。明王朝派曲靖巡撫劉世曾率土兵進剿，並斬殺者繼榮，劉世曾請「將羅雄置定雄軍，設流官知州，以者繼榮子者繼仁爲巡檢，續者氏後，給以莊田，一切簿書、獄訟，盡屬流官。」〔註439〕羅平州改土歸流實因土官者繼榮的荒淫無度，朝廷對其行爲進行制止時，自恃其兵力強盛，乘機謀反，這是明王朝不能容忍的，明王朝當然是要盡全力剿殺這種勢力。在獲剿殺者繼榮後，朝廷改設流官知州，廢除土司。其後降爲巡檢，給其官以保證有基本生活來源。

（六）馬龍土知州改流

據《土官底簿》載：「弘治元年（1488 年）二月，長輔襲職。長輔故後，文選司缺冊，內查得弘治七年（1495 年）四月知府長輔故絕，改設流官知州羅環。」〔註440〕《馬龍州成》也載：「弘治七年（1495 年），設馬龍州流官知州。」〔註441〕馬龍州土官傳到長輔後，按土司承襲的規定，遠近親疏沒有承襲人，朝廷就只能是設流官治理。

（七）陸良土知州改流

「萬曆中，夷婦昂氏傳其姪資世守，後以罪戍邊，土官久革除。」〔註442〕「萬曆三十四年（1606 年），詔捕雲南曲靖同知資世守，行撫按會問。以撫按交參世守侮挾流官，橫科夷寨諸不法，資世守因罪戍邊，職除。」〔註443〕陸涼州土知州於萬曆中因土官犯罪，以罪戍邊，廢除土官設流官。

〔註438〕康熙《廣西府志》卷八。
〔註439〕劉春龍等點校：《新纂雲南通志》，雲南人民出版社 2007 年版第 674 頁。
〔註440〕《土官底簿》卷上，《四庫全書·史部》。
〔註441〕續修《馬龍州志》卷二《沿革》。
〔註442〕乾隆《陸涼州志》卷五《土司》。
〔註443〕道光《雲南志鈔》卷八《土司志下》，雲南省社會科學院文獻所 1985 年版第 394 頁。

（八）亦佐縣左土縣丞改流

據《土官底簿》載：「傳至運泰，職除。」〔註444〕又《平彝縣志》載：「崇禎十三年（1641年），削亦佐左土縣丞沙運泰籍，運泰死，無嗣，其妻隆氏撫姪承統襲，居舊縣東，又乏嗣，失職。」〔註445〕因《土官底簿》所載時間爲萬曆年間，之後的事無記載。故亦佐縣左縣丞被廢是在崇禎年間，因無嗣承襲，明王朝乘此機會改設流官。

經過改土歸流後，滇東北地區只剩下烏蒙、芒部、東川、沾益、亦佐縣右土縣丞等土司，及一些小土司。土司的勢力還沒有從本質得以消除，但對於清代的改土歸流有一定的借鑒意義。

三、滇東北改土歸流的歷史特點

從滇東北地區土司的發展歷程來看，眞正從根本上消除土司勢力必須同時具備三個條件，一是土司的存在已被歷史證明不適應多民族國家的統一和鞏固，改土歸流已成爲勢在必行；二是中央央王朝具備了強大的政治、軍事、經濟力量，能夠在土司地區進行大規模的改土歸流；三是土司本身的文化素養要求達到封建大一統的思想，土民也要意識到改變在土司下的生活，從思想意識上要求改變生活環境。只要具備這些條件，中央王朝便不擇手段的要求改土設流，明王朝有滇東北地區的改流即是如此。其歷史特點是：一是被動改流，越州土知州阿資桀驁難馴，「燒府治，大肆剽掠」，〔註446〕並揚言：「國家有萬軍之勇，而我有萬山之險」。〔註447〕在明政府征剿下，他三降三叛，「終不悛」〔註448〕。明王朝動用武力解決，終於在擒獲阿資後改土歸流。二是相機改流，尋甸土知府安成於成化十二年（1476年）死，「兄弟爭襲，遂改置流官」。〔註449〕三是廢流復土，嘉靖七年（1528年）鎮雄土府改設流官，兩年後又「革鎮雄流官知府，而以隴勝爲通判，署鎮雄府事，令三年後果能率職奉貢，准復知府舊銜。」〔註450〕上述特點反映明王朝在滇東北地區的改土歸流只是形勢所逼而採取的局部性措施，是在不得已的情況下進行的改土歸流，因此

〔註444〕《土官底簿》卷上，《四庫全書‧史部》。

〔註445〕康熙《平彝縣志》卷二《沿革》。

〔註446〕《明史》卷三百一十三《雲南土司一》，中華書局1974年版第8085頁。

〔註447〕《明實錄‧太祖實錄》卷一百九十五，洪武二十二年二月己巳。

〔註448〕《明史》卷三百一十三《雲南土司一》，中華書局1974年版第8085頁。

〔註449〕《明史》卷三百一十四《雲南土司二》，中華書局1974年版第8098頁。

〔註450〕《明史》卷三百一十一《四川土司一》，中華書局1974年版第8008頁。

沒有從根本上削弱土司的勢力。其根本原因是明朝政治形勢、國力強弱的直接反映。明初的政治、軍事力量還是很強大的，師範曾說：「以傅友德、沐英實實在在，非不能盡蠻荒而郡縣之。」〔註451〕但是土司勢力處在上升時期，並沒有走向沒落，因此，它的存在還是必要的。「明興，諸酋納款者，因而與之，俾掌其土，夷索以藩，父子繼，兄弟及，比封建之遺焉。疏節闊目，恢而不弛，寓約束於假借。洪武、永樂，皇棱大抗，四奧即同，時掣鯨鯢，寡懲眾誡，莫不重足疊跡，以待徵令。弘治以前，恬熙世際，詳內略外，諸酋稍稍越法，然繼及之典，甲令具昭，下乞上俞，無忧異詳」。〔註452〕顯然，明王朝只是順應土司的發展象徵性的改流，沒有必要廢除土司制度，改土歸流只能是作爲控制土司的一種手段。明中期以後，土司問題已逐漸暴露，中央王朝對土司隱患已有察覺，如貴州巡按御史楊鶴於嘉靖四十三年（1564 年）疏言：土司「將來尾大不掉，實可寒心。」〔註453〕就是要求消除土司的勢力。

改土歸流在明代並沒有大規模施行，與明朝皇帝們的民族觀有著密切的聯繫。由於土司政權主要是在邊疆少數民族地區實行，而這些地區向來被視爲野蠻的化外之地，不能與擁有高度農業文明的中原地區相提並論，居住在這些地區的少數民族是野蠻無知的蠻人。在中央王朝的眼裏，這些地區實際上和「海外諸夷」一樣，「僻在一隅，得其地不足以供給，得其民不足以使令」〔註454〕。只要他們能認可明朝的統治，明政府也就不願在這些地方耗費精力來改變他們，傳統的「以夷治夷」羈縻政策更符合明王朝的利益。雖然在相對發達一些少數民族地區，明朝皇帝本著「以夏變夷」的民族思想，「天下一統」的大一統觀念，對土司地區改革，廢除一些不法土司，把這些土司地區納入政府的直接管轄之下，但最終沒有能突破「內華夏，外夷狄」的傳統民族觀的限制，不能對土司地區進行根本性的改革。

在滇東北地區出現改流復土的現象充分說明：中央王朝同土司之間存在著不可調和的矛盾，無時不想用「改流」的辦法，來達到對少數民族地區進行直接統治的目的；另一方面，中央王朝又擔心矛盾激化，引起周圍土司的「心懷不安」，不利於貫徹在土司地區的政策，一旦遇到土司的強烈反抗時，又採取妥協的態度，將已改流的芒部府恢復土司統治。總的來說，改土歸流

〔註451〕《滇系》七《典故繫二》。
〔註452〕《明經世文編》卷二百五十七，《四庫全書·史部》。
〔註453〕《明史》卷三百一十一《四川土司一》，中華書局 1974 年版第 8013 頁。
〔註454〕《明會典》卷九十六《皇明祖訓》，《四庫全書·史部》。

過程中出現的反覆現象，絕非某個封建帝王的主觀選擇，而是由於改土歸流必備的社會政治、經濟、文化等條件尚未完全成熟的結果。明王朝雖以強大的政治、軍事力量作後盾進行改流，但「改土歸流」就是要廢除土官改設流官，這自然給了土官的致命一擊，觸動了土官的根本利益，使得中央王朝和土司之間原本就存在的權力分配上的矛盾更為尖銳。獨霸一方的土司自然不甘心自動退出歷史的舞臺，為了保住自身世襲的統治地位和既得權利，他們往往欲以復土相號召，聯結周邊土司，煽惑土民，進行暴亂，千方百計地抵制和反對改土歸流政策。

四、對滇東北地區改土歸流的反思

　　明代在滇東北地區的改土歸流是以政治和軍事力量作後盾而進行的，這一過程暴露了封建統治者的民族歧視和民族壓迫政策，客觀上對滇東北地區日後發展的影響不可小覷。正如列寧所說：「歷史上常常有這樣的戰爭，它們雖然像一切戰爭一樣不可避免地帶來種種慘禍、暴行、災難和痛苦，但是它們仍然是進步的戰爭，也就是說，它們有利於人類的發展。」〔註455〕從其表面上看是土司作亂或者說是不甘於對朝廷臣服，牽動朝廷震怒的結果，甚或是說在土司作亂以後，朝廷從治國大局出發，如若不加約束，邊疆不穩，則會有波及中原內地，唇亡則齒寒的憂慮。但就其本質而言，則是中央王朝在政治體制設計上缺乏遠見卓識所產生的必然結果。無論是出於何種原因，在中央王朝勢力還沒深入到少數民族邊疆地區時，不得不採取任用當地民族首領土司治理當地的辦法進行統治。從社會進步的角度講，在少數民族邊疆地區設置土司則是在比較先進的社會形態中，允許一種落後的社會生活方式合法地存在著。因此，在中央王朝的具體施政和國家機器的運轉中，兩種利益追求和兩種社會形態的摩擦和衝突成為必然。就政治制度和社會形態特徵而言，土司的存在與封建國家的總體制度是有相當大的差別的。在整個國家範圍內，允許土司的存在是以保障中央王朝的利益為前提而設立的；而在土司統治地區，則是建立在保障土司的利益基礎上的政治形態。這種同一統治框架下的不同政治制度，從一開始就潛伏著深刻的社會矛盾。這種矛盾不僅來自於各自的利益追求，還來自於不同的社會制度之下的社會運行方式和經濟運行機制。由此決定的上層建築和意識形態的差別，則成為激化矛盾的決定

〔註455〕列寧：《社會主義與戰爭》，《列寧選集》（第2卷），1972年版第688頁。

因素。因此，矛盾激化表現出來的土司之間、土司與流官管理地區之間的衝突，直接表現是具體的利益之爭，但深層次的原因則是兩種不同政治體制碰撞的必然結果。土司反叛朝廷也不是一個簡單的對朝廷不認可、不臣服的問題，而是對一種在價值觀上無法接受並且直接損害自身利益的政治制度的反抗。

第三章　清代滇東北彝族土司

第一節　滇東北地區設置的彝族土司

一、中央王朝對滇東北彝族土司地區的招撫

　　崇禎十七年（1644 年），清朝入關之初，明末農民起義領袖張獻忠在成都建立了大西政權，基本上控制了四川一帶。清軍進入西南，大西政權展開了反清鬥爭；而南明政權也幾乎與順治一朝相始終。大西政權覆滅以後，反清的夔東十三家迭起。1673 年，夔東十三家亡，而以吳三桂為首的「三藩之亂」於次年又起，到 1681 年才被平定。所以在這一時期，清王朝對土司採取了比較緩和的措施，希望通過約束土司及其屬民以穩定政局，以便集中精力打擊當時的主要敵人。1648 年，順治帝在大赦天下的詔書中宣布：「各處土司，原應世守地方，不得輕聽叛逆招誘，自外王化。凡未經歸順，今來投誠者，開具原管理地方部落，准予照舊襲封；有擒執叛逆來獻者，仍厚加升賞。已歸順土司官，曾立功績及未經授職者，該督、撫、按官通察具奏，論功升授」。〔註1〕在 1657 年，順治帝又重申了這一政策。〔註2〕1658 年，順治帝在給安靖寇大將軍信郡多尼、平西大將軍吳三桂等人的敕諭中，仍強調說：「……其中有能效力建功者不靳，高爵厚祿，以示鼓勸。」〔註3〕清朝臣魏裔介亦獻策

〔註 1〕　《清實錄·世祖實錄》卷四十一，順治五年十一月八日，中華書局 1985 年版。
〔註 2〕　《清實錄·世祖實錄》卷四十一，順治五年十一月八日，中華書局 1985 年版。
〔註 3〕　《清實錄·世祖實錄》卷一百二十二，順治十五年十二月己丑，中華書局 1985 年版。

云：對各地土司，「宜命在事諸臣加意招徠，予以新敕印，歸者勿即收繳，則歸我者必多。」清廷這種對土司歸附則襲封，有功則厚賞的政策，收到了「歸我者必多」的預期效果。

在清兵南下的過程中，「各土府州縣奉印納款」，因此，「朝廷嘉其向化，仍予世襲，制因前代」〔註4〕。清軍「底定西南，土司奉命者世襲」，於是，各土司「靡不服教畏神，洗心滌濾」。清政府的目的是以此求得邊疆地區的穩定，對此，順治十年（1653 年）五月的一道上諭談論得很清楚：「滇黔阻遠，尚未歸誠。朕將以文德綏懷，不欲勤兵黷武。而遠人未喻朕心，時復蠢動。若全恃兵威，恐玉石俱焚，非朕承天愛民本念。……各處土司已歸順者加意綏輯，未附者布信招懷，務使近悅遠來，稱朕誕敷文德至意。」〔註5〕同年六月，戶部右侍郎王宏祚在《滇南十議疏》中談到，對雲南等地的土司，應「暫令各從舊俗，俟地方大定，然後曉以大義，徐令恪遵王制」〔註6〕。很明顯，出於形勢的需要，清政府對土司不得不採取這種權宜之計。應該說，這是清初統治者在邊疆政策上的成功一招，取得了明顯的效果。

順治十六年（1659 年）正月，清軍進入雲南，李定國帶領永曆帝退出昆明，直奔緬甸。六月，經略洪承疇至滇招撫流民，並設總督、巡撫、布政司、按察司等衙門，景東、蒙化、沾益、元謀並四川烏撒、烏蒙、東川、鎮雄等各地土司悉先後歸附。〔註7〕同時亦佐土縣丞海闊也歸附。〔註8〕倪蛻《雲南事略》也言：「順治十六年（1659 年），命洪承疇至滇議進緬機宜，招撫流民，安插蠻庶。於是，僞將王會等率屬歸降。景東、蒙化、麗江、姚安、北勝、鶴慶、定遠、楚雄、永昌、鎮沅並四川烏撒、東川、烏蒙、鎮雄等土司悉先後歸附，遂改設院、司、道等衙門。」順治十七年（1660 年）三月，吳三桂請准各土司世襲，給印信。〔註9〕滇東北彝族順應時勢力的發展，歸順清政府，即保證了邊疆地區的暫時安定，也使抗清勢力孤立無援。康熙七年（1668 年），清軍平吳三桂叛亂，烏蒙等土官「踴躍赴軍前聽效，猶以土知府行事，蕩玉後奉職如故。」〔註10〕康熙二十五年（1686 年），在平定三藩之亂後不久，雲貴督撫及廣西巡

〔註4〕 雍正《太平府志・沿革》。
〔註5〕 乾隆《雲南通志》卷二十四《土司》。
〔註6〕 光緒《永昌府志》卷六十三《藝文》。
〔註7〕 《宣威州志》卷二《建置沿革》。
〔註8〕 康熙《平彝縣志》卷一《沿革》。
〔註9〕 《宣威州志》卷二《建置沿革》。
〔註10〕 倪蛻，李埏校點：《滇雲歷年傳》卷十二，雲南大學出版社 1992 年版第 583 頁。

撫俱疏請征剿土司，聖祖不准，並說：「朕思從來控制苗蠻，惟在綏以恩德，不宜生事騷擾。……朕惟以逆賊剿除，四方底定，期於無事。」[註11]可見，在清初一段時間，清政府對滇東北地區及整個西南邊疆的政策是力求安定，期於無事。在這樣一種形勢下，清初不得不完全保留明代未改流的土司。

二、滇東北地區彝族土司的設置

公元 1658 年，清軍入滇，改雲南承宣布政使司爲雲南省，設巡撫，並設雲貴總督。康熙元年（1662 年）改雲南總督，駐曲靖。政區建制襲元、明舊制，稍有改易。康熙八年（1669 年），降尋甸府爲州，屬曲靖府。雍正四年（1726 年），將東川府從四川劃歸雲南，五年（1727 年），將烏蒙府、鎮雄府從四川劃歸雲南，六年（1728 年）將鎮雄府降爲州，屬烏蒙府。滇東北地區轄有曲靖府、東川府、昭通府。

曲靖府：康熙八年（1669 年），省亦佐入羅平，又降尋甸府爲州來屬。[註12]三十五年（1696 年），改舊平彝衛（即平夷衛）爲平彝縣來屬。雍正五年（1727 年），分沾益州地置宣威州。[註13]曲靖府置四衛四守禦千戶所。康熙七年（1668 年）裁曲靖、六涼、越州三衛及定雄、鳳梧二所，二十六年（1687 年）裁平夷衛及木密、馬隆二所。轄州六、縣二。轄今曲靖地區。

東川府：康熙三十八年（1699 年），始設流官。雍正四年（1726 年），改隸雲南。[註14]五年（1727 年），置會澤縣，治巧家汛。六年（1728 年），移縣附郭。乾隆三十九年（1764 年），省「軍民」二字，稱府。嘉慶十九年（1814 年），設分防巧家同知，置巧家廳。府治今會澤。

昭通府：雍正五年（1727 年）與鎮雄並改隸雲南。六年（1728 年），設流官，置恩安、永善二縣，大關廳，降鎮雄爲州，屬府。九年（1731 年），改府名昭通，又增置魯甸廳。領一州、二縣、二廳。治今昭通。總之，清初

[註11]《清實錄·聖祖實錄》卷一百二十四，康熙二十五年正月庚子，中華書局 1985 年版。

[註12] 雍正《雲南通志》、道光《雲南志鈔》作康熙五年，《大清一統志》、《清史稿·地理志》均作康熙八年。

[註13]《大清一統志》卷三七〇，《四庫全書·史部》。

[註14]《清史稿·地理志》四川條下載「雍正六年，改東川、烏狨、鎮雄隸雲南」，蒲孝榮《四川政區沿革與治地今釋》亦持六年之說（該書第 421 頁），或據之，實誤也。（大清一統志）、雍正《雲南通志》、（雍正西南夷改流記）等均作東川四年改隸雲南，烏蒙、鎮雄五年改隸雲南。

滇東北地區的行政區劃沿襲明代略有改動，部分地方仍存在土司。在烏蒙、東川、鎮雄、沾益等地方，土司勢力還很強大，其設置及承襲分述如下。

（一）土知府

1.烏蒙府

順治十六年（1659 年）仍以祿氏爲土知府世襲。雍正五年（1727 年）改設流官，九年（1731 年）改名昭通。

烏蒙府土官承襲情況：

清世祖順治十六年（1659 年），洪承疇帥師入雲南，烏蒙土司祿氏首先歸附。「清初歸附，仍爲土府。」〔註15〕祿氏傳祿天德，「康熙三十一年（1692 年）初，者海營長者沙都來乞師，送其子祿秉正爲質，會天德次子甲假爲東川祿永明妻小安氏所殺，天德因率兵一萬入東川助者沙都，並圖報復。」〔註16〕祿天德傳祿鼎乾，「康熙五十三年（1714 年），鼎乾襲土府職，柔弱不振，酋目往往恣肆。欽差噶敏圖至畢節提審，詢撫而罷，襲世職如初。」〔註17〕祿鼎乾傳祿萬鍾，「鼎乾子。幼年襲職，其叔鼎坤與惡酋乃目黨合眾攝東川、巧家等處殘害太甚。雍正四年（1726 年）滇督鄂爾泰奏，與東川、鎮雄改隸雲南，覆命總兵劉起元領兵進擊烏蒙，擒獲萬鍾，遂改土設流。」〔註18〕新篡《雲南通志》載：「雍正六年（1728 年），改四川烏蒙府隸雲南省，以烏蒙爲府，設流官。」〔註19〕

據以上資料，其具體承襲情況如下：

序號	姓名	承襲關係	承襲時間	土官事蹟
1	祿氏		順治十六年	歸附
2	祿天德		康熙年間	助者海營長殺東川府土官
3	祿鼎乾	祿天德子	康熙五十三年	
4	祿萬鍾	祿鼎乾子	雍正四年	改流

〔註15〕《昭通志稿》卷一《沿革》，載《昭通舊志彙編一》，雲南人民出版社 2006 年版第 102 頁。

〔註16〕《昭通志稿》卷四《官師志土職》，載《昭通舊志彙編一》，雲南人民出版社 2006 年版第 172 頁。

〔註17〕《昭通志稿》卷四《官師志土職》，載《昭通舊志彙編一》，雲南人民出版社 2006 年版第 172 頁。

〔註18〕《昭通志稿》卷四《官師志土職》，載《昭通舊志彙編一》，雲南人民出版社 2006 年版第 172 頁。

〔註19〕劉春龍等點校：新篡《雲南通志》卷一百七十三《土司考二》，雲南人民出版社 2007 年版第 696 頁。

2.東川府

順治十六年（1659 年）祿氏與烏撒等彝族土官同時歸附，仍以土知府世襲。康熙三十八年（1699 年）改土設流官知府。雍正四年（1726 年）改隸雲南布政司。〔註20〕

祿萬兆，祿千鍾長子，順治十六年（1659 年），王師南征雲南，賊兵走省城，萬兆截其輜重，射死牙象一獲牝象一獻軍門，並給印信二顆，授世職。〔註21〕祿萬兆娶妻安氏，生七子。萬兆康熙七年卒，安氏欲令諸子遞灰知府。而長子永昌以罪自殺，四子永德前死，乃以永升、永邦、永高、永明遞襲。〔註22〕永升康熙七年（1668 年）襲。卒，弟永邦康熙十二年（1673 年）襲。卒。弟永高康熙十三年（1674 年）襲。卒。弟永明康熙十八年（1679年）襲。〔註23〕當永明承襲後，季子永厚急不能待，乘機據城作亂，永明旋兵執之，安氏力解獲免於死。永明患痘瘡，遂死。遺二子應龍、應鳳，皆幼。永厚率其黨來奪印，永明妻祿氏率頭目吳應選懷印，攜二子朝著魯甸母家。〔註24〕吳應選訴之川撫，勘明應龍嫡長當襲，乃遣官弁甲士護送應龍歸府襲職，應龍於康熙二十五年（1686 年）襲，但東川為永厚妻小安氏所據。應龍死，時小安氏亦齎金至蜀，為長子世英求襲，有司追賄入官，而斥其使。二十七年（1688 年）蜀中遣大竹縣典史吳揚言、守備許麟，齎銀帛至牛攔江。諭曰：東川不可一日無長，祿應龍無子，援兄終弟及之義，則祿應鳳當襲。〔註25〕應鳳襲職後，小安氏來奪府治，「大肆殺掠，村賽一空。」應鳳母祿氏言：「營目勢均體敵，即賢恐不相下，若求諸鄰境，終非嫡嗣，惟改土設流便。」〔註26〕在祿氏的再三請求下，東川府於康熙二十八年（1699

〔註20〕梁曉強校注：《東川府志》卷三《建置》，雲南人民出版社 2006 年版第 55 頁。

〔註21〕梁曉強校注：《東川府志》卷十四《秩官土官祿氏世職》，雲南人民出版社 2006年版第 310 頁。

〔註22〕道光《雲南志鈔》卷八《土司志下》，雲南省社會科學院文獻所 1985 年版第449 頁。

〔註23〕梁曉強校注：《東川府志》卷十四《秩官土官祿氏世職》，雲南人民出版社 2006年版第 311 頁。

〔註24〕道光《雲南志鈔》卷八《土司志下》，雲南省社會科學院文獻所 1985 年版第449 頁。

〔註25〕梁曉強校注：《東川府志》卷十四《秩官土官祿氏世職》，雲南人民出版社 2006年版第 312 頁。

〔註26〕道光《雲南志鈔》卷八《土司志下》，雲南省社會科學院文獻所 1985 年版第452 頁。

年）改土設流。

據以上資料，其具體承襲情況如下：

序號	姓名	承襲的關係	承襲時間	事蹟
1	祿萬兆	祿千鍾子	順治十五年	助南征軍剿賊
2	祿永升	祿萬兆子	康熙七年	
3	祿永邦	祿永升弟	康熙十二年	
4	祿永高	祿永邦弟	康熙十三年	
5	祿永明	祿永高弟	康熙十八年	弟永厚與之爭襲
6	祿應龍	祿永明長子	康熙二十五年	
7	祿應鳳	祿永明次子	康熙二十七年	改流

3.鎮雄府

鎮雄土府，順治十六年（1659 年）歸附，仍以隴氏世襲土知府，雍正五年（1727 年）改設流官，六年降為州，屬昭通府。

道光《雲南志鈔》載：「國朝平蜀，鴻勳投誠，仍授世職。傳子天成。天成傳子聯岳，聯岳傳弟聯嵩，聯嵩傳子慶侯。雍正五年（1727 年），烏蒙叛，慶侯以藏匿奸宄削職，遷徙江西。改土府為州，設流官，隸昭通府。」〔註27〕

《鎮雄州志》亦載：「隴鴻勳卒，子天成襲，天成卒。子聯岳襲。聯岳卒。其弟隴聯嵩襲，聯嵩卒，於雍正二年（1724 年）六月四川巡撫蔡璉奏准以其子隴慶侯襲。隴慶侯年少，襲職後，兵權、政權都操縱於其叔父隴聯星手中時烏蒙土府祿萬鍾亦年幼，其權力也操縱於其叔父祿鼎坤手中，祿、隴以姻親關係，勾結謀反，發生大戰亂，鄂爾泰派兵剿平，雍正五年（1727 年），隴慶侯以匿姦罪被革除隴氏世襲知論府職位。」〔註28〕

據以上資料，其具體承襲情況如下：

序號	姓名	承襲關係	承襲時間	事蹟
1	隴鴻勳	隴懷玉	順治十六年	投誠歸附
2	隴天成	隴鴻勳子	康熙年間	
3	隴聯岳	天祐子	康熙年間	
4	隴聯嵩	隴聯岳弟	康熙年間	
5	隴慶侯	隴聯嵩子	雍正二年	權力被其叔掌握

〔註27〕道光《雲南志鈔》卷八《土司志下》，雲南省社會科學院文獻所 1985 年版第 455 頁。

〔註28〕乾隆《鎮雄州志》卷五《土司》，載《昭通舊志彙編四》，雲南人民出版社 2006 年版第 1035 頁。

4.沾益州

順治十六年（1659 年）歸附，仍以安民爲土官，仍授世職，安民死，安世基候襲。康熙二十九年（1690 年）世基橫暴，爲其下所訐，原歸流官管理總督范承勳題查賢能承襲，明年，世基死，以其妻龍氏輔孤管土司事。康熙四十三年（1704 年）子於蕃承襲，雍正四年（1726 年）：「總督鄂爾泰參革沾益土知州安於蕃，改置宣威州，設流官治之。」〔註29〕

據以上資料，其具體承襲情況如下：

序號	姓名	承襲關係	承襲時間	事蹟
1	安民		順治十六年	歸附
2	安世基	安民子	康熙年間	
3	龍氏	安世基妻	康熙二十四年	撫孤襲職
4	安於蕃	安世基子	康熙四十三年	改流

（二）土知縣

平彝縣土縣丞，順治年間，土縣丞海闊歸附，仍舊世襲。康熙八年（1669 年）裁縣，九年（1670 年）五月安插越州，闊私結蘆於竹園村不去，十二年（1673 年）從吳三桂反，授僞都司職，率兵拒敗亡歸。二十年（1681 年）復滇，闊隱跡深箐，使其長子海因出降，因乾未襲故，次子納乾嗣。海納乾，闊次子，三十四年（1695 年）改平彝縣土縣丞，三十六年（1697 年）死，以妻隴氏撫子海天盈管事，三十九年（1700 年）隴氏死，以闊妻隴氏撫孫管事，四十二年（1703 年）天盈未襲死，以堂叔海一清嗣。海一清，起龍元孫，起龍生誠明生海闊，闊生一清。康熙四十三年（1704 年）襲，四十四年（1705 年）故，海藏珍康熙四十六年（1707 年）襲。〔註30〕傳至朝宗，道光七年（1827 年）襲。朝宗死，子光曙幼，母姬氏管理，咸豐四年（1854 年）襲。光曙死，乏嗣，堂叔述宗光緒四年（1878 年）襲。〔註31〕平彝縣右土縣丞直到民國年間才改土歸流。

據以上資料，其具體承襲情況如下：

〔註29〕倪蛻纂，李埏校點：《滇雲歷年傳》卷十二，雲南人民出版社 1992 年版第 581頁。

〔註30〕康熙《平彝縣志》卷九《土司》。

〔註31〕劉春龍等點校：新纂《雲南通志》卷一百七十三《土司考一》，雲南人民出版社 2007 年版第 672 頁。

序號	姓名	承襲關係	承襲時間	事蹟
1	海闊	自明子	順治年間	歸附清朝
2	納乾	海闊次子	康熙二十年	
3	隴氏	海納乾妻	康熙三十六年	
4	隴氏	海闊妻	康熙三十九年	
5	海一清	海納乾弟	康熙四十二年	
6	海藏珍	一清弟	康熙四十六年	
7	海朝宗		道光七年	
8	姬氏	海朝宗妻		
9	光曙	海朝宗子	咸豐四年襲	
10	述宗	光曙堂叔	光緒四年	

（三）土千戶

1.木期古土千戶，「地處滇東北極邊，在金沙江外，與四川會理州毗連，共二十一寨。以野蠻時出擾邊。乾隆三十一年（1766 年），川、滇兩省委會叫員會勘，奏設木期古土千戶。乾隆三十一年（1766 年），以會理州會理村土千戶祿瑤之子祿承恩世襲土千戶。承恩死，其子保富應襲祿瑤會理千戶之職，而東川千戶以瑤姪承爵襲。嘉慶九年（1804 年），承爵子萬春襲。萬春死，咸豐間，祿世魁襲。數傳至安仁。乏嗣，宗族爭產，乃廢置。」〔註32〕

2.拖車阿朵土千戶，「雍正年間，夷目祿茂從征蠻匪，以功授土千戶世職。阿茂傳魯祖，魯祖傳登，登傳永功，永功傳允昌，允昌傳有明，有明傳耀祖，耀祖傳朝宗，朝宗故，乏嗣，嫡堂地祖朝綱光緒九年（1883 年）襲。」〔註33〕巧家拖車阿朵土千戶祿氏世襲，祿朝綱在光緒九年（1883 年）還依然世襲土千戶，傳到祿廷英。

3.永善縣阿興土千戶：「阿興土夷安永長，於本朝康熙三十四年（1695 年）以化諭苗、蠻有功，授阿興土千戶之職，給印信，駐防檜溪。雍正六年（1728 年），米貼祿氏、吞都德昌叛，安永長奉文堵截，擒獲德昌等。八年（1730 年），德昌之土舍、木谷、四哥等從烏蒙叛，挾怨。共殺安永長，子天柱襲，天柱

〔註32〕劉春龍等點校：新纂《雲南通志》卷一百七十四《土司考二》，雲南人民出版社 2007 年版第 693 頁。

〔註33〕劉春龍等點校：新纂《雲南通志》卷一百七十七《土司考五》，雲南人民出版社 2007 年版第 739 頁。

故，子慶朝襲；慶朝故，子清襲。嘉慶七年（1802）奉恩加恤補蔭恩騎尉。」〔註34〕「清死，子象恒死，乏嗣，堂侄瑞圖襲。瑞圖死，子少陽同治九年（1870年）襲。」〔註35〕

第二節　滇東北彝族土司與中央王朝的關係

一、順康時期對滇東北彝族土司的治理

清初，在以武力統一地域遼闊的邊疆地區之後，清王朝根據少數民族的傳統觀念與習俗的不同情況建立起相應的統治政權，以穩定其在全國範圍的統治，防止地方割據勢力抬頭。事實也證明，清政府對邊疆地區的「因俗而治」政策，確實收到了良好的效果。清政府對邊疆少數民族地區的管理和控制比歷代都要嚴格，其治邊的總原則是「因地制宜」、「因俗而治」，即根據不同地區的不同生產生活及風俗民情，採取不同的治理辦法。對滇東北地區主要是通過解決土司問題而達到控制的目的。康雍年間雲南永北府人劉彬在他的《論全滇形勢》中談到了制滇策略：「從來有一定之形，無一定之制，時有不同則制變；有一定之制，無一定之功，人各異則功殊。」〔註36〕即治滇的策略，在形式不變的情況下，其制度要隨時代的變化而變化；在制度不變時，同樣的政策由於不同的人來執行也會有不同的效果，執政官所起的作用重大。

清代，「大一統」思想根深蒂固。清世宗即言：「普天率土之眾，莫不知人一統之在我朝，悉子悉臣，罔敢越志者也。」〔註37〕但清初，隨著土司勢力的發展，所暴露出來的最大弊端恰恰在於與「大一統」思想不相容。土司作為地方政權的代表，與中央政權體制不一，政府的號令在一些土司地區得不到執行，封建國家的職能不能充分發揮其應有的作用，這就嚴重削弱了封建國家的整體性。特別是由於土司所居之地大多是邊防重鎮、交通要道、軍事要地，這對於清政府來說，更容易造成對邊疆地區的失控局面。一些土司

〔註34〕《永善縣志略》卷一《土司》，載《昭通舊志彙編三》，雲南人民出版社2006年版第767頁。

〔註35〕劉春龍等點校：新纂《雲南通志》卷一百七十四《土司考二》，雲南人民出版社第696頁。

〔註36〕《皇朝經世文編》卷八十七，《四庫全書·史部》。

〔註37〕《清實錄·世宗實錄》卷八十六，《雍正七年九月癸未，中華書局1985年版。

稍不如意就擁兵反叛，造成邊疆地區的動亂。因此，在康熙中期全國局勢基本穩定之後，清政府中有識之士爲鞏固西南邊陲，不斷發表言論，指出土司制度的弊端，建議改土歸流。劉彬針對邊疆政策明確指出：「籌邊之道，在乎防微；保民之方，貴於經久。若僅泥於目前，非不晏安無事，而不知其有事之機自在也。」〔註38〕雍正四年（1726年），雲南巡撫兼雲貴總督鄂爾泰建議實施大規模的改土歸流，並指出：「滇黔必以此爲第一要務。」〔註39〕清世宗在認眞考慮了鄂爾泰的建議後，並委任鄂爾泰主持西南各省的改流事宜。這是清政府「時有不同則制變」原則的體現。《宣威州志》對這次改土歸流的目的談得十分明確：「宋太祖之言曰：『臥榻之側不可使他人鼾睡也。』夫鼾睡不可，而況飛揚跋扈於其間乎？此日之改土歸流，洵綏靖邊疆之至意。」〔註40〕至此，清初至中期的治邊之策由承認土司的存在變爲改土設流，最終要廢除土司。

二、順康時期對滇東北彝族土司的管理

清初，中央王朝面對各地蜂起雲湧的反清勢力，其主要精力投入到對南明政權和農民軍餘部的鬥爭中。再加上從17世紀開始，沙俄殖民勢力瘋狂向外擴張，不斷侵擾我國北部邊疆。針對國內外嚴峻的鬥爭形式，清政府暫時無暇考慮土司問題。而且，西南土司在協助清廷鎮壓農民軍餘部和平定三藩戰鬥中也起到了很大的作用。因此，清朝初期，在我國西南、西北少數民族地區，大小土司星羅棋佈。他們歷代承襲，世長其民，不僅擁有大量領地，還擁有大量土兵，自王其地，雄踞一方。但是，與元、明兩代土司制度相比，清朝土司制度有著鮮明的時代性。土司制度的內容已從單純的土司承襲、徵調、貢賦等義務轉向了如同流官一樣的嚴格管理、考核、獎懲等。清朝對土司也從原來簡單的安撫轉向了對土司的嚴格控制和管理。

（一）土司授職

清朝廷對西南地區歸附的少數民族土著首領「以勞績之多寡，分尊卑之等差」，授以官職，頒發印信號紙，使他們充任地方政權的世襲長官，「假我爵祿，寵之名號」，以便「額以賦役，聽我驅調」中達到「統屬有官，自然

〔註38〕劉彬：《永昌土司論》。
〔註39〕雍正《朱砒諭旨》第四十九冊，雍正四年九月十九日鄂爾泰奏，第74頁。
〔註40〕道光《宣威州志》卷七《藝文上》。

順服，不動兵革而邊境自清矣」〔註41〕的成效。而土司自知不足以對抗中央，故奉正朔，進貢賦、以保存實力和提高威信。鎮雄土知府隴鴻勳，《雲南通志》載：「清兵平蜀，芒部隴鴻投誠，仍授世職。」東川府「仍准世襲，頒順字一千六百九十八號印一顆，檄之曰：抹馬厲兵，汝爲鄉導；疾趨卷甲，努力疆場。」〔註42〕烏蒙、鎮雄土官歸附，接受封職。《滇雲歷年傳》載：「吳逆反，各土官皆靡然投附，獨烏蒙土知府祿某堅守欽頒印信，急則抱匿山箐，始終不受僞命，凡七年。天旅南征，自蜀臨滇，某踊躍赴軍前聽效，猶以土知府行事。蕩平後奉職如故。」〔註43〕一直效忠清廷，拒不參加吳三桂「三藩之亂」，爲清朝平息吳三桂等「三藩之亂」而效命。事件平息後，仍任爲土知府。

（二）土司承襲

清代土司之承襲，其規定較明代更爲完備、具體。「承襲之法以適長子請襲」〔註44〕，「不得越序」〔註45〕明確規定了承襲人宗支嫡庶次序，即長子長孫、庶子庶孫、弟或族人或妻或婿。其規定是，土司病故或因年老等原因請代，「准以嫡子嫡孫承襲；無嫡子嫡孫，則以庶子庶孫承襲；無子孫，則以弟或其族人承襲；其土官之妻及婿，有爲土民所服者，亦准承襲。」〔註46〕清政府爲了確保這一承襲制度有效運行，又採取了一些輔助措施。一方面瞭解各土司支系的情況，清政府規定：各土司「每遇歲終，各將世系履歷及有無嗣子，開報布政司註冊，三年入覲時報部，以憑稽核」〔註47〕。另一方面完善土司的承襲手續，凡應襲者，「由督撫具題，將該土官頂輩宗圖、親供，司府州鄰印甘各結及原敕印，親身赴部，由部核明，方准承襲」〔註48〕。後來取消了土司親身赴部，但其他手續仍很嚴格。「自古苗亂起於土司，土司之亂

〔註41〕《西園聞見錄》卷六十六《屬夷》。

〔註42〕梁曉強校注：《東川府志》卷十四《秩官土官祿氏世職》，雲南人民出版社2006年版第311頁。

〔註43〕倪蛻，李埏校點：《滇雲歷年傳》卷十一，雲南大學出版社1992年版第532頁。

〔註44〕《欽定大清會典》卷六十二，《兵部・土司》，《四庫全書・史部》。

〔註45〕《欽定大清會典》卷七《土官》，《四庫全書・史部》。

〔註46〕《大清會典》卷十二《吏部》，《四庫全書・史部》。

〔註47〕《清實錄・世祖實錄》卷一百二十六，順治十六年五月壬午，中華書局1985年版。

〔註48〕《皇朝通典》卷三十九，《職官》，四庫全書本。

起於承襲」，兄弟、叔侄，甚至母子之間，爲爭襲土司職位，互相仇殺。清代關於土司承襲方法的嚴格規定，有利於維護清王朝對邊疆地區的統治。

土官承襲的年齡，順治初年即定制：「土官親生之子，未滿十五歲者，該督撫題明註冊，將土司事務委族人護理。俟其子長成，具題承襲」，〔註49〕「子或年幼，由督撫選本族土舍護理，俟其年有十五歲請襲。」〔註50〕康熙十一年（1672年）也題准：「土官子弟，年至十五，方准承襲。未滿十五歲者，督撫報部，將土官印信事務，令本族土舍護理；俟承襲之人，年滿十五，督撫題請承襲。」〔註51〕規定十五歲以上方准承襲。

（三）土司賦稅

清代土司貢賦，多沿用明代定額。一般比內地要輕，土司區比流官區也相對輕。清聖祖康熙三十二年（1693年）上諭：「廣西、四川、貴州、雲南俱居邊地，土壤磽瘠，民生艱苦，與腹內舟車輻輳，得以廣資生計者不同。朕時切軫懷。歷歲以來，屢施恩恤積久錢糧，俱經次第豁免。茲念育民之道，無如寬賦，矧邊省地方，非再沛優恤之恩，則閭閻無由充裕，所有康熙三十三年（1694年）四省應徵地丁銀米，著通行蠲免。」〔註52〕烏蒙時係祿鼎乾襲土府職，歲徵錢糧合銀三百一十兩餘。〔註53〕東川府「共蕎糧二百石，折徵銀一百五十兩。」〔註54〕順治十八年（1661年）復准鎮雄土府歲納建蕎四百六十石，折草子糧二百三十石。〔註55〕

（四）土司獎懲

清初，對土司的考核仿流官之制，「三年大計」，實行「有功則敘，有罪則處」的制度。至雍正四年（1726年），清廷甚至還規定：「各省所屬土司，有奉法稱職，裨益地方者，該督撫不必拘三年大計之例，隨時薦舉。」〔註56〕

〔註49〕《欽定大清會典則例》卷三十《吏部土官》。
〔註50〕《欽定大清會典》卷七《吏部土官》，《四庫全書・史部》。
〔註51〕《清會典事例》卷五百八十九《兵部》，《四庫全書・史部》。
〔註52〕《清實錄・聖祖實錄》卷一百六十，康熙三十三年八月壬申，中華書局1985年版第752頁。
〔註53〕《昭通志稿》卷二《食貨志蠲恤》，載《昭通舊志彙編一》，雲南人民出版社2006年版第138頁。
〔註54〕梁曉強校注：《東川府志》卷十《賦稅》，雲南人民出版社2006年版第215頁。
〔註55〕乾隆《鎮雄州志》卷三《田賦》，載《昭通舊志彙編四》，雲南人民出版社2006年版第1003頁。
〔註56〕《清會典事例》卷一百二十九《吏部》，《四庫全書・史部》。

土官因係世職，故其考成與流官有所區別，多給予照顧。如康熙五年（1666年）復准：「四川、廣西、雲南、貴州各土司，係邊方世職，其錢糧完欠，不必照流官例考成。」對於完納錢糧較好的土官，則給予獎勵。如康熙七年（1668年）復准：「各土官經徵錢糧，一年內全完者，督撫題明獎賞銀牌花紅，永爲定例。」〔註57〕

（五）構建軍事網路

清初，保留下來的土司不少，明代雖設衛所以震懾土司，但到了明後期，衛所已失去應有的軍事作用，其士兵變成了當地的百姓，在土司區失去了中央王朝的軍事管制。於是，順治十六年（1659 年），清王朝便在雲南委派了總督和巡撫，建立隸屬於總督和巡撫的綠營兵。清政府在滇東北地區設曲（靖）尋（甸）沾（益）鎮、廣（西）羅（平）鎮兩鎮綠營兵，每鎮設總兵官一員、中、左、右營游擊三員、守備三員、千總六員、把總十二員、馬戰兵二百四十名、步戰兵九百六十名、守兵一千二百名。順治十七年（1660 年）設曲尋武沾鎮駐曲靖，分管南寧、陸涼、羅平、交水、平彝、易隆、馬龍州等地。馬戰兵二百八十名、步戰兵一千一百二十名，守兵一千四百名，原二千四百名。康熙三十八年（1699 年）拔二百名歸東川營。廣羅鎮駐羅平，設尋沾營游擊駐守沾益。

康熙二十一年（1682 年），平定吳三桂的叛亂後，綠營兵的建制又做了調整，時任雲貴總督的蔡毓榮，考慮到「滇省東接東川，西連猛緬，北拒蒙番，南達安南，四圍邊險而中間百蠻錯處，如猓玀、僰民、野苗等，種類繁多，最爲叵測，故無在非險要之地，無地不需控馭之兵」〔註58〕的實際情況，「量地設防，從長布置」，在滇東北地區設曲尋武沾鎮、廣羅協、援剿左協、尋沾營，力圖以新佈設之綠營兵「無事分扼要害，有事犄角相援」，達到「經久無患」〔註59〕，長期穩固地統治滇東北之目的。以曲尋武沾鎮左營游擊一員，守備一員，千總二員，把總四員，帶領馬步戰守兵八百名，駐防於尋甸。康熙二十四年（1685 年）添設援剿左右二協，以左協駐尋甸，右協駐羅平州。二十五年（1686 年）將原設曲尋鎮分駐尋甸官兵移歸曲靖左營。二十八年（1689年）將援剿右協馬步兵二千內拔入東川營馬戰兵一百人。

總之，清初對土司的管制，從一定程度上節制了土司的勢力，特別是建

〔註57〕《清會典事例》卷一百六十五《戶部》，《四庫全書・史部》。
〔註58〕道光《雲南通志》卷二十九《酌定全滇營制疏》。
〔註59〕道光《雲南通志》卷二十九《酌定全滇營制疏》。

立起嚴密的軍事網絡，駐紮綠營兵。在一段時間裏，土司區沒有發生動亂，對於清王朝來說，這是一件好事，清初，戰亂導致國庫空虛，需要休養生息，爲清朝的發展儲備能量，同時也爲改土設流奠定基礎。

第三節　雍正年間對滇東北彝族土司的改土歸流

一、改土歸流的歷史背景

　　元明清三代，中央王朝在少數民族地區任用當地貴族首領爲土官，讓他們治理其轄區，擁有絕對的權力。另一方面，在中央王朝內部，皇帝是封建統治者的最高代表，作爲一國之長出現在政治舞臺上，固然有一套自己的政治制度和運行方式管理整個國家，同樣土司也有一套連皇帝也難以干涉的政治制度和運行方式管理自己的領地。皇帝與土司具有共同利益追求，致使土司從存在開始就已經埋下了隱患，即在共同追求之下必然產生的利益衝突，這是中央建王朝在以土地換和平式的籠絡政策設計和實施過程中沒有意料到的。其結果是土司勢力的不斷膨脹，形成尾大不掉，稍有時機，土司便自恃其力，惡性膨脹的欲望使中央王朝不得不採取新的、更可靠的統治方式來控制土司。改土歸流便是中央王朝解決土司問題的一項基本措施。

　　中央王朝追求邊疆少數民族地區「長治久安」，到了清代，歷代的治邊思想已不再發揮其作用，統治者要對治理邊疆的政策做一些調整。針對邊疆地區土司叛亂無常，要整治即有個治標還是治本的問題。在追求「長治久安」的前提下，許多官員都提出了要標本兼治。如雍正四年（1726）鄂爾泰連續五次上疏，奏請改土歸流，以徹底解決土司問題。鄂爾泰認爲中央王朝在明中後期面對土司之弊，無非是在土司叛亂時，「拿幾土官，殺幾苗首，亦不過急則治其標本，病未除」，而對雲、貴、川地區來說，「恐終難寧帖」。〔註60〕雍正皇帝也有同感，認爲那種臨時性的措施對於治理邊疆地區，「乃攀枝附葉之舉，非拔本塞源之策」。〔註61〕因此，雍正皇帝下決心來個標本兼治，徹底剷除土司之患，「即遲至十年二十年，但能成事，實雲貴永遠之利也」。〔註62〕

〔註60〕雍正《朱砒諭旨》第四十九冊，雍正四年十一月十五日鄂爾泰奏，第83頁。
〔註61〕雍正《朱砒諭旨》第五十冊，雍正五年二月初二日韓良輔奏之朱批，第19頁。
〔註62〕雍正《朱砒諭旨》第四十九冊，雍正四年十一月十五日鄂爾泰奏，第86頁。

對於如何進行標本兼治，鄂爾泰認爲對於土司，「欲其知敬知畏不敢逞兇，縱少有蠢動，隨時殲滅」即屬治標，是容易做到的，「似一二年內尚可就緒」。但眞正解決問題，「欲其知禮讓知法度，革心服化，一變馴良」，方屬治本，就沒那麼容易了，「此內地所尤難，即悉心調治，亦非十年不能」。〔註63〕劉彬更提出標本兼治之法，對土司「一依流官之例，倘罪應斥革，即以漢官代之，停其承襲」，「然後錄其人民，籍其田地，減賦役以其力，給牛種以裕其源，選用循良，善加撫恤，不出百年，內地可以肅清，肘腋可以無虞」。〔註64〕標本兼治一旦提出，中央王朝便馬不停蹄的去實施。

二、改土歸流的社會背景

土司政權的存在無異於中央王朝統治下的小國，土司在其土地上擁有政治、經濟、軍事大權，擁有自己的一套統治機構，使清政府越來越難以對其進行控制，這就直接影響到清政府在滇東北地區統治的深入和穩定。土司在其境內肆行不法，且呈現越來越嚴重的趨勢，土司之間經常互相功掠，有時也越境劫掠相鄰地區的人民，其所爲有違中央王朝的意願。

（一）土司勢力的膨脹

由於土司從出現開始便實行世襲制，具有雙重身份，既是當地的首領，又是朝廷任命的官吏。土司利用其職權，世代相傳的轄地、屬民和土兵統治體系。使他們無視清政府法令，或與地方官吏勾結，把持民間訴訟，不分是非曲直，只以賄賂爲勝負，敲詐勒索，草菅民命，敗壞吏治。對中央王朝的認同採取若即若離的政治態度；經濟和文化上則竭力阻止先進的生產方式對其領地屬民產生影響。

滇東北彝族土司、土目恃強負固，爭襲仇殺，擾亂地方，日尋干戈，「東川土官祿壽、祿哲爭襲以來，各縱部眾，越境劫掠，擁眾千餘，標掠兩府，浹旬之間，村屯並掃」，〔註65〕這些土司還對鄰近地區進行掠劫，東川土目「伺行旅過後，潛出其後縛之，其人背與蠻背相合，面仰天，足離地，若巨虛之與蛩蛩，抵蠻窟不知幾多里。腰繫大木墩，足桍木屐，食以木槽同犬豕。督令服役三年，馴馴遣牧，狡則轉賣於蜀，掠自蜀者又轉賣於滇」。〔註66〕雍正

〔註63〕雍正《朱砒諭旨》第五十五冊，雍正八年七月二十四日鄂爾泰奏，第63頁。
〔註64〕劉彬：《永昌土司論》。
〔註65〕《明史》卷三百十一《四川土司傳一》，中華書局1974年版第8012頁。
〔註66〕梁曉強校注：《東川府志》卷八《種人》，雲南人民出版社2006年版第197頁。

四年（1726年）三月二十日《敬陳東川事宜仰祈聖裁事》一摺言道：「東川府距雲南省城四百餘里，方隅廣闊，土地肥饒。昔遭流寇蹂躪之後，緣半未開闢，兼之土人兇悍，專事劫掠川民，不肯赴遠力耕，滇民亦不敢就近播墾。故自改土歸流以來，歷今三十餘載，風俗仍舊，貢賦不增，該府每年徵折等銀止三百餘兩，俸工兵餉不敷，悉赴成都支領，往返維艱，以天地自然之利致爲荒蕪不治之區，良屬可惜。」〔註67〕東川於康熙三十八年（1699年）因爭襲仇殺主動要求「獻土設流」，但仍爲其「六營長」、「九夥目」盤踞，長期危害一方，由威寧到東川「三百六十里內，人煙俱寂，雞犬無聞，惟隔三十里有塘兵二三名，茅屋數間，而入山處古木參天，遠山處平疇萬頃，取用盡屬良材，墾治皆爲美產，然而田皆蒿萊，地盡荊棘，耕種不施，漁樵絕跡者，則以地近凶夷，徒資糧以資寇盜，故民不敢爲，官不敢問，而近域數十里內，肥饒之土，亦半拋荒。」〔註68〕「況尋甸、祿勸、沾益三州之民時遭東川土人之害，劫搶牲畜不一而足，及至赴官告理備文關提，川省官例問土目火頭，土目火頭惟就中攫利，曲爲隱蔽，經年累月竟不拿解一犯，洵爲滇省之累。……，烏蒙土府與東川接壤，驕悍凶頑，素稱難治。不惟東川被其殺擄，凡滇、黔、蜀接壤之處，莫不受其荼毒，而且產富田肥，負固已久，若不早圖，終爲日患」。〔註69〕烏蒙土官祿鼎坤「分管魯甸，凶桀橫暴，鄰境受其綁掠之寧，遠近稱之祿三官而不敢名」。〔註70〕「亦佐土縣丞海闊地編爲里甲，海地人流編糧已久，闊乃瓷總飛灑，毒虐俊削。」〔註71〕土司的所作所爲不僅給當地土民的生產、生活帶來嚴重的災難，亦對挑戰中央集權統治，同時也影響清政府的財政收入。改流後的東川土司勢力使川民不肯赴遠力耕，滇民不敢就近播墾，「風俗仍舊、貢賦不增」。烏蒙、鎮雄、東川、廣西泗城土府爲害地方尤烈，「大凡四省劫殺之案，多由三郡酋虜諸凶，總以逼鄰疆，沿成惡習，殺人擄人，越境以逃；緝人挈人，隔省無法，幸而擒獲，嘗牛嘗馬，視人命之乏常，一或潛蹤，移諮移關，目官府爲故事，凡此卷牘叢集如山。」〔註72〕土司勢力的發展已嚴重影響到中央的統治地位，破壞當地的正常社會

〔註67〕雍正《朱砒諭旨》第四十九冊，雍正四年三月二十日摺，第 23 頁。

〔註68〕雍正《朱砒諭旨》第四十九冊，雍正四年十二月二十一日，第 160 頁。

〔註69〕雍正《朱砒諭旨》第四十九冊，雍正四年三月二十日，第 24 頁。

〔註70〕倪蛻纂，李埏校點：《滇雲歷年傳》卷十二，雲南人民出版社 1992 年版第 583 頁。

〔註71〕康熙《平彝縣志》卷二。

〔註72〕雍正《朱砒諭旨》第四十九冊，雍正四年十一月十五日，第 92 頁。

秩序，屬民深受其害。

（二）土司對屬民的統治

　　土司世有其土，世管其民，在各自的轄區內獨斷專行，成為稱霸一方的統治者。土司對轄區的居民採取極端的壓迫與剝削，人民無論財物、家庭、自身都屬於土司，土司可以任意取用他們所轄各族人民的財物，甚至是子女，以此來滿足其所欲。更嚴重的是「土民一人犯罪，土司縛而殺之，其被殺者之族，尚當斂銀以奉土司，六十兩、四十兩不等，最少亦二十四兩，名曰玷刀銀，種種剝削無可告訴。」〔註73〕土司視人命如同草芥，其嚴刑酷法更是數之不盡，更有宮刑、斷耳、割鼻、斷指等殘酷刑罰。土司往往與附近清政府官吏同流合污，這使得土民有冤無處伸，只能默默忍受土司的殘暴虐待，針對這些現象，中央王朝也鞭長莫及。

　　土司對土民的經濟剝削，主要是土司向朝廷繳納的貢賦，使土司有藉口向土民苛索錢財。中央王朝在土司地區徵收賦稅，土司往往幾倍於中央王朝的徵稅額，「一年四小派，三年一大派，小派計錢，大派計兩，土民歲輸土徭，較漢民丁糧多加十倍。」〔註74〕土司不僅在中央政府徵收賦稅上做文章，為了盤剝土民而無所不用其極。「土司一日為子娶婦，則土民三載不敢婚姻。」〔註75〕在社會等級方面，土民們往往都是土司的農奴，處於社會的最低層，沒有絲毫的人身自由，其生命與財產更沒有任何保障。土司們對土民可以「賦役無名，刑殺任意」，「可以任取其牛馬，奪其子女」，「土民有罪被殺，其親族尚出墊刀數十金，終身無見天日之期」〔註76〕。土司在文化教育領域也一樣，教育機構是由土司壟斷的，所設的各類學校主要是培養土司子弟的，其餘的人完全被剝奪了受教育的權利與機會。殘酷的剝削和壓迫，使廣大人民群眾深受其苦，從而加深了土司同土民之間的矛盾，引起了各族人民的反抗鬥爭，希望能擺脫土司的統治。

（三）土司轄區土民的生活

　　土司雖屬國家在地方任命的地方官吏，但中央王朝不直接負擔土司及其機構的日常開銷，土司無俸祿只能依靠自己的徵賦政策從土民那裡收取經濟

〔註73〕　《鹿洲初集》卷一《論邊省苗蠻事宜書》，《四庫全書·史部》。
〔註74〕　《鹿洲初集》卷一《論邊省苗蠻事宜書》，《四庫全書·史部》。
〔註75〕　《鹿洲初集》卷一《論邊省苗蠻事宜書》，《四庫全書·史部》。
〔註76〕　《清史稿》卷卷五百一十二《湖廣土司傳》中華書局 1977 年第 14204 頁。

來源。土司是最大的地主，佔有境內的大部分土地，大多數土民爲土司耕種，收入全歸土司。這就造成土司對土民在經濟上的殘酷剝削和限制其人身自由。

土司對轄區內的土民，爲了收取更多的賦稅，實行嚴屬的控制和壓迫，任意役使，生殺予奪，民如草芥，土民毫無人身自由。針對這種情況，雍正曾多次詔諭各省：「各土司僻在邊隅，肆爲不法，擾害地方，剽掠行旅，且彼此互相仇殺，爭奪不休」。〔註77〕並且土司「鮮知法紀，每與所屬土民，多端科派，較之有司徵收正供，不啻倍蓰，甚至取其馬牛，奪其子女，生殺任情，土民受其魚肉，敢怒而不敢言。」〔註78〕造成其地方的社會經濟發展緩慢，人民生活困苦。據貴州總督張廣泗等追述，「改土歸流」前滇東北地區「種分黑白，各以類從。白者爲下姓，不敢與黑者齒。其中頭目夷民，備畜有家奴，以供驅使。而頭目中所畜家奴，多者每至百戶，少者亦有數十戶不等。伊等夷俗，於主僕之分甚嚴。而各土目之役使家奴，酷虐異常，迥非情理：或勒派家奴子女爲陪嫁，或強奪家奴之婦女爲侍妾，稍不遂意，輕則拆賣全家，重則立斃性命，任意欺凌，生殺自主。」〔註79〕烏蒙土知府祿鼎坤「其錢糧不過三百兩，而取於下者百倍，一年四小派，三年一大派，小派計錢，大派計兩。土司一娶子婦，則生民三載不敢婚。土民有罪被殺，其親族尚出墊刀數十金，終身無見天日之期。」〔註80〕滇東北彝族土司、土目「東連黔界，南接滇疆，擾犯三邊，迄無寧日，荼毒百姓，莫敢誰何！」〔註81〕其統治使「漢民被其摧殘，夷人受其荼毒」，〔註82〕廣大土民遭受壓迫、剝削，生命財產受到嚴重威脅。

另一方面，土官與流官、漢民、川販等相互勾結，控制地方政權、商貿，根本無法制而言，各級官吏遇事互相推卸責任，「及至事大，經官或欲申理，夷等暗中行賄賂，毀詳結案，上司亦不深求，以爲鎮靜，而刁抗不法任拘不

〔註77〕《清實錄·世宗實錄》卷六十四，雍正五年十一月己亥，中華書偈限1985年版。

〔註78〕《清實錄·世宗實錄》卷二十，雍正二年五月辛酉，中華書局1985年版。

〔註79〕胡慶均：《清初以來彝族奴隸制度的變化》，載《明清彝族社會史論叢》，上海人民出版社1981年版第192頁。

〔註80〕魏源撰，韓錫鐸點校：《聖武記雍正西南夷改土歸流記》，中華書局1984年版第218頁。

〔註81〕《恩安縣志稿》卷六《藝文》，《昭通舊志彙編一》，雲南人民出版社2006年版第81頁。

〔註82〕雍正《朱砒砒諭旨》第四十九冊，雍正四年九月十九日，第74頁。

到者，又復不可誇何，隱忍了事。」〔註83〕其結果必然是秩序混亂，吏治廢弛。土司殘酷剝削和壓迫土民，「彼雖依例輸糧，其實佔據私享者不上十數倍，而且毒派夷人，恣肆頑梗」。〔註84〕可見土司之間，土司與漢族官吏之間，土司與土民之間，土司與朝廷之間多層次的矛盾日益惡化，土司作為落後的生產形式和地方割據勢力的代表而成為矛盾鬥爭的焦點。改土歸流便成為社會發展之必然趨勢。

（四）中央王朝對土司所為的回應

鄂爾泰在給雍正帝的奏摺中曾多次指出，土司「雖依例納糧，其實佔據和享者不止數十倍，而且毒派夷人，悠意頑梗，以至許多廣闊肥饒之地緣半為開闢」。東川府一帶，由於土司兇悍，「川民不肯遠赴力耕，滇民亦不敢就近播墾」，故「三十餘載，風俗仍就，貢賦不增」。「烏蒙土府與東川接坡，驕悍凶頑，素稱難治，不唯東川被其殺擄，凡黔、滇、蜀接壤之處，莫不受其荼毒」〔註85〕。針對滇東北土司的所為，中央王朝也並非無能為力，鄂爾泰從「欲靖地方，須先安苗猓，欲安苗猓，須先治土司」〔註86〕的指導思想出發，於雍正四年（1726年）提出了在西南少數民族地區推行改土設流的建議。並強調土司制度妨礙國家的統一，破壞地方經濟的發展，不利於社會安定，改土歸流「實雲貴邊防百世之利」，「若不剷除塞源，縱兵、刑、財、賦，事事整傷，皆治標而非治本」〔註87〕。改土歸流一經提出，中央王朝便馬不停蹄的去實施，具體實施的辦法據《欽奉聖諭事》載「蓋事在初定，每易簡略，始之不慎，終城弊端，不可不熟慮……臣親勘後妥議奏，聞大約烏蒙土官，兇惡習慣，可以威制，似難以恩化，不改土歸流，終非遠計。然威止可一舉，恩可以先施，歸滇之後，臣當宣示，皇仁曉以國法，練兵屯田，以壯我軍，漸離其心腹，徐剪除其黨羽，俟機有可乘設法招致，庶可一勞永逸。」〔註88〕中央王朝的目的是在剷除滇東北地區的彝族土司，達到對該地區一勞永逸的治理。

〔註83〕雍正《朱砒諭旨》第四十九冊，雍正四年十一月十五日，第83頁。

〔註84〕雍正《朱砒諭旨》第四十九冊，雍正四年二月二十四日，第22頁。

〔註85〕雍正《朱砒諭旨》第四十九冊，雍正四年二月二十四日，第24頁。

〔註86〕雍正《朱砒諭旨》第四十九冊，雍正四年二月二十四日，第22頁。

〔註87〕魏源撰，韓錫鐸等點校：《聖武記》卷七《雍正西南夷改流記》，中華書局1984年版第284頁。

〔註88〕雍正《朱砒諭旨》第四十九冊，雍正四年六月二十日，第46頁。

三、改土歸流的過程

清王朝豈能對滇東北土司的行為坐視無睹？中央王朝對滇東北地區的土司進行統治，其目的就是要強化中央集權統治，削除扼守西南咽喉之區的彝族土司勢力。雍正時期，清王朝具備在滇東北地區進行改土歸流的條件，雲貴總督鄂爾泰向雍正王朝提出《奏請改土歸流疏》，對滇東北地區土司存在的弊端，改土歸流的必要性和改流的方略等，作了全面詳細的分析：滇東北地區因地處雲南、四川交界處，朝廷長期鞭長莫及，土民「終身無見天日之期」，其地「膏腴四百里無人敢墾」。朝廷必須痛下決心，鏟除根源，「縱兵刑財賦事事整飾」，皆治標而非治本。於是清王朝接受鄂爾泰的提議，在滇東北地區進行大規模的改土歸流。

（一）東川土知府改流

東川府的改土歸流始於康熙時代。康熙三十七年（1698 年），朝廷降旨：「改土歸流，事親重要；著雲南、四川、貴州三省派賢員親臨踏勘。」康熙三十八年（1699 年），因爭襲仇殺，主動要求「獻土歸流」，設流官知府一員。知府王永璽到任後，改築土城，建衙署管制。但地方實權仍操在「六營長、九頭目」手中，因其兇悍橫暴，專事劫掠，「川民不敢赴遠力耕，滇民亦不敢就近播墾，故自改土以來三十餘載，風俗仍舊，貢賦不增」。〔註89〕流官勢力由於種種原因並不能伸入。到雍正四年（1726 年），東川改屬雲南布政使司管轄。當時的雲貴總督鄂爾泰，曾到視察，並給朝廷寫了奏疏，請求在東川再添設流官，還要進一步建立健全各級政權權構等。雍正五年（1727 年），鄂爾泰以則補營長祿世豪、法戛夥目祿天祐「內擾東川，外侵武定，尋甸、祿勸多受摧殘」為口實，令武定營參將魏者國、守備王先等帶領官兵，協同東川營參將楊國華等會合擒剿，分作九路進兵。至六年（1728 年）二月初，祿世豪、祿天祐已被擒，其餘營長、夥目後亦「漸次整理」，致使「東川地方不負改土之虛名，而邊方百姓咸沽歸流之實惠矣。」〔註90〕到雍正六年（1728 年），東川土司勢力才被鄂爾泰最終消滅掉。

（二）沾益土知州改流

雍正四年（1726 年），沾益州土官傳到安於蕃，與烏撒「彼絕我襲」，糾

〔註89〕雍正《朱砒諭旨》第四十九冊，雍正四年三月二十四日，第 23 頁。
〔註90〕雍正《朱砒諭旨》第五十一冊，雍正六年三月初八日，第 83 頁。

纏不清，勢力日益強大。鄂爾泰「屢據呈訴，訪察確實」，給安於蕃定的罪名是：「勢恃豪強，心貪擄掠，視命盜為兒戲，倚賄庇作生涯，私占橫征，任其苛索，縱親勾黨，佐其恣行，卷案雖多，法不能究。」〔註91〕鄂爾泰派兵前往捉拿安於蕃，押赴曲靖轉解。於是，安於蕃「以不法革職，遷徙江寧，於其地置宣威州。」〔註92〕清朝廷在對安於蕃的處理上，還是比較人性化的，革其職，遷往異地，沒有給其定重罪，沾益州土司較平靜的改為流官治理。

（三）烏蒙土知府改流

雍正五年（1727年），對烏蒙土司改流已勢在必行，雍正批曰：「烏蒙土司縱恣不法，擅撓東川府、巧家地方，似此若不懲戒料理，將來益無忌憚，滋事愈多。雲貴與烏蒙接壤，朕正在諭爾會同岳鍾琪料理，爾所奏之摺，適至具見留心地方，可與岳鍾琪和衷酌辦，將烏蒙土官、土目，先行詳加戒諭，令其毋虐土民，毋撓鄰境，痛改前非，恪遵法度。倘敢怙惡不悛，惘知斂戢，應作何懲治，爾當悉心籌畫。將來若可改土歸流，於地方大有裨益。」〔註93〕當時烏蒙土官是祿萬鍾，而兵權卻掌握在其叔父祿鼎坤的手中，鄂爾泰先屯兵東川，招降了祿鼎坤。祿萬鍾知其叔父祿鼎坤降，就約鎮雄兵三千，攻祿鼎坤於魯甸，鄂爾泰趁烏蒙土府發生內訌之機，遣游擊哈元生出擊，又調其相仇之阿底土兵，共搗烏蒙，連破烏蒙土司的關隘，祿萬鍾敗走鎮雄。祿鼎坤以三千兵攻鎮雄，祿萬鍾逃往四川，路遇川省守備胡璉，被解送成都。烏蒙土司被迫獻土歸印，烏蒙設流官知府，魯甸設縣，歸烏蒙府屬。並將烏蒙改由雲南就近管轄。

（四）鎮雄土知府改流

雍正五年（1727年），鎮雄土知府隴慶侯年幼，其叔隴聯星握有兵權。鄂爾泰進兵烏蒙，同時，即令取道鎮雄，以懾其膽，並密緻貴州提督楊天縱調撥健兵，一同會剿鎮雄，因為他認為「維今之計，須先制隴慶侯，後及祿萬鍾，以烏蒙已窮，鎮雄未艾，先難後易，一舉兩得。」〔註94〕清兵按照鄂爾泰的指示，即得鎮雄土府，隴慶侯被迫出逃，赴川省副將張玉行營，繳印獻

〔註91〕雍正《朱砒諭旨》第四十九冊，雍正四年七月初九日，第53頁。
〔註92〕道光《雲南志鈔》卷八《土司志下》，雲南省社會科學院文獻所1985年版第393頁。
〔註93〕雍正《朱砒諭旨》第四十九冊，雍正四年三月二十日，第25頁。
〔註94〕雍正《朱砒諭旨》第五十冊，雍正五年正月二十五日，第16頁。

土。鎮雄改爲州治，歸併烏蒙府屬。至此，鄂爾泰對滇東北地區的改土歸流暫告一段落。

四、反改土歸流

（一）改流後米貼的反抗鬥爭

雍正五年（1727年），烏蒙雖改土設流，但土目祿永孝「仍占住米貼地方，踞有兩處巢穴，肆其憑陵，擾害邊境。」〔註95〕鄂爾泰派副將郭壽域以兵三百捕米貼土目祿永孝。祿永孝逃往小金江，糾集四川沙馬、建昌、涼山數千人潛回襲陷官兵。鄂爾泰又遣總兵張耀祖、參將哈元生合兵擊敗，米貼土目祿永孝被捕。雍正六年（1728年），鄂爾泰復派副將郭壽域率兵五百人，前往米貼逮捕祿永孝之妻陸氏，剛至米貼，陸氏發動當地和周邊的彝族數千人，把郭壽域及其士兵全部殺光。這一事件震驚朝廷，鄂爾泰急派黔省官兵九百名，另派兵士一千名帶路進剿，援軍分三路，左路軍由張耀祖指揮，由灑漁河經耶魚庫與中路軍合攻米貼，中路軍由卜萬年指揮，由羊泥至耶魚庫與右路軍會合，右路軍由哈元生指揮在大關與中路軍分路從豆沙壩正西到門檻山直搗井底。張耀祖進駐米貼，差人搜警：沿路追擊陸氏等首領。鄂爾泰送獲張耀祖、孫士魁戰報，「俱經檄飭，務將逆賊悉行剿滅，毋得少有姑息。即逃竄山箐賊黨，亦細加搜擒，以盡根株，毋貽後患。」〔註96〕清兵在擒剿過程中，或槍炮俱發，或用連環排槍，或箭射刀砍，或將俘獲之人正法，共殺害米貼夷眾一千餘名，其餘墮江死者、墜岩死者、滾警死者、撲水掩死者無數。經過鄂爾泰等人的殘酷屠殺，陸氏等首領盡獲，米貼軍務告竣。張耀祖自米貼撤師回省，其餘官兵亦陸續撤回，米貼留兵三百名駐紮，又增兵二百名添防井底屯並沿江一帶渡口。該地區的改土歸流，將米貼改爲永善縣，意爲要當地的彝族百姓好好接受統治。

（二）烏蒙反改土歸流的鬥爭

烏蒙在改流之後，「設東蒙雄威鎮總兵官，以劉起元爲之」，〔註97〕劉起元「貪暴殘忍」，將主張仁政的流官知府陸世宣排擠調走。陸的後繼者與之同

〔註95〕雍正《朱砒諭旨》第五十一冊，雍正六年三月初八日，第73頁。
〔註96〕雍正《朱砒諭旨》第五十一冊，雍正六年四月二十五，第99頁。
〔註97〕倪蛻纂，李埏校點：《滇雲歷年傳》卷十二，雲南人民出版社1992年版第604頁。

流合污，爲所欲爲。剝削當地人民，「夷民之馬，上者官索之，中者兵需之。不幸而妻女可觀，無不嬲也。凡有薪炭入市面上，兵役輪抽，以爲『過稅』。舊時酋目向來貴，今見工匠務須下馬，遲則捶楚加之。大關通判劉鎭寶丈量土地，苛刻爲能，教授李焜管督城工，迂疏繁碎。於是遠近夷民皆無生之氣，有死之心」。〔註98〕大民族統治階級的殘酷壓迫，爲失勢土官的捲土重來造成了可乘之機。

烏蒙土官祿鼎坤曾降清，在清王朝平定滇東北及鎭壓鎭源、車裏橄欖壩的戰鬥中奉調驅馳，無不用命，想藉此立功使清廷給他承襲烏蒙土府之職，但清朝廷卻調虎離山，命其前往河南作參將。令祿鼎坤大失所望，臨行前與其子祿萬福密謀伺機在烏蒙作亂。祿萬福以回魯甸料理產業爲名回到烏蒙，見劉起元等殘暴害民，民怨拂騰，乃聯絡魯甸、烏蒙、東川頭人起事，以圖恢復昔日之威勢。

雍正八年（1730），烏蒙地區各村寨彝族頭人以爲劉起元祝壽爲名，於飼馬草料中暗藏兵器，捆載入城，祿萬福引數千人破城而入。游擊馬秉倫等巷戰死，知縣寨枝大、司獄陳天錫、教授李焜等皆被殺死，劉起元被追殺於城外荔枝河邊。劉鎭寶被活捉，當地群眾「掌其頰，與之杖，夷其足，加之械，曰：『田地皆吾世業，汝何見而丈量之？折罰之？諸刑皆汝之慣施於百姓者，故令遍嘗之』」。〔註99〕可見彝族人民對貪官污吏的痛恨。

東川、鎭雄、魯甸、巧家、武定、尋甸、涼山、威寧等三省接壤處的土司聞風而起，群起響應。「凡祿氏凶目皆起而應之，自近江臺則補、以扯地方，要截江路；近城如以則、以攪地方，窺伺城垣，東川境內如挖泥、矣氏、歹補、阿汪等寨，東川境外如急羅箐、施魯古、牛畢古等寨，迤邐至於武定、尋甸，凡進東川路隘口，拆毀橋樑，沿途堵寨，以致往來繼絕，聲息不通。威寧一路，阿底爲咽喉，則勾通頭目黑寡、暮末勾雄等賊；鎭雄一路，奎鄉爲鎖鑰，則勾通頭目施額、法漏、阿路、扁等賊，殺傷塘兵，搶劫糧運，施弩放炮，公然拒敵。且串結漢奸，代傳木刻，遍委奸細，四布流言，以致賊勢洶湧，民心惶惑。」〔註100〕眞所謂「蔓引鈎連，庸懦震搖，民夷惶惑，一

〔註98〕倪蛻纂，李埏校點：《滇雲歷年傳》卷十二，雲南人民出版社1992年版第609頁。

〔註99〕倪蛻纂，李埏校點：《滇雲歷年傳》卷十二，雲南人民出版社1992年版第610頁。

〔註100〕雍正《朱砒諭旨》第五十五冊，雍正八年十月十七日，第100～101頁。

時情形，實有猝難撲滅之勢。」〔註101〕滇東北地區反對流官的勢力在不斷的蔓延。

鄂爾泰見此勢力的蔓延甚爲震怒，向清世宗「引咎自劾，並請解任督師」，又奏請暫假以兵權，親往進討，稱「必能殺賊擒虜，以泄此恨，以雪此恥」。鄂爾泰調集滇、黔、川三省官兵一萬人，外加六千土兵，由臨安總兵官魏國耈、鎮雄營參將韓勳和安籠鎮總兵官哈元生等率領，分三路向東川、烏蒙、鎮雄等地進剿。清軍逐寨逐菁嚴搜窮剿，展開了大規模的屠殺行動。東川方面，日斬首數十級、百餘級不等，殺人無算，曾一次燒毀扯戛、黑龍潭、拖姑等處十三寨。烏蒙方面，夷眾不能抵敵，大敗四奔，官兵趁勢追殺，連踏夷營八十座，追至稻田壩，復冒險殺過松林，直搗巢穴。鎮雄方面，韓勳率兵在鎮雄州莫都都地方，一晝夜與夷眾血戰二十七次，殺死夷眾三百餘人，傷者無算，連破四寨，盡行燒毀。又在奎鄉敗彝良土目。

即使如此，鄂爾泰仍不解恨，飛催各路官兵窮搜，「務獲渠魁，盡屠醜類。」〔註102〕以致官兵每生擒夷眾，多斬首懸示，且割耳計數。〔註103〕對於屠殺夷眾的罪行，鄂爾泰在其奏摺中供認不諱：「臣意祿酋族姓務應盡戮，逆目惡黨務應盡除，所有家口自應賞給兵丁，或內有賊眷係各土司親屬，不便分賞，以啓寡端者，照例發遣，其脅從附和之人雖不可勝誅，但有證據，俱未可寬縱，或還其家口使之完聚，俱遷徙寧古塔，或剁去右手，割去腳筋，仍復其故居。應按其情罪，審其頑懦，再酌量發落，其東川各寨有苗子乾羅羅二種，舊屬馴良，不應驚擾，惟黑羅凶頑，故乘機起事，然較之烏逆，亦應分從，臣意除酋長頭人，務嚴剿窮搜，或誅或遣，不留一孽外，其餘協從附和，但從來歸順，概予安插，庶不爲地方之害，亦不失法外之仁，至於扼要關隘及深密菁林，固不得不焚毀以防埋伏，即室廬房舍，於正當搜擒時，或需用火攻，或恐其復聚，亦不得不焚毀者。」〔註104〕對滇東北地區的摧殘可想而知，據後來「統計逆首逆黨及附從凶保，前後臨陣殺傷並滾崖投江自殺、自盡者已萬餘人，擒獲搜獲訊明梟示及剁去右手者已數千人，所獲裸賊男、婦分賞在事有功者亦數千人，准予安插並暫准投誠者亦萬餘人，其餘生擒賊首、賊

〔註101〕雍正《朱批諭旨》第五十六冊，雍正九年二月初九日，第 23 頁。
〔註102〕雍正《朱批諭旨》第五十五冊，雍正八年十月十七日，第 108 頁。
〔註103〕雍正《朱批諭旨》第五十六冊，雍正八年十一月二十八日，第 8 頁。
〔註104〕雍正《朱批諭旨》第五十六冊，八年十二月十七日，第 33～34 頁。

目並應質審要犯家口，現已數百人押解到省，收監發審，所未獲大小頭目共不滿十人。」更有甚者，鄂爾泰還令哈元生將已「悔罪投營」的阿底數百夷眾「盡數擒拿繄首，沿途懸示，以除後患，以警群夷。」〔註105〕

鄂爾泰在滇東北實行的殘酷鎮壓，濫殺了大量無辜百姓，整個過程充滿了血雨腥風，當地夷、漢等人民遭受了空前的浩劫。部分彝漢人民在追剿中逃入四川涼山地區；幸存的少時彝漢人民則躲進深山，「蔓延山谷，無論山原平野為彼族聚族而居，即懸崖陡箐間亦間有盤踞」。〔註106〕當地人口數量急劇下降，經濟文化受到嚴重的摧殘。清政府忘想以「一時之創夷」，亨「百世之恬熙」，〔註107〕給滇東北地區的人民帶來深重的災難，加深了民族間的隔閡和仇視，在民族關係史上造成極為惡劣的影響。

五、改土歸流的歷史作用

「改土歸流」對滇東北地區有利有弊，使滇東北地區融入內地行政體系，加強了中央集權統治，在一定程度上維護了國家統一，促進了滇東北的經濟發展和民族融合。但是清軍在平定滇東北地區彝族土司叛亂的戰爭中進行燒殺搶劫，給各族人民帶來了災難。

（一）改土歸流密切了滇東北地區同中央王朝之間的聯繫

「改土歸流」是一次深刻的政治革命，使滇東北地區直接納入中央王朝的統治，在政治上有利於加強中央集權制和鞏固封建國家的統一。改流後，由封建中央王朝委任的流官代替了世襲的土官，封建勢力逐漸深入到滇東北地區，中央王朝同各民族間的聯繫更加密切，這無疑是政治上的一大進步。改土歸流後，封建王朝加強了邊防駐兵，以往土司間互相攻掠、仇殺的情況基本上消除，有利於加強中央集權和鞏固封建國家的統一的。從交往的視角來看，「改土歸流」在一定程度上打破了土司地區間各民族、各地區間的壁壘，消除了土司各自為政、割據一方的孤立、閉塞的狀態，這對加強中央王朝同滇東北地區之間的聯繫和促進本地區社會的發展是極為有利的。如「昭自改土後，凡遷移流屯，以及官商落籍之人，大抵皆來自禮義文物之邦，其一切

〔註105〕雍正《朱砒諭旨》第五十六冊，雍正九年正月二十八日，第46頁。
〔註106〕《昭通志稿》卷一《鄉村》，《昭通舊志彙編一》，雲南人民出版社2006年版第119頁。
〔註107〕魏源撰，韓錫鐸等點校：《聖武記》卷七《雍正西南夷改流記下》，中華書局1984年版第296頁。

習慣好尙，互相染濡，雖以舊時之土俗，久之亦漸開化，觀於都市、郡野。」〔註108〕漢人不斷增加，各民族間的交往不斷增多和擴大，彼此間政治、經濟和文化聯繫與交流更爲密切，這對多民族國家的發展和滇東北地區社會的進步具有著十分重要的意義。

（二）改土歸流鞏固了滇東北地區的社會穩定

土司政權存在的前提是中央王朝爲了利用土酋的固有影響，維護土司地區的社會穩定。但問題的兩面性在於土司維持了其轄區內穩定的同時，與朝廷和相鄰土司之間常因利益相悖而紛爭不斷，導致邊患叢生。土司與土司之間的關係不同於土司與朝廷之間上下統屬及大多數情況下一致的利益關係，他們之間既無上下統屬，也無共同利益可言，極小的摩擦都可能導致大規模的武裝衝突乃至戰爭的爆發。況且由於土司自身勢力的大小不僅決定著他們相互交往中的地位，而且也決定著他們在中央王朝所能取得的權勢高低，這也在一定程度上刺激著土司要對外擴張以增強勢力。實際上，隨著清王朝在中原地區統治的穩固，土司之間的矛盾已經成爲邊疆地區穩定的最大隱患。從另一個角度講，這也是朝廷能夠對土司制度從根本上進行革除的最佳切入點。自明代實行改土歸流以來，多數的改流行動無不是選擇在土司之間紛爭不息時，中央王朝準確把握時機進行改流。改流之後，清王朝一般都是在土司之地建立城廓，派遣流官代替土司對當地進行治理，並駐紮官兵，使朝廷的軍事力量深入到土司地區，建立起朝廷直接管理的軍事防禦體系，從根本上鞏固了邊疆少數民族地區的安全和穩定。

（三）改土歸流使滇東北地區的社會形態發生了根本性的變革

滇東北地區因土司長期世有其地，從而形成了奴隸制和領主制經濟形態，改土歸流促進了奴隸制和領主制經濟向地主制經濟轉化，加速了奴隸制和領主制經濟的解體和地主制經濟的確立。改土歸流前，由於土官世領其地，世掌其民，土地和土民均爲土官所世有，土司享有至高無上的特權。土民則是土司的農奴或奴隸，處於社會最低層，毫無人身自由，遭受殘酷的壓迫和剝削。土民的生命財產無任何保障，土司「可以任取其牛馬，奪其子女」，土民「終身無見天日之期」。改土歸流後，由於土司世有權力被剝奪，土地佔有

〔註108〕民國《昭通縣志稿》卷六《禮俗習尙》，載《昭通舊志彙編一》，雲南人民出版社 2006 年版第 395 頁。

關係發生了不同程度的變化，清朝廷通過清查土地，將土司原佔有的大量土地沒收，部分作爲官田，部分分給官吏，部分「分給兵民、保戶及土人等墾種」，土民獲得了部分土地使地主經濟獲得了發展。地主經濟的發展並取代奴隸制和領主制經濟，不僅相對減輕了土司對土民的剝削，而且使土民對土司的人身依附關係發生了根本變化，擺脫了土司的奴役。土司所擁有的農奴或奴隸被解放，成爲有一定人身自由的個體農民。隨著土司政權的逐步消失，勞動生產力的解放，滇東北地區長期與外界隔絕的狀況被打破，各民族之間交流和聯繫的增多，其他各民族特別是漢族的先進生產技術和經驗相繼傳入和推廣，使原土司地區的農業、商業、手工業等都有了不同程度的發展。如東川，由於「土目盤踞」，「膏腴四百里，無人敢墾」，改土歸流後，由四川管轄，改隸雲南，「屯田東川，歲收二萬餘石」〔註109〕。朝廷爲了發展商品經濟，也採取了一些必要的措施，如在「西南由美姑河至雷波，闢雷寧通道四百餘里，駐兵守護，以通商旅」。交通和商旅的興起，不僅解決了各民族地區居民淡食之苦，而且緩解了茶、布奇缺的狀況。與此同時，隨著地方經濟的發展，國家的財政收入也增加了，東川地區就「課礦歲萬金，資兵餉」〔註110〕。

（四）改土歸流促進了滇東北地區文化教育的發展

改土歸流最重要的成果是在「素不識字」之區能大力發展教育，使廣大土民有受教育的權利，滇東北地區的教育事業獲得了超過以往任何歷史時期的發展。改流前，滇東北地區學校數量有限，不能滿足土民的教育需求，加之土司對土民入嚴加阻撓，「向來土官不容夷人應考，恐其入學，與之抗衡」，致使土民幾乎沒有讀書識字的機會。改流後，清政府廣設各類學校，並開科取士，使普通百姓不僅可以入學讀書，而且有了入仕爲官的機會。這對清政府施行有效統治而言，確實籠絡了不少平民出身的官吏。從另一方面講，在「不知讀書爲何事」的滇東北地區傳播了文化，「科第之漸開，與夫賢才傑士漸出。」〔註111〕打破了土司對教育的壟斷，通漢語，習漢俗，蔚然成風，「羅平自改土以後，流寓接踵，風俗漸以易移，文化節日新，喬野變爲彬雅。」〔註112〕滇東北地區各民族的婚喪禮俗、衣食住行也「多漢人風」，「與漢人同」，從而使源遠流長的中

〔註109〕《清史稿》卷五百一十四，《雲南土司傳》，中華書局1977年版第14256頁。
〔註110〕《清史稿》卷五百一十四，《雲南土司傳》，中華書局1977年版第14256頁。
〔註111〕《永善縣志略》卷一《山川》，載《昭通舊志彙編三》，雲南人民出版社2006年版第745頁。
〔註112〕《羅平縣志》卷二《建置志》。

華文化在滇東北地區蔚然成風。

　　總而言之，改土歸流是中央王朝與地方勢力間的鬥爭，廢除了落後的封建領主制和奴隸制，改土官統治爲流官統治，爲地方經濟的發展開闢了道路，爲封建文化的傳播打開了方便之門，打破了土司統治下民族間的、地區間的堡壘，加強了各族人民之間的經濟文化交流，在一定程度上推動了社會經濟迅速發展，因而有其順乎歷史潮流的一面。但是，清軍在鎮壓土司反抗的過程中不分青紅皂白，殘殺了大量無辜的各族人民，使滇東北地區各族人民的生產力、生產資料和生活資料遭到空前的摧殘，加深了民族矛盾，一定程度上毒化了這一地區的民族關係，這是封建統治者的罪惡所在。

六、清政府對改流後殘餘土官的安置

　　改土歸流後，清政府根據土司的行爲規定：「有犯斬絞重罪者，其家口應遷於遠省安插，犯軍流罪者，土司並家口應遷於近省安插。」〔註113〕迫其遷離本土，到外地定居。因爲「慮其住居本地，有黨羽相助爲非，故遠徙以杜其後患」。〔註114〕於是清政府將安於蕃「遷徙江寧，於其地置宣威州。」〔註115〕烏蒙府土知府祿萬鍾、鎮雄土知府隴慶侯被清廷安置江南，米貼土目祿永忠革職疑斬，其妻祿氏和其餘土目頭人被擒或死於獄中或被殺，祿鼎坤先疑發往江寧安插，後安插雲南省城昆明，朝見後，委爲河南參將，烏蒙等地反抗後被殺。其弟祿鼎明行刺魏翥國被殺。反抗鬥爭被血腥鎮壓，其子祿萬福和烏蒙土目、頭人龍山甲甲、龍山未未、催黑窩、切黑窩、蘇甲庚祖、西戈、魯凹篾所、大木那、二木那維鳩、高魯維業、拖布普魯、戛布、阿虐、位位；魯甸土目段良伯、段璠、苴鼠壽長、顧延康、奔苴、魯那格老李、阿客者則；彝良土目法漏者約；鎮雄土目說革、阿戛、施額等這些土司在反抗鬥爭中死於反抗中，或被擒後殺戮，眷屬均被遷徙流放。鎮雄土官隴氏後裔因二祿氏效忠清廷，並在反抗鬥爭中解散反抗武裝，「出奇計而誘擒賊首」，誥封六品安人，將杓佐官田4800畝，免其變價，賞給二女以爲養贍之資，予田20畝，使供隴氏祀。隴氏後裔在鎮雄花紅園子分支後，每一系爲一堂，各

〔註113〕《清實錄・世宗實錄》卷六十二，雍正五年十月甲申，中華書局1985年版第945頁。

〔註114〕雍正《朱砒諭旨》，雍正十三年十二月初十黃廷桂等奏。

〔註115〕道光《雲南志鈔》卷八《土司志下》，雲南省社會科學院文獻所1985年版第393頁。

有堂名，發展家業，兼併土地，蓄養家丁，擁有丫頭娃子，自命等級，私宅稱衙門，自設囚室，備有刑具。他們在自己的領地內擁有一定的權勢。

改流後，殘留的土目有：恩安縣北坡祿萬全，祿萬全是烏蒙土官家族後裔，後因功加土千總；巧家拖車阿朵土千戶；永善縣阿興土千戶；鎮雄果家河土目朱文衡、母享土目王炳、洛澤土目阿得；彝良戞虎土目羅全仁等。這些土目多已失去往日的勢力。

第四章　滇東北地區改流後的社會發展

　　改土歸流後，清政府在滇東北地區採取了一系列政治、經濟、文化措施，對於恢復發展滇東北地區社會經濟起了很大作用，同時也使廣大土民從土司的殘酷壓迫和剝削中解放出來，負擔相對減輕，生產積極性提高，加之大量漢、回、彝、苗等民族人口的湧入，先進的生產工具和生產技術得以廣泛應用，農業、手工業、礦業得到進一步發展，各民族在共同開發滇東北的過程中，交往增多，交流增強。

第一節　改土歸流後滇東北地區的政治變革

　　改土歸流後，土司政權解體，滇東北地區與內地一體化，流官政權進入，但滇東北地區的實際權力還掌握在一些小土目手裡，小土目是當地權力的實際控制者，形成了網絡化的權力空間，中央王朝要加強集權統治，因此，政治上需要重新構建一套新的上層建築來對滇東北地區進行管理。

一、文武兼制

　　清政府通過改土歸流，消除了由於土司間因爭襲、仇殺等造成的戰亂，為了加強統治，文武各設專職，文設知府管轄五屬，武設總兵統管六營。並在土司地區新設府州地方建城，軍民分治，互相維繫，以保證封建中央集權統治。

　　在滇東北地區，雍正五年（1727 年），將烏蒙土府和鎮雄土府由四川改隸雲南，並於雍正六年（1728 年）後廢除兩地之土司統治，降鎮雄土府為州，使之隸屬於烏蒙府，先後設鎮雄州州同駐彝良，設州判駐威信，設府同知駐

大關、設通判駐魯甸（起初駐大關），設永善縣於米貼、設恩安縣於昭通。雍正九年（1731年），平定烏蒙各部土司反抗後，又將烏蒙府改為昭通府，最終形成了以昭通府統轄鎮雄州（約今鎮雄、威信、彝良縣一帶）、恩安縣（約今昭通、大關、魯甸一帶）、永善縣的流官統治格局。昭通府南鄰的東川府〔註1〕，雍正四年（1726年）始劃歸雲南，並於府下新設會澤縣，至雍正八年（1730年）鎮壓了營目祿良正等聯合烏蒙土司的反叛，最後完成改土歸流。東川府東南部的沾益州，原來由土目安氏世襲土知州，至雍正四年（1726年），廢土知州安於藩，將沾益州分設宣威州（今宣威市）和沾益州（今曲靖沾益）設流官進行統治。這樣，滇東北地區在雍正時期較完整地完成了改土歸流。

雍正九年（1731年）改烏蒙為昭通府，雲貴總督鄂爾泰請雍正皇帝賜名昭通的奏章說：「舉前之烏暗者，易而昭明；前之蒙蔽者，易而宣通。」把烏蒙改名為昭通，意為棄烏暗蒙蔽而為昭明宣通。原烏蒙府治樂安縣，改名為恩安縣。當時昭通府轄恩安縣、永善縣、魯甸縣、大關廳、鎮雄州，稱為昭通五屬。分別設流官駐守，昭通府設知府一員、經歷一員、教授一員、司獄司一員（雍正六年（1728年）設、乾隆年間廢）；知縣一員（初設永善，後改恩安附郭）、典史一員、訓導一員（光緒八年（1882年）奏設恩安縣學，以羅次縣訓導移至此），均駐府城內。鎮雄設知州一員（雍正六年（1728年）設）、州同一員（駐彝良）、州判一員（駐威信）、學正一員（駐州城內）、府知事一員（駐牛街）、吏目一員（駐州城內）、巡檢一員（駐母享）。永善縣設知縣一員（雍正六年（1728年）設）、典史一員（駐縣城內）、教諭一員（駐縣城內）、縣丞一員。大關廳設同知一員（雍正九年（1731年）增設同知，初係通判，駐雄魁）、知事一員（駐廳城內）、巡檢一員（駐鹽井渡，民國初改為行政委員，後改為鹽津縣）。魯甸廳設通判一員（雍正九年（1731年）移駐魯甸）、巡檢一員（駐廳城內）。〔註2〕東川設知府一員、儒學教授一員、會澤知縣一員、巡檢司二員、典史一員。〔註3〕沾益設知州一員、學正一員、訓導一員、

〔註1〕 約今會澤、巧家、東川一帶，原隸屬於四川布政司，於康熙三十七年即進行了改土設流（雍正《雲南通志》卷四《建置志》記三十八年設流官，而卷二十四《土司志》則記三十七年改流。

〔註2〕《昭通志稿》卷四《官師志官師》，載《昭通舊志彙編一》，雲南人民出版社2006年版第167頁。

〔註3〕 梁曉強校注：《東川府志》卷十四《秩官》，雲南人民出版社2006年版第291頁。

巡檢一員、驛丞四員。〔註4〕

此外還在滇東北地區設曲尋武沾鎮、昭東雄威鎮、奇兵營、尋沾營、東川營、鎮雄營等軍事單位，以保證昆明至昭通交通聯繫的通暢。

二、設營汛加強軍事防範

為了維護滇東北地區的秩序，清世宗指示鄂爾泰，「新定苗夷，正資彈壓，烏蒙、鎮雄等處擴地甚廣，應添兵處不可惜此小費，當謀一勞永逸，萬不可將就從事。」〔註5〕鄂爾泰心神領會，即籌畫東川、烏蒙、鎮雄營制，設置營汛。考慮到滇東北地區「夷類繁多，邊隅險遠，善後事宜不得不深慮而熟籌之。」所以要加強軍事統治力量，「武有遊戍守府以勘亂，文有司獄巡檢以佐治。內有千總訓兵、外而汛防彌盜。塘、鋪、堆、卡，棋布星羅，仰見盛時規模，真闊大也。」〔註6〕清政府先設雲貴昭東雄威鎮總兵，雍正六年（1728年）設東蒙雄威鎮，裁援剿左、右兩協兵入鎮，設中、左、右三營。雍正九年（1731年），改烏蒙為昭通府後又相應地更鎮名為昭東雄威鎮，設總兵官兼管東川、鎮雄，統管六營。在總兵官標下設前、中、左、右四營。〔註7〕每營設游擊一員，守備一員，千總二員，把總四員。共有馬戰兵四百四十名，步戰兵一千七百六十名，守兵二千二百名。前營游擊駐古寨（今魯甸縣龍樹），中營游擊駐恩安，左營游擊駐大關，右營游擊駐永善。此外，雍正四年（1726年）設東川營駐東川府，添設右軍守備以下官兵三百名駐巧家，東川各汛駐兵共一千名。鎮雄營設參將駐鎮雄城，添設右軍守備以下官兵四百名駐奎鄉，分防白水、伐烏，計鎮雄各汛兵一千名。〔註8〕這樣，加強了昭通各縣的軍事統治，即所謂「營制周密，而鎮府攸賴矣」。考慮到尋甸繫連接昆明與東川、烏蒙的「咽喉要地」，而於雍正九年撥督標兵丁八百名、撫標兵丁二百名，組建奇兵營，由雲貴總督直轄，除防守尋甸城外，主要是分防大水塘、功山、秧田沖等昆明至昭通的衝要而又偏僻之區，為控制滇東北改土歸流之區創造良好的外部條件。

〔註4〕 光緒《沾益州志》卷三《秩官》。
〔註5〕 雍正《朱砒諭旨》第五十冊，雍正五年三月十二日，第26。
〔註6〕 《大關縣志稿》卷四《官師志》，載《昭通舊志彙編五》，雲南人民出版社2006年版第1322頁。
〔註7〕 《雲南通志》卷十六上。
〔註8〕 《雲南通志》卷十六上。

　　同時，為了軍事設防，營建新的政治經濟中心，在改流地區新建城市以便駐防軍隊，清政府於雍正九年（1731 年）撥款二萬四百七十兩白銀，改建鎮雄州城。雍正十年（1732 年）廢烏蒙土城，雲南巡撫奏請撥款，移建昭通府城。委知府徐德裕於龍洞山之陽築磚城，周環四里九分，高一丈七尺，水洞、炮臺、樓櫓設備齊全。引渠水為池，供民飲用。城設四門，東至鎮雄，故名東門為「撫鎮」；南至於威寧，故名南門為「敉寧」；西至東川，西北至四川，故名西門為「濟川」；北至於馬湖，故名北門為「趣馬」。永善原無城，雍正六年（1726 年）設縣治，九年（1731 年）巡撫張允隨令知縣杜思賢築土城。

　　交通要道通過的區域，除了在通道所屬行政中心設汛外，還就交通衝要區域特設汛地，分段守衛。如尋甸府，因係「東（川）（烏）蒙咽喉要地」，特設奇兵營，除以存城兵五百駐守府城外，還以另外五百兵分別在交通沿線的大水塘、小龍潭、功山、東邑堡、秧田沖五處設汛，以保證昆明至新改土歸流後的東川府、昭通府的聯絡通暢。〔註 9〕羅平州「與黔省之普安、安隆等處，粵省之西隆地方接壤，界連二省，夷藪，逋逃走險，最為要隘。」范承勳疏：「請將駐省右協移駐羅平，其廣羅協酌移廣西府，與廣南營互為犄角，庶控扼聯絡，此兵不為徒設矣。」〔註 10〕通過雍正時期對滇東北地區的汛塘設置，清政府在滇東北地區實現了從城鎮到鄉村，從平壩到山區的廣泛而深入的統治。正如史志所載：「我朝設立哨塘，分置兵役，星羅棋佈，立法至為周詳」。〔註 11〕滇東北作為一個整體，更加穩固地納入了封建王朝的統治版圖。

三、構建賦稅徵收體系

　　改土歸流後查田編賦，即把原來由土司控制的田地進行清丈，東川府「雍正四年，清查碧谷壩、小江、可柯三官莊，總計上下則田一萬三千一百畝，按則徵租歸公。」〔註 12〕「沾地瘠山多，查成熟地三百七十一頃」。〔註 13〕鎮

〔註 9〕 雍正《東川府志・兵制・汛塘》。

〔註 10〕 倪蛻纂，李埏校點：《滇雲歷年傳》卷十一，雲南人民出版社 1992 年版第 580頁。

〔註 11〕 道光《雲南通志・關哨汛塘一》卷四十三。

〔註 12〕 梁曉強校注：《東川府志》卷十《賦稅》，雲南人民出版社 2006 年版第 216 頁。

〔註 13〕 光緒《沾益州志》卷二《田賦》。

雄府「雍正七年（1729年）清丈報竣，計原丈成熟田地一千九百五十二頃。」
〔註14〕昭通府「原上、中、下三則水田六萬九千四百一十五畝」。〔註15〕另一方面，將原來由土司統治的土民按戶稽查，登記編冊，確定應繳的賦稅，只是「定額從輕」罷了，這是清王朝對少數民族進行直接統治的需要，也是流官統治與土司統治的顯著區別之一。對於各少數民族來說，只是被統治方式的改變，即由過去的被土司統治改爲被清王朝直接統治，其被統治的地位當然不可能得到改變。但是，在這種被統治方式改變的過程中，原來土民對於土司的那種超強的人身依附關係不存在了，過去土司的種種陋規被革除了，各少數民族的經濟負擔有所減輕，他們成爲清王朝的編戶齊民後，直接承擔封建國家的各種負擔。特別是那些過去在土司府內當牛做馬的奴婢在改土歸流後被解放出來，獲得了人身自由，他們願意成爲清王朝的編民，繳納丁銀，承擔賦稅。這都有利於緩和社會矛盾，調動少數民族的生產積極性，促進滇東北地區社會生產的發展。

四、查戶口編保甲

保甲制是封建政府在基層社會施行的一種嚴密控制體系。封建國家通過保甲組織系統，將皇權統治下的每一成員，都毫無遺漏地編入國家行政網絡內。在如此嚴密的組織網絡中，人們的居住、生產、生活等一切活動都被嚴格控制起來，因此，保甲對封建社會秩序的穩定具有重要意義。清統治者爲了像內地一樣統治滇東北地區，把各族人民納入政府編戶的同時，還採取了各種措施加強控制。改流之地的把目、火頭應改名爲保甲制度中的里長、甲首。「夷民畏服並無異志」，令土目繼續管理土民。對保甲制度進了規定，凡是人口稠密的地區，一律照內地情況編保甲。另外，又針對一些地區「土苗雜處，戶多畸零」的特點，規定：「無論民夷，凡自三戶起，皆可編爲一甲，其不及三戶者，令遷附近地方，毋許獨住，則逐村清理，逐戶稽查，責在鄉保甲長。一遇有事，罰先及之。一家被盜，一村干連。」〔註16〕鄂爾泰很重視對改流地區清查戶口，編立保甲，使「戶與戶連環相保，寨與寨互相具結。」

〔註14〕乾隆《鎮雄州志》卷三《田賦》，載《昭通舊志彙編四》，雲南人民出版社2006年版第1003頁。

〔註15〕《昭通志稿》卷二《田賦》，載《昭通舊志彙編一》，雲南人民出版社2006年版第130頁。

〔註16〕雍正《朱砒諭旨》第四十九冊，雍正四年八月初六日，第65頁。

〔註17〕如烏蒙「以編排連爲鄉甲，分設一十三保。居仁東鄉領十甲，村寨七十四；由義鄉領十甲八十三村寨；秉禮南鄉領十甲八十四村寨；達智北鄉領十三甲殼蟲一百村寨。」〔註18〕保甲長的選擇，一種是「擇苗之老成殷實者」充當，〔註19〕一般種是由原來的守法土目改任。

五、選擇敢於擔當的流官

凡改流之地，對新任流官的「選用循良，善加撫卹」，關係到改流地區的安穩。流官的品德、能力及工作經驗等都是至關重要的。對改流地區的民眾「實不在法而在人，得人之難，難於任事」。因此新任流官的素質如何是個關鍵問題。劉彬在《論全滇形勢》中列舉了歷史上在雲南發生的眾多事例說明，貪官污吏橫行縱肆，「則流毒蒼生，幾開邊釁」；而賢良之吏愛民撫恤，「則民受其福，國賴以安」，進而強調地方長官的作用。在滇東北地區，選擇什麼樣的流官來管理，這在當時已成爲一個突出的問題，擺在了清統治者的面前。清政府中的有識之士，以及清世宗本人對此是十分重視的。對於土司長期統治的地區，「剿固已難，既剿而綏撫之，使長治而久安尤難。然治安之要，在於得人。得其人而治之則安之」〔註20〕。清世宗更是清楚各級官吏對於安定地方起著十分重要的作用，從他登基之日起就注重整頓吏治，而他對於改土歸流時機的選擇，以及對鄂爾泰的委任，都表明了他對選擇良吏是十分慎重的。鄂爾泰認爲：「爲政在人，人存正舉，歸諸修身。是用人一事，自大吏以至於一命，皆有其責，而一身之分量、等級，庶政之興廢，優劣，胥視乎此未可不勤勤加意者也，獨是政有緩急、難易，人有強柔短長，用違其材，雖能者亦難以自效，雖賢者亦或致誤公。用當其可，即中人亦可以有爲，即小人亦亦每能濟事。因材、因地、因事、因時，必官無棄人，斯政無廢事。」〔註21〕改流地區官員任用對安定地方有著十分重要的作用，歸流能否成功，很大程度上取決於流官是否任用得當，如其所說「爲政在人」、

〔註17〕 雍正《朱砒諭旨》第四十九冊，雍正四年八月初六日，第73頁。
〔註18〕 《恩安縣志稿》卷五《風俗》，載《昭通舊志彙編一》，雲南人民出版社2006年版第55～56頁。
〔註19〕 《清實錄・世宗實錄》卷六十六，雍正六年二月壬午。
〔註20〕 《皇朝經世文編》卷八十八，晏斯盛《與尹制府論理苗疆書》。
〔註21〕 《世宗憲皇帝朱批諭旨》，卷一百二十五之二，雲南巡撫管雲貴總督事鄂爾泰奏，雍正四年八月初六日

「新定地方，流官最關緊要，自應揀調賢員，責成專理」。〔註22〕鄂爾泰也有自己用人標準：「臣念可信不可信原俱在人，而能用不能用則實由己。忠厚老成而累無材具者，可信而不可用；聰明才智而動出範圍者，可用而不可信」〔註23〕。

在改土歸流剛剛實行的時候，清世宗便頒發諭旨：「凡屬番夷苗猓雜處省分，若能使文武弁員清正自恃，絲毫不取小利，於彼可保無一事也。是乃探本尋源上策，當竭力勉此。」〔註24〕他和鄂爾泰都很注意對新設流官的選任，目的是求得邊疆地區的長治久安。他又頒發諭旨，指出，改流地區，「地方遼闊，文官武弁，需員甚多。其間未必盡屬賢良之輩，且恐官弁等之意，以為土民昔在水火，今既內附，已脫從前之暴虐，即略有需索，亦屬無傷。此等意見則萬萬不可」。並要求地方長官「嚴切曉諭，不妨至再至三，且須時時留心訪察，稍覺其人不宜苗疆之任，即時調換」〔註25〕。他們深知，要使所屬各員一塵不染是辦不到的。鄂爾泰曾感慨道，對改流地方之人民，「欲令其相安，感戴實不在法，而在人，得人之難，難於任事」〔註26〕。因此，他們一方面對流官的選任更加慎重，一方面又加強對官吏的監督和考察，一旦發現有不利於地方安定的馬上撤換或治罪。由於清統治者能夠注意在滇東北地區慎選敢於擔當的。因此，在改土歸流以後的幾十年時間內，滇東北地區還是比較安定的，特別是第一任流官多數是比較敢於擔當、勤政、廉潔的。對安定地方，發展生產起了一定作用。如曲靖府沾益土州改流後分設宣威州，其首任知州張漢於「創造之始，立學校，營衙署，葺城池，區里甲，清丈田畝，酌稅糧，規模宏大，簡校精覈」，時稱「循良之首」〔註27〕。昭通府總兵官徐成貞到昭後，「乃與知府徐德裕量度地勢，凡城池、衙署、倉庫、河渠，無不經劃井然，力謀妥善，又與知府臨修譽宮武廟，於鎮署前設立商市，復修大閱堂為訓兵之地，睿省耕堂為勸農之場，最後乃建三楚會館，……昭通初為蠻夷淵蔽，一變而為文物之邦」，〔註28〕知府徐德裕「到任後招撫流亡，籌辦

〔註22〕雍正《朱砒諭旨》第五十冊，雍正五年五月初十日，第65頁。
〔註23〕雍正《朱砒諭旨》第四十九冊，雍正四年十一月十五日，第88～89頁。
〔註24〕雍正《朱砒諭旨》第四十九冊，雍正三年九月二十一日法敏奏朱批。
〔註25〕《清實錄・世宗實錄》卷六十四，雍正五年十二月乙亥，中華書局1985年版第987頁。
〔註26〕雍正《朱砒諭旨》第五十四冊，雍正七年九月十九日，第79頁。
〔註27〕道光《宣威州志》卷三《秩官名宦》。
〔註28〕《昭通志稿》卷四《官師志》，載《昭通舊志彙編一》，雲南人民出版社2006年版第178頁。

善後，建城池，修文廟，置禮樂祭器，設義學，又導大龍洞水，溝通利濟河以灌溉西北田畝，又引水入城資汲飲。厥後百務畢舉，民得安居」。〔註29〕

也有用人不當的情況：如改流之初烏蒙劉起元因貪婪無度，引起地方民族統治階級和百姓的反抗，導致社會動盪。鄂爾泰在其奏摺中承認：「張耀祖等既欲苟且招撫，以圖蒙混了事。又將寡弱寨分兵搜捕，不聞拒敵，一概縛解，梟斬其夫男，分散其婦女。殺者無供詞證，賞者無姓名；擒非應擒，釋非應釋，錯亂昏謬。」〔註30〕劉起元任總兵官「侵欺糧飽，剋扣馬價，私派公費，擅役兵民，並將恩賞兵丁搬家銀兩亦復侵挪」。剝削夷人激起民變。

滇東北地區改流後，政治格局與社會治理模式發生了變化，流官統治取代土司統治，更有利於本地區的社會發展，促進了封建社會生產關係的快速形成，使本地區在政治、經濟、社會治理等領域趨於內地化。

第二節　改土歸流後滇東北地區經濟的發展

改土歸流給滇東北地區的社會經濟帶來了嚴重的破壞，生產停止，人口稀少，社會凋敝，擺在統治面前的首要任務是恢復社會生產，實現社會經濟的快速增長。因此，滇東北地區的統治者竭盡全力地採取各種措施來發展社會經濟。

一、農業

改流後，清政府在改流區採取一些措施，積極發展農業生產，使當地人民能在較短的時間內恢復生產生活。

（一）清丈田地，鼓勵墾殖

通過清丈土地，清政府追出了許多欺隱的土地，「陸涼、平夷、阿迷、蒙自，蒙化、保山、大姚、廣西、寧州等府州縣申報民間自首欺隱荒、熟田地共二十四萬二千一畝五分零。」〔註31〕使其準確的掌握了改流地區的土地情況，保證了清政府在這些土地上的賦稅收入。清政府對原來的有主荒田，准

〔註29〕《昭通志稿》卷四《官師志》，載《昭通舊志彙編一》，雲南人民出版社 2006年版第 174 頁。

〔註30〕中國第一歷史檔案館選編：《清代皇帝御批彝事珍檔》，四川民族出版社 2000年版第 227～228 頁。

〔註31〕雍正《朱砒諭旨》第五十一冊，雍正六年五月二十一日，第 4 頁。

許原所有者回來認領，繼續耕種，而對長期拋荒或者無主的土地，或者原為有主或現已無主的土地，沒收土司的土地，招募當地民人進行墾荒。「惟墾荒之法係民生第一要務，到處皆然」。〔註32〕為很好的鼓勵當地人民的墾荒，清政府提供各種方便招徠人民開墾。東川改流劃歸滇省以後，鄂爾泰自己出資三千兩，「先買水牛一百頭，蓋房六百間，招民開墾，酌給牛種、房屋，復給以現銀，為半年食米之費，其自外州縣來者又給以盤費，為搬運行李之資，現今招集已有四百餘戶」。〔註33〕實行鼓勵墾荒政策。

東川雖於康熙三十一年（1692年）改土歸流，但仍為六營盤踞，諸土目逞兇，以致「歲遇秋收，輒行搶割。故改土三十年，仍然為土所有」。自清世宗允准將東川劃歸滇轄後，鄂爾泰即盡革東川六營土目，開始對田土「按籍稽查，逐款清理」。先後查得舊有官莊十九座、原祿氏莊三處共十三村，將其歸公。「查此二項，通共可得租米二千石。」鄂爾泰還發現東川「合郡漏田畝甚多」，決定「逐一清丈，按畝升增」，則「每歲兵糧量可資給，不須更慮」。至於過去「拋荒出土，半屬良田，通計開墾，不下數十萬畝」，良為可惜。鄂爾泰遂「置買耕牛，捐造農器擬先於者海、漫海等地蓋房百餘間，先墾田萬餘畝，雇工分種」，〔註34〕然後逐漸招募開墾。

在鄂爾泰總督雲南之初，曲靖知府楊亂提出：「滇富民多隱田，通以丈量，升糧可倍」，建議丈田以增稅。糧道張允隨則言：雲南地少田瘠，「以百姓之窮，莫窮於滇，土地之瘠，莫瘠於滇，搖役之重，莫重於滇」。在張允隨的極力反對下，「通丈雲南漢夷田地」以增稅的議論才停止。

（二）農業生產迅速發展，水利條件得以改善

改土歸流前，「昭城地屬荒服，昔為夷族所居，山峻水枯、刀耕火種、漫無法制。」〔註35〕耕作技術落後，山區多種蕎子，壩區多種晚稻，產量低，廣種薄收，農作物品種單一，提供糧食有限。「昭地土質，五穀俱宜。唯種稷者鮮，麥叔出產頗饒。稻、秫二物，為昭民正糧，出產尤屬大宗。」〔註36〕

〔註32〕雍正《朱朱砒諭旨》第五十冊，雍正五年三月十二日，第34頁。

〔註33〕雍正《朱砒諭旨》第五十冊，雍正五年三月十二日，第35頁。

〔註34〕雍正《朱砒諭旨》第四十九冊，雍正四年十二月十一日，第108頁。

〔註35〕民國《昭通縣志稿》卷五《農政》，載《昭通舊志彙編一》，雲南人民出版社2006年版第366頁。

〔註36〕民國《昭通縣志稿》卷五《農政・辨穀》，載《昭通舊志彙編一》，雲南人民出版社2006年版第366頁。

昭通府改土歸流之初，由於清政府對昭通市叛亂土司的血腥鎮壓，人民逃亡，村舍頓成丘墟，土地荒蕪，無人耕種，加之添兵及修城，徵用夫役很多，解決糧食問題成爲清政府的首要任務。戶部於雍正七年（1729 年）議定：「滇省烏蒙東南之田土山場，建設流官，招民墾種。但地廣田多，非民力所能遍墾，令兵民一併承墾，每戶不得過二頃之外，仍量給牛、種、銀，統於三年內分年完納。」〔註 37〕令駐軍就地屯墾，以解決兵糧。同時招募農民來昭屯墾，於「雍正九年（1731 年），雲貴總督高其倬以昭改土歸流，新經綏靖，土曠人稀，設官伊始，兵糧民食俱關重要，始奏請招募習於耕稼之民及原住土民，每戶給田或土二十畝，令其墾荒而食，遂開墾之端。」〔註 38〕兵民同時耕種土地，於兵於農都有好處，一方面可以解決兵民的糧食問題，充實地方，另一方面可以改變原來昭通市人民的風俗習慣。「若本地耕獲有資，於軍糧甚便，且田疇漸廣，則民戶日增，可以填實地方，可以移易保習，事屬有益，既不可緩。」〔註 39〕於是清政府委派官員到昭通專辦墾務，令昭通府屬州縣亦協同辦理。將昭通所有之田地詳細查看，將土司領地或者沒收，或者變價入官，把拋荒的土地和土司領地分給「兵民夷戶」。把田地「分爲水、旱、生、熟四項，其水道塍埂現成，而今拋荒者，即令墾種，謂之熟水田。其地可以引水種稻，而從未耕種者，作爲生水田。其地只可種雜糧，而不能種稻，作爲旱地，亦分生、熟二項。其民先有夷戶、兵戶之分，至新招者每人給田二十畝，凡當分給之時，即劃清界線，給予執照，永遠爲業。」〔註 40〕承認軍民屯戶對屯田土地的私有權。

清政府對墾種土地的墾戶給予一系列的優惠政策：由政府發給遷移費，貸給墾戶耕牛、子種，無償分給田地，「每戶撥給田二十畝，借發牛種，開墾爲業」，〔註 41〕「撥運附近各屬米、蕎到昭，借給保民墾戶即時播種，俾無乏

〔註 37〕《欽定大清會典事例》卷 166《戶部・田賦・開墾一》（光緒石印本）

〔註 38〕民國《昭通縣志稿》卷五《農政・墾殖》，載《昭通舊志彙編一》，雲南人民出版社 2006 年版第 370 頁。

〔註 39〕《恩安縣志稿》卷六《藝文・委員赴昭辦理開墾疏》，載《昭通舊志彙編一》，雲南人民出版社 2006 年版第 79 頁。

〔註 40〕民國《昭通縣志稿》卷五《農政》，載《昭通舊志彙編一》，雲南人民出版社 2006 年版第 366 頁。

〔註 41〕倪蛻纂，李埏校點：《滇雲歷年傳》卷 12，雲南人民出版社 1992 年版第 619 頁。

食之虞」。〔註42〕並採取相關的免稅或是減稅措施，具體做法是不從耕種當年起徵收賦稅，待墾種幾年後再收取賦稅，「各戶墾種，按年收穀還本後起科輸米」，〔註43〕「當雍乾之間，田地荒蕪，募農民開墾，迨種熟後，始量升科。而事在羈縻，故稅率從輕。考田地之制，俱分上、中、下三則，而水田科米、旱地科稅蕎。」〔註44〕對於昭通一種類於熟苗的土人，清王朝「資以力田」，「令辦墾各員酌量給田令墾，照民納穀」。〔註45〕只是象徵性的徵收一點，一方面可以寵絡各族民眾安定生產，也可以吸引各地流民到昭通定居，從事農業生產及墾荒。經過幾年的發展後，清政府「五年定設，十年新增稅餘銀 93兩。實徵稅米一千八百一十六石，實徵稅蕎二千一百七十一石。」〔註46〕表明這項政策是取得極大成功的。

經過軍民屯戶的其同努力，墾種荒地，開闢新田等，鐵質農具和牛耕技術得到普遍使用，鎮雄州「犁田一牛曳犁，一夫扶犁柄驅之，日可兩畝許」。〔註47〕耕地面積增加，雍正十年（1732 年），東川府成熟民田地並蕎糧地共一千六百三十六頃，昭通府成熟民田地二千六百九十四頃。〔註48〕到乾隆二十年（1755 年）、二十一年（1756 年），昭通新增中、下二則水田六千七百五十六畝。新增上、中、下三則旱地九千四百零一畝。乾隆二十三年（1758 年）、二十四（1759 年）年合計，舊墾、新增上、中、下三則水田共八萬一千九百四十九畝。合計舊墾、新增上、中、下三則旱地共十一萬八千五百零一畝。乾隆二十五年（1760 年）至四十一年（1776 年），前後共增水田共九十二頃，旱地一千二百九十九頃。〔註49〕從田地的成倍增加的數量上看，也證實了改

〔註42〕《張允隨奏稿》，雍正十年三月十二日奏章，1964 年雲南大學傳抄四川大學圖書館藏稿本。

〔註43〕《清史稿》卷十四，《高其倬傳》，中華書局本 1977 年版。

〔註44〕民國《昭通縣志稿》卷四《賦額》，載《昭通舊志彙編一》，雲南人民出版社 2006 年版第 345 頁。

〔註45〕《恩安縣志稿》卷六《藝文》，載《昭通舊志彙編一》，雲南人民出版社 2006 年版第 79 頁。

〔註46〕《恩安縣志稿》卷五《賦稅》，載《昭通舊志彙編一》，雲南人民出版社 2006 年版第 58 頁。

〔註47〕乾隆《鎮雄州志》卷三《風俗》，載《昭通舊志彙編四》，雲南人民出版社 2006 年版第 1000 頁。

〔註48〕道光《雲南通志》卷六十。

〔註49〕《恩安縣志稿》卷五《賦稅》，載《昭通舊志彙編一》，雲南人民出版社 2006 年版第 58 頁。

流前烏蒙地方遼闊，荒地甚多的現狀。

屯墾促使人口日漸增殖。改土歸流後人少地多的情況得到了徹底改變，「自清雍正五年（1727 年）始設官治民，一時戶口尚未清查，復遭八年之亂，人民逃避殆盡，及再平定，經歷年撫綏，逐漸生聚。逮乾隆中，休養已久，據昭通舊《志》載：乾隆四十年（1775 年），漢夷共九千零七戶，男二萬六千五百三十八丁，女一萬九千一十八口，較三十八年前戶籍之數，戶增四百三十，男增二千二十一丁，女增九百口。」〔註50〕對此，乾隆初年的雲貴總督張允隨也有相應的奏述：「竊照滇省昭通一府……自雍正八年（1730 年）烏蒙蕩定之後，休養生聚，戶口日以繁庶。」〔註51〕東川府「自改土後，生齒日益充盛」，到了雍正末年「查明現在漢夷居民五千四百戶」，（乾隆二十六年（1761 年））「奉行保甲，查四城內外並四鄉八里，共煙戶一萬二千八百零三戶……嗣後應隨時編查。」〔註52〕

到道光時期，滇東北地區的人戶、田土及賦稅情況。曲靖府，民田七千七百四十二頃，屯田地八百六十五頃；民夷田地徵夏稅麥、秋糧共一萬一千二百六十石，條丁等銀共一萬四千一十三兩；屯田地徵夏稅秋糧麥、米、穀共五千八百一十石，條丁等銀共三千三百八十兩；土著民戶九萬二千三百零七戶，男婦大小四十九萬七千八百四十六丁，土著屯戶二萬七千八百八十四戶，男婦大小十六萬四千九百九十丁。東川府，民田地並蕎糧地二千零九十七頃；民田地徵夏稅麥、秋糧二千六百一十九石，條編等銀一千三百八十五兩，耗羨銀三百八十二兩，所屬夷戶沒編丁。昭通府，田土地五千六百一十三頃；徵夏稅蕎、秋糧米共一萬一千三十六石，條丁銀四千二十七兩，火耗銀八百零五兩；所屬夷戶未編者按丁。尋甸州，民田一千九百五十一頃，屯田地一百零二頃；民田徵夏秋稅二千三百三十二石、條編銀三千四百九十五兩，屯田徵夏秋稅五百一十石、條編銀五百七十二兩；民戶三萬七千四百九十一丁，軍戶七千二百零八丁。〔註53〕

綜上所述，改土歸流後，大批敢於擔當的流官順利地進入並接管了滇東北地區原來由彝族土司、土目控制的政權。雖然改土歸流後仍保留一些小土

〔註50〕《昭通志稿》卷二《食貨志・戶口》，載《昭通舊志彙編一》，雲南人民出版社 2006 年版第 129 頁。

〔註51〕《張允隨奏稿》，乾隆七年二月十七日奏章。

〔註52〕梁曉強校注：《東川府志》卷八《戶口》，雲南人民出版社 2006 年版第 172 頁。

〔註53〕道光《雲南通志》。

目，但這些殘留的、代表落後生產關係的土目經過移民屯墾的洗禮，已俯首於流官政權的控制之下，逐漸處於日益增多的封建地主及其勢力的包圍中，勢力日漸衰落。土民的人身依附關係逐漸減弱，並擺脫了土目的控制。大量的土司田地入官，兵戶及政府招募而來的大量移民在各土司轄區的屯種，刺激著封建奴隸經濟和領主經濟的瓦解，同時封建地主經濟的建立對屯田的私有化，又產生了促進作用，兩者的相互作用對封建奴隸制和領主制經濟的衝擊是致命的，土地有可能進入流通領域，最終動搖、瓦解屯田地區原有的各少數民族的土地形態，促使封建自耕農小土地所有制及封建地主制建立起來。對擺脫原有落後經濟形態的束縛，解放生產力，加強內地化趨勢起到了重要的作用。因此，滇東北地區的屯墾雖然是一個經濟行動，實際上卻收到了政治效果，其實質是一次以經濟手段達到鞏固統治之政治目的的善後行動，其結果是在一片廢墟上確立起了一種全新的政治制度。清政府派遣敢於擔當的流官統治者以一種較溫和的方式把鄂爾泰改土歸流的成果固定下來，從而完成了滇東北武力改流後社會的平穩過渡和整體發展，進而鞏固了清王朝在滇東北地區的統治。

　　興修水利，實乃造福百姓、利國利民的大好事。但好事並不好辦，有時甚至很難辦，「但須不畏彊禦，方克有成。故雖有賢守令，往往中途遂阻。由一郡類推，大概準此。即勢不能搖，又或造為別論，使必不可行。此不欲開河之通弊，不可不留意也」。〔註54〕至於「庸人俗吏，難與創始，易於落成。若立有規模，俾知利益，則相因相習，官不必率而自勤，民不必勸而自力，將不數年，即支流、小路亦皆遍行開修」。〔註55〕明乎此，鄂爾泰每每切責官員「實心措辦，所需之費請於變價銀兩內酌量動支，敢或藉端侵冒及苟且塞責者，立即揭參，以為漠視公事者戒」。鄂爾泰相信，「惟眾志若一，期在必行，庶百務無難，皆克有濟，且各為地方貽永遠利賴之善跡」〔註56〕，為了進一步將興修水利的職責明確，責任到人，雍正九年（1731年），鄂爾泰上疏朝廷，「通省有水利之處，凡同知、通判、州同、州判、經歷、吏目、縣丞、典史等官，請加水利職銜，以資分辦」。〔註57〕雍正十年（1732年），朝廷「議

〔註54〕雍正《朱砒諭旨》第五十冊，雍正五年八月初十，第99頁。
〔註55〕雍正《朱砒諭旨》第五十四冊，雍正七年六月十八日，第26頁。
〔註56〕道光《雲南通志》卷五十二《建置志·水利》。
〔註57〕《清世宗實錄》卷一百一十七，《清實錄》一八冊，中華書局1985年版第555頁。

准雲南各州、縣凡有水利之處，將同知、通判、州同、州判、經歷、吏目、縣丞、典史等官，皆準加水利職銜，境內河道溝渠，責令專理」。〔註58〕至此，清朝水利事務由過去只有朝廷的工部、行省的糧儲道、管河道管理，變爲上至朝廷、下至州縣，均有專職水利官員，使責有攸歸。這一重要舉措無疑對滇東北地區水利事業的進步和發展起到了重要作用。

水利爲農政之要端，民食之命源。改流之初，「夫昭初闢之初，林木蔭翳，四野荒鞠。在夷人只知刀耕火種，即奉拔居民與自來報墾者，寥寥數百戶，需水無幾。稍爲蓄池，可資灌漑。近則地闢民稠，田多水少。查官建閘之堤堰，不爲不多。」〔註59〕這就說明招民開墾以後，人口、田地增加後，現有的水利工程不能滿足所需，爲保障屯墾的順利進行，水利興修成爲開墾後的當務之急。昭通「地勢平衍，河道縱橫，東北少而常苦旱，西南水多而屢被災」。〔註60〕根據這一地理環境，清政府委派的官員即「設堰、置壩，開河導流」。〔註61〕特別是清政府委派總兵官徐成貞於雍正十年（1732 年）在昭郡郭北修建省耕塘，〔註62〕建成後「灌漑二千四百畝」〔註63〕對屯墾發揮了重要作用，對後世農業的發展也起了積極作用。自此之後，知府徐德裕主持修建新澤壩，由新澤溝引水入城，瀦爲利濟池以供汲飲以及灌漑。

在恢復發展農業生產的同時，清政府在滇東北地區興利了一些水利工程：東川蔓海「地本腴饒，因積水棄置。開海建閘，水消田出，亦可招民承墾，……俱委員查勘，及時興工」。〔註64〕於雍正五年（1727 年）令知府黃士傑「新開左、中、右三河，建築壩閘，匯矣裏河、魚洞入金沙江，墾作漸興」。〔註65〕「東川府屬那姑汛荒地一區，據漢夷人呈請，於披戛河築壩引水，開

〔註58〕道光《雲南通志》卷二十六，《興修水利》。
〔註59〕《恩安縣志稿》卷三《城池‧水利》，載《昭通舊志彙編一》，雲南人民出版社 2006 年版第 33 頁。
〔註60〕《昭通志稿》卷二《食貨志‧水利》，載《昭通舊志彙編一》，雲南人民出版社 2006 年版第 143 頁。
〔註61〕民國《昭通縣志稿》卷五《農政志水利》，載《昭通舊志彙編一》，雲南人民出版社 2006 年版第 368 頁。
〔註62〕《恩安縣志稿》卷六《藝文志‧碑記》，《省耕塘碑序》，載《昭通舊志彙編一》，雲南人民出版社 2006 年版第 82 頁。
〔註63〕《昭通志稿》卷二《食貨志‧水利》，載《昭通舊志彙編一》，雲南人民出版社 2006 年版第 149 頁。
〔註64〕《清世宗實錄》卷一百一十七，《清實錄》八，中華書局 1985 年版第 559 頁。
〔註65〕雍正《雲南通志》卷十三《水利》。

纂山洞放注，可成水田七八千畝。當布政使借給庫銀一千兩，責成東川府上緊開築。又府城西門外龍潭水甚大，可開渠繞過東、北兩門，引灌川舍、瓦尼各寨陸地。其五龍募魚洞一帶田畝，改用一里河之水，城外滿壩皆成水田。現東川府勸諭農民及時經理，工費皆業戶捐輸。」〔註66〕在鎮雄托洛河「築壩引水灌田約三千餘畝」，苴蚺河「兩岸居人製龍骨車汲水，灌田約二百餘畝」。從灑雨河「引水藻田約千餘畝」從丁丈河「引水灌田約二百餘畝」，黃水河流域「居人或築壩，或水車灌田約四千餘畝」。〔註67〕

尋甸州之尋川河，雨季水潦，歷來無策捍禦。雍正七年（1729年），鄂爾泰經過走訪調查，就其山形水勢及遠近高低，探知「尋川河之湮沒，實由於馬龍河之山高勢急，衝激尋水倒行逆流，不得暢瀉之，故欲治尋河，使不逆流，莫若使馬龍河不爭水道；欲使馬龍河不爭水道，莫若使尋河泛濫之水另開一河，彼此不相衝激，則順勢安流，可以暢瀉而無阻」，遂面諭該州知州崔乃鏞，「令於秋後復勘，作速興修，毋得畏難避怨，務期成功」。〔註68〕

雍正九年（1731年）七月，鄂爾泰在曲靖府主持開挖了古水洞引流工程。該項工程「界連南寧、沾益、陸涼、平彝等處，其水所利甚遠」。初時屏經開復，因不得其源流，皆無成效。鄂爾泰先令該府同知「相其水源」，發現洞中巨石壘壘，填塞磐直，於是傳令捐資開挖，經過努力，引流成功，「四州縣民成享其利」。其他如演池海口、金汁六河等項工程，在他的手裏，都取得了一定成績。

鄂爾泰不僅對滇東北地區的水利工程悉心籌畫和安排，檄委、飭令地方官員實心任事，著力興修，對於重人的水利工程，他還注意進行監督檢查，要求勤於維修，善加管理。一些重要的閘壩訂有用水條規，設專人管理。「前人建閘設堰，棋布星羅，法制盡善，故旱潦無虞」。〔註69〕昭通知縣沈生遴修建的利濟河十八道壩、惠濟閘、三濟閘、普濟閘等，雇夫專管，按年培修堤埂，植柳保護。疑定條規，刊板頒發各鄉農民遵守。〔註70〕雍正八年（1730

〔註66〕梁曉強校注：《東川府志》卷四《山川》，雲南人民出版社2006年版第107頁。
〔註67〕乾隆《鎮雄州志》卷三《水利》，載《昭通舊志彙編四》，雲南人民出版社2006年版第1008頁。
〔註68〕雍正《朱砒諭旨》第五十五冊，雍正八年五月二十六日，第67頁。
〔註69〕《昭通志稿》卷二《食貨志·水利》，載《昭通舊志彙編一》，雲南人民出版社2006年版第143頁。
〔註70〕《昭通志稿》卷二《食貨志·水利》，載《昭通舊志彙編一》，雲南人民出版社2006年版第144頁。

年）正月，尋川河之子河在尋甸州木龍村日後海開挖成功後，尋川河兩岸涸出田地，計可增兩萬餘畝。知州崔乃鏞稟請設立水利頭人管理，並請將涸出田畝以一半賞給出夫應役人等並各效力士民，領種納糧，另一半令附近居民酌量納價領田，永爲己業。這些水利工程的建設爲屯墾的順利進行和後來滇東北地區的農業發展奠定了良好的基礎。不僅使灌溉面積擴大，而且這些水利設施的效果也是十分明顯的，「濬水開渠，教以稼穡。不數年得沃野數千畝。石田豐草，易爲綠野平疇。居者得食，行者得曩糧。軍民樂甚。」〔註71〕

（三）種植結構得以調整

清代滇東北地區得到廣泛開發，與玉米、紅薯的傳入種植有關。玉米和馬鈴薯原產於美洲，明代傳入我國，先在沿海地區引種，以後傳入內地各省。明末清初，又由內地的漢民傳入了西南地區，在康熙時在雲南各地得到普遍種植。由於這兩種作物適於高寒山區種植，種植條件要求不高而且產量較大，傳入雲南地區以後，爲山區人民解決溫飽提供了保障，也使較多的外來人口遷入山區成爲可能。清代在各地廣爲種植的耐寒作物還有蕎與高粱等。玉米、蕎和高粱富含蛋白質，除充食糧外還可烤酒和製粉，廣泛種植後很快成爲山區人民的主糧。如《宣威縣志》言：宣威人謂玉黍爲「玉麥」，可熬糖、煮酒、磨麵，功用甚大，宣威人「仰爲口糧大宗」〔註72〕。《大關縣志》記載「本縣民生惟恃農業。山多田少，稻穀不豐，以玉蜀黍爲主要食糧。其他高粱、麥、蕎、豆皆爲一般生活所需，而馬鈴薯尤爲農產大宗。」〔註73〕《新纂雲南通志・物產志》載：「滇中荒涼高山不適於麥作之地，玉蜀黍均能生長，用途與稻、麥同，爲當地主要食品，並可飼畜，釀酒，即其杆、葉、苞皮，無一廢棄之物，具雲南經濟作物之重要者也」。吳其濬的《植物名實圖考》說：「陽芋，滇、黔有之，療饑救荒，貧民之儲」。由於玉米、馬鈴薯的傳入，使原來不適宜種植稻麥等作物的山區能夠得到開發利用，山區農業生產由此提高到一個前所未有的水準。直到今天，玉米和蕃薯的產量仍然是雲南主要糧食作物。〔註74〕農作物的品種增多，除蕎、麥、粟等傳統農作物外，水稻、玉

〔註71〕《恩安縣志稿》卷六《藝文志・重修徐公祠碑記》，載《昭通舊志彙編一》，雲南人民出版社 2006 年版第 83 頁。

〔註72〕《宣威縣志》卷三，《物產志》。

〔註73〕《大關縣志》卷九《農業志》，載《昭通舊志彙編五》，雲南人民出版社 2006 年版第 1457 頁。

〔註74〕《雲南地理概況》第 83～84 頁。

米、馬鈴薯在滇東北地區大面積種植，乾隆《鎮雄州志》卷五載：「包穀，漢夷貧民率其婦子墾開荒山，廣種濟食，一名玉秫。」

由於玉米和馬鈴薯這兩種高產作物爲山區人民種植提供了保障，且耕作技術簡單易學，新招撫和被解放的各族人民很快安定下來，生產力有了很大提高，並且生活上有了保障，這就避免了普通各族人民由於生活困難，不諳農耕而向封建土目的投附。滇東北地區各族人民在獲得豐收後，提高了生產積極性，爲擴大對土地的佔有，繼續開墾荒山，新興地主的雛形開始出現。《昭通志稿》載：「夷民則淘汰無幾」，這一淘汰過程實際上反映了土目統治階級的內部分化。民國《宣威縣志稿》載：「土司雖裁而其子孫籍所有基業尋仇肇釁，爲害地方。」一方面促成大量土目的衰落，一方面又使一些以改變剝削經營方式的土目或生產發展收益較大的各族人民有機會利用自己的經濟勢力大量收購土地，成爲滇東北地區新興的地主。他們採用先進的生產方式和生主技術，投身於滇東北地區的山區開發中，有的還開始兼營其他商業活動，推動了滇東北地區社會經濟的發展。

總之，清政府在改流後的滇東北地區，採取招募農民進行墾殖、興修水利、引進高產作物等善後措施，打破了土司統治時期的固步自封，蠻不出戶的局面。爲發展農業生產，人口繁衍，增加勞動力和農業生產結構調整等打下了堅實的基礎。但滇東北地區的手工業不甚發達，因多爲農耕經濟和畜牧業經濟。

二、礦業

清初，爲解決鑄錢用銅問題，滇東北地區銅礦開採達到了頂峰。「雍正初，歲出銅八九十萬，不數年，且二三百萬，歲供本路鼓鑄。乾隆初，歲發銅本銀百萬兩。」[註75] 可見滇東北地區的礦冶業在改土歸流後得到了快速發展。

（一）滇東北礦業的發展歷程

清初，由於連年用兵，財政虛耗，作爲貨幣的銀、銅（鑄錢用）以及礦稅收入，是清王朝的主要財源。滇東北地區是銀、銅的主要產地，東川府則「郡產銅得滇省所產之半，而銅之轉運京師者亦分任其半。」[註76] 明代宋應星著《天工開物》記載：「凡銀中國所生，合浙江等八省所生，不及雲南之

〔註75〕《清史稿》卷一二四，中華書局 1978 年第 3666 頁。
〔註76〕梁曉強校注：《東川府志序》，雲南人民出版社 2006 年第 7 頁。

牛。」清人檀萃《茂隆廠記》說：「以銀幣濟中國者，首則滇之各廠，次則粵海花銀……滇昔盛時，外有茂隆，內有樂馬。」樂馬銀廠在昭通府魯甸廳，當時是雲南最大的銀廠，即漢、晉時的朱提山，今屬魯甸縣龍頭山，朱提銀曾著稱於漢、晉時期。清代前期滇東北地區的礦業興旺，對社會經濟的發展起了極大的作用。礦業的發展與清政府獎勵開礦的政策是分不開的。康熙二十一年（1682 年），雲貴總督蔡毓榮提出由民間開礦的奏疏說：「礦洞宜開也……雖有地利，必資人力。若令官開官採，所費不貲。當此兵餉不濟之時，安從取給。且一經開挖，或以礦脈衰微，旋作旋輟，則工本半歸烏有。即或源源不匱，而山僻之耳目難固，官民之漏卮無限，利歸於公家者幾何。是莫若聽民開採而官收其稅之為便也……一面廣示招來，或本地殷實有利之家，或富商大賈，悉聽自行開採，每十分抽稅二分……凡有司招商開礦得稅一萬兩者，准其優升。開礦商民上稅三千至五千兩者，酌量給以頂戴，使之鼓勵。」〔註77〕此奏疏經康熙諭准實行。

　　為保證製作銅錢的原料的來源，康熙四十四年（1705 年）採取了「放本收銅」的經營方式。由官府在銅品生產過程開始之前預發工本，待生產過程結束時則用生產出來的產品按價抵扣，課銅二成，其餘八成，稱為「官銅」，由官府作價，每百斤按三兩到六兩銀的官價收買，同時從中扣回「工本」。雲南地方政府在昆明創設了官銅店。與明代的礦課提舉司不同，官銅店不但授權商人開礦，同時還通過預付購買價「工本」和補助費「場費」的方式為廠商提供資金。這筆資金可用於購買食物、燃料、勞力和設備等生產物資。運費、糧食再分配和其他一些支出則可通過貸款解決。礦廠監官負責稽查礦業生產並壟斷性購買所有生產出來的銅，官銅店再按一定的利潤將銅賣給北京和其他各省錢局。這套制度的目的是降低商賈礦業經營的風險，並通過控制價格保障政府從礦業發展中獲取銅產供應。這一制度既對銅礦業實施了嚴密的管理，又對官營工業給予了有效的保護。對於滇東北地區的礦業開採提供了政策。

　　「放本收銅」就形成了銅礦均以政府提供資金的方式進行生產，而銀礦則以客商投資的方式進行生產的不同模式，其主要目的在於降低交換風險。從產品的銷售和成本、利潤的獲得看，銀可以用冶煉出的產品來直接支付所

〔註77〕蔡毓榮：《籌滇十疏》，載王文成等輯校：《〈滇系〉雲南經濟史料輯校》，中國書籍出版社 2004 年版第 243 頁。

消耗的成本，而銅礦則必須首先出售其礦產品，換取銀兩才能進行支付。基於銅礦生產在這種情況，政府才決定對銅礦生產者借貸大多數資本，並派官員監督銅礦的生產，收取銅課。這就是清政府提供資金，募集礦民去開採銅礦的原因。

　　雲南官銅店每年向省外輸出的銅達到了八百萬到一千萬斤，其中六至八百萬斤輸出到北京各錢局，一至三百萬斤輸出到其他各省錢局。〔註78〕而且，從1739年開始，應雲貴總督的請求，稅收公使每年為雲南提供接近一百萬兩的銅本，作為預支京銅的購買價和運輸費用，這筆資金為雲南銅礦業的發展提供了充足的資本。這樣，官銅店就為銅產量的提高提供了三個系列的政府激勵因素：政府發給的津貼，降低了生產成本；政府發放的工本，減低了信用花費；而政府的採買，則保證了穩定的產品需求。三者交互作用——場費補貼、暢快的信用和穩定的收益——促成了滇東北地區銅礦業的大發展。

　　據新纂《雲南通志》記載，從乾隆四年（1739年）起，滇東北地區先後開採的銅、銀、鐵等礦有：

礦名	廠名	所在地	開辦年月	經營人員	額課	閏加	課餘額定京銅
銅	湯丹	巧家西北湯丹山	前明即開、乾隆初極盛	東川知府	316萬斤	19.1萬斤	381499斤
	碌碌廠	會澤西160里	雍正四年	東川知府	124萬斤	51066斤	561100斤
	大水溝廠	巧家西	雍正四年	東川知府	51萬斤	33200斤	361900斤
	大風嶺廠	巧家西金沙江外	乾隆五十年	東川知府	8萬斤		72000斤
	紫牛坡廠	巧家西	乾隆四十年		33000斤	2750斤	29700斤
	茂農廠	巧家西	乾隆二十三年		28萬斤	23300斤	253300斤

〔註78〕《張允隨奏稿》乾隆三年五月三十日奏。張允隨奏稱，「查湯丹等廠每年約辦銅七八百萬斤，所需工本、廠費等項，不下五六十萬兩，又每年辦運京銅四百萬，約需腳費、官役盤費銀十餘萬兩，又每年應解司庫餘息銀二十餘萬兩，應請每年預撥銀一百萬兩解貯司庫，除按年支銷外，如有餘剩，照升任督臣尹繼善題定之例，即歸餘息項下充公。如再有餘剩，截作下年工本、腳費，每年於銅務並運銅案內據實報銷。」

	八老山廠	大關西490里	乾隆十七年	大關全知	4200斤	355	3780
	箭竹塘廠	大關西北丁木樹	乾隆十九年	大關全知	4200	350	3780
	樂馬廠	魯甸龍山西	乾隆四十三年	魯甸通判	36000	832	9000
	梅子沱廠	永善東南	乾隆四十三年	昭通知府	40000	1600	18000
	長發坡廠	鎮雄西北戈魁河	乾隆十年		13000	1813	11700
	小岩坊廠	永善北細沙溪	乾隆二十五年		22000	1800	19800
	雙龍廠	魯甸北95里	乾隆四十六年		13500	1125	1800
銀	棉花地廠	巧家西北金沙江外	乾隆五十九年	東川知府	5106兩		
	金牛廠	會澤西南	乾隆六十年	會澤知縣	289兩		
	樂馬廠	魯甸南八十里	乾隆七年	魯甸通判	6352兩		
	金沙廠	永善西南	乾隆七年	永善知縣	1199兩		
	銅廠坡廠	鎮雄西三百餘里	乾隆五十九年	鎮雄州知州	1119兩		
	角麒廠	會澤東	乾隆六十年	會澤知縣	抽課15%		
	礦山廠	會澤東北	嘉慶二十四年	東川知府			
鐵	三山廠			陸涼州知州	17兩		
	紅路口廠			馬龍州知州	12兩		
	椒子壩廠			大關全知	12兩		

在鄂爾泰「督率清查，細心調劑，廠務漸有頭緒」的引領下〔註 79〕，礦業開採日漸興旺，產量逐年增加。雍正四年（1726 年）前，雲南各銅廠「每年額課銀止九千六百二十萬兩零，每歲所獲餘息銀約一萬七八千兩不等」。雍正四年（1726 年），「分辦獲銅斤餘息銀已四萬七千兩零」〔註 80〕雍正五年（1727年），銅礦增盛倍於常數，十年來所未有。「自雍正五年（1727 年）正月起至十二月終止，共辦獲銅四百萬零」〔註 81〕。計可獲息銀近二十萬兩。

乾嘉時期，是滇東北礦冶業發展的又一個高峰期。早在東川歸滇之初，鄂爾泰即奏報朝廷：「查東川礦廠頗多，前川省未開，礦亦以來糧艱難之故，現在湯丹一廠，臣已採試，礦畝甚旺，就目前核算，歲謙將及萬金，此外如七樹等廠，凡十餘處，待米糧足用，通行開採」。〔註 82〕此後，隨著農業生產的恢復和發展，有較充足的餘糧提供給廠民，於是滇東北礦廠大旺，銀、銅等礦產資源得到大規模的開採。

清中葉以後，由於墾荒達到極限，自然環境遭到破壞，農副業生產的自然經濟已不能適應礦冶業迅速發展的要求，廠區「食物騰貴，柴炭價昂」。在官銅價格不易提高並由政府收購不准私賣的情況下，造成大量「廠欠」，地方官不得不請求政府限制廠礦規模和新開廠礦，滇東北地區的礦冶業也就普遍衰落了。《雲南通志》載：「嘉慶十五年（1810 年），奉諭：滇省開設銅廠，各廠同借銀兩有實，因廠衰礦薄，欠項無著，節經豁免在案。所有嘉慶十四年（1809 年）分各廠民欠銀三萬九千餘兩，內除有著銀一萬九千六百餘兩責成經管之員勒限追繳；又司庫扣存餘平銀五千六百餘兩盡數抵補外，其不敷銀一萬三千八百餘兩，查明實因廠民借領，開挖硐得不償失，歇業逃散，久經緝追無獲，或赤貧故絕，以致欠項無著。加恩豁免。」

（二）礦業發展帶動相關行業的興起

由於礦業的開發，帶動了滇東北地區交通動運輸行業的發展，主要是承擔京銅運輸。據《昭通志稿》載：「東川每年承運正耗銅四百四十萬斤。原走威寧，繼加至六百三十三萬斤，遂議分運章程，一由廠運尋甸至威寧轉鎮雄南廣而下，一由東川運魯甸交昭通，由大關一帶陸運，往交瀘州，此昭通

〔註 79〕雍正《朱砒諭旨》第五十冊，雍正七年四月十五日，第 76 頁。
〔註 80〕雍正《朱砒諭旨》第五十冊，雍正五年五月十日，第 76 頁。
〔註 81〕雍正《朱砒諭旨》第五十一冊，雍正六年四月二十六日，第 212 頁。
〔註 82〕雍正《朱砒諭旨》第四十九冊，雍正四年十二月二十一日，第 109 頁。

銅運之始也。」〔註83〕乾隆十七年（1752年），東川府爲運銅就專門在東川府至昭通府間修橋三座，修建車路，建立站房七處，用牛馬兼運，由原來五站半改爲四站半。同時，到昭通府的捷近小路也修治一新來運京銅。〔註84〕驛站道路的開闢與疏通，加之鋪遞線路的輔佐形成了在當時已是較爲發達的交通網絡。由於滇東北地區的交通以陸路爲主，運力以駄馬爲重，爲適應礦業發展的需要，其在當時也是頗爲興盛的產業。由此促成了馬幫業的興盛，其處運力至少也達十萬匹次。從而又促成了人馬兼營的旅店業、馬幫服務業的興起，共相關行業在當時可說是盛極一時，馬幫使貿易活動變得順暢，打破了傳統的區域界限，也活躍了相關的行業。

對於滇東北地區百姓而言，由於總體上經濟不發達，農業生產水準低，交通閉塞，除礦區外，一般沿途百姓主要依靠農業收入，其他的收入十分少，這是因爲農業以外的工作機遇十分少。滇銅從各銅廠轉運到各分店，再由各分店轉運到總店，路途山高水險，需要大量民工肩挑背駄，也需要大量牛、馬、車輿駄運，加上裝船及過灘，爲滇東北地區的各民族提供了就業市場，這對生存在閉塞落後地區百姓來說無疑是一種就業增收的機會。故吳其濬《滇南礦廠圖略》載：「傭五致一，轉漕之費也。銅之運殆過之。滇之間民轉移以糊其口者無算，而黔蜀亦沾溉焉。由江而運河以達於潞，川黔之民待以生者多矣，非所謂錢流地上者與。當時湯丹廠轉運一百到東店共二站路，腳錢爲二錢五分，碌碌廠到東店三程半，每百觔腳銀四錢，基本上是每百觔每程一錢左右。」〔註85〕條件雖然艱苦，但能夠賺到基本的生活費。

清乾嘉時，隨著昭通地區水陸二道的暢通，以銀、銅、鉛爲主體的礦產資源，得到開採，當時，銅廠、銀廠和鉛廠等礦山、冶煉廠多達二百多個。《昭通縣鄉土志略注釋》載：「在昔昭城，商業繁盛，廠務發達，稱銀用秤，滇銅蜀鹽，車馬交並，秦楚贛粵，工賈郡進，蘇松梭布，填塞路徑，百貨雲集，任人販運。」礦冶的發展吸引全國各地商賈進入，促進了本地區的商業發展。「乾嘉間，樂馬廠、長發洞、金沙廠相繼大旺，出銀甚多，商於廠者，販一車米去，即以一車廠餅運回。運銅到瀘州，即駄鹽轉，昭車馬盈途，秦楚贛

〔註83〕《昭通志稿》卷二《食貨志·銅運》，載《昭通舊志彙編一》，雲南人民出版社2006年版第142頁。

〔註84〕梁曉強校注：《東川府志》卷十二《銅運》，雲南人民出版社2006年版第266頁。

〔註85〕吳其濬：《滇南礦廠圖略》卷二。

粵各省工商，來昭者絡繹不絕，販布者招牌皆寫蘇松梭布，其時，山貨下川，雜貨入昭，上會理至省城者，販運不少，字型大小尤多。」〔註86〕可見當時滇東北地區的礦業發展到極盛時期。

　　滇東北地區的礦廠首推樂馬銀廠產量最高。樂馬銀廠所在地樂馬寨，其自然地理位置在今魯甸縣境的牛欄江北岸，康熙、雍正年間，還是一個極為荒僻的山村，當乾隆初年在新修、擴建自東川至關河水、陸驛道和開濬金沙江航道的同時，在這一帶山嶺中，繼秦漢朱提銀開採之後，又發現了蘊藏量大、品位高的銀礦資源，於是吸引了外省商民紛紛前來開採，使這一荒山僻嶺之地，變成了眾所仰慕的熱鬧工礦區。樂馬銀廠鼎盛時，包括金牛箐、棉花地等五個子廠在內，參加開採銀礦的各省商民，多達二十萬人左右。《滇系‧賦產》記載樂馬廠：「銀亦上幣，軍國之巨政也，中國貨幣，盡出於滇，次則嶺粵之花銀，來自洋舶，他無出也。莫滇產銀盛時，內則昭通之樂馬，外則永昌之募龍，歲出銀不貲，故南中富足，且利天下。」〔註87〕可見，滇東北地區的礦產在全國占有重要地位。

（三）吸引大量外地人民進入礦區

　　滇東北地區「山多田少，產米有限」，〔註88〕而「廠分即多，不耕而食者，約有十餘萬人」。〔註89〕同時，滇銅外運需大量畜力，「（雲南）著藉之戶才四十萬，其畜馬牛者，十一二耳。……滇即有歲運京銅六百三十萬，又益諸路之採買與滇之鼓等，歲運銅千二百萬。……一千餘萬之銅，蓋非十萬匹頭不辦矣。……尚須馬牛七八萬，而滇國已窮矣」。〔註90〕很顯然，當時滇東北地區的人力、物力對礦區的需要供不應求，就吸引了外地商賈、夫役雲集礦區，提供礦區所需的勞力、工具、糧食、蔬菜、肉類等，較為閉塞的礦區商業日益活躍，大大促進了滇東北地區商品經濟的發展。加快了城鎮的繁榮和發展。礦區吸引大批外地人前往，「所聚成都邑」，城鎮的發展，商品交換頻繁，「廠之所需，白米、粟、薪、炭而外，凡身之年披服，口之所咦，室宇之陳設，攻採煎煉之器具，祭祀宴餐之儀品，引重致遠之奮產，畢具商賈負販。」〔註91〕促使滇東北地區商業

〔註86〕《昭通縣鄉土志略注釋》。
〔註87〕師範：《滇系》。
〔註88〕楊應琚：《密請開墾以裕民疏》，《皇清儀奏》卷517。
〔註89〕倪蛻：《論廠務書》，《滇系》。
〔註90〕王太岳《論銅政利病狀》，《滇南礦廠圖略》。
〔註91〕《續雲南通志稿》卷四十三礦務

興盛，如「野安耕鑿，戶接絃歌，生聚之雲屯，商賈之輻輳，以及謬鐵銀鏤之產，金錢刀布之用，莫不紛然燦然。」〔註92〕「民夷商賈四方輻輳，食貨浩穰，屹然一都會」。〔註93〕東川府經濟的發展，正如顧濟美所言：「滇蜀之間，產富五金，東川爲最。……由蜀赴滇，經是途，採聽風俗，頓異疇昔。民氣之和樂，田疇之蕃沃，商旅之輻湊，道路之康夷，銅廠之旺盛，或十倍於前」。〔註94〕礦業促進經濟的增長，東川僅爲其中的典型。《東川府志‧地震紀事》載：「大肷廠商聚楚、吳、蜀、秦、滇、黔各民，五方雜聚。」隨著礦業的勃興，以此爲生的民眾越來越多，「從前大廠動輒十數萬人，小廠亦下數萬，非獨本省窮民，凡川、湖、兩粵力作功苦之人，皆來此以求生活。滇諺所謂『利由丁集，銅由丁出』也」。〔註95〕另據《東川府志》載：「歲以數百萬（銅）輸納天府，陸運水遞，浮江沂灘，駱驛踵接，……滇黔楚蜀之民倚開採、鍛冶、轉運以給衣食者數以萬計」。沿礦區貨物流通之路，內地文化觀念也隨之延伸到邊疆，東川「文人特起蒸蒸然，日異而歲不同，逢大比年，登賢書、掇高科者，恒寇他群。」〔註96〕如劉君輔，官至提督。

隨著礦業的開發，大量的漢族移民進入滇東北地區聚居，從根本上推動了各民族間的貿易往來，「各土司及徼外諸夷，一切食用貨物，或由內地販往，或自內地販來，不無彼此相需。」促成了滇東北地區各民族之間的融合，各民族與齊民雜處、頗類齊民、多冒漢人、衣冠禮儀一如漢人、婚喪悉如漢人、喜讀書、語言頗類齊民、漸染華風等記載漸多見諸史籍。如此廣泛的民族大融合，使滇東北地區得以超越以往相對封閉的歷史格局。

三、商業與交通的發展

（一）商業城鎮興起

改土歸流前，滇東北地區彝漢之間的交往範圍很小，產品的交換基本上是在本民族內部進行。改土歸流後，隨著農業和礦業的發展，導致了商業的繁榮；物資交流不僅使產品增多，也促使滇東北地區與周圍漢族地區的聯繫不斷增加。由於廢除了土司對商人進出的勒索和限制，從而大大提高了工商

〔註92〕梁曉強校注：《重修東川府地志序》，雲南人民出版社 2006 年版第 11 頁。
〔註93〕梁曉強校注：《東川府志序》，雲南人民出版社 2006 年版第 7 頁。
〔註94〕梁曉強校注：《東川府志序》，雲南人民出版社 2006 年版第 9 頁。
〔註95〕岑毓英：《.奏陳整頓滇省銅政事宜疏》《皇朝經世文續編》卷四十九。
〔註96〕梁曉強校注：《東川府續志敘》，雲南人民出版社 2006 年版第 455 頁。

業者經營的積極性，使市場經濟空前活躍，貨暢其流，「昭版圖較晚，然地縮川黔，商賈輻輳，貨物殷繁，爲滇東商務重心。」〔註97〕「百貨日群集，優倡肆妖豔；荒蕪蠻嶂中，聚若都市闤。」使滇東北地區與漢族地區之間的友好交往進一步加深。

　　農業和礦業的發展帶來了經濟的繁榮，也促進了商業的發展。乾隆時期大批商人進入滇東北地區，「昭之北通蜀，而東爲黔，相距密邇。地當孔道，商旅輻輳，皆悅而願藏於其市。安居樂業，著籍爲民者所在皆是。」〔註98〕東川府則「民夷商賈四方輻輳，食貨浩穰，屹然一都會」。〔註99〕這些外省商人大多以同鄉或同行關係組合，設立會館相互關照，東川、昭通、永善、鹽津等地城中均設有四川、湖廣、廣東、貴州、江西、福建等會館。本地各民族人也開展各種貿易活動。昭通回族除農牧外，「以走場貿易爲事」，〔註100〕鎮雄州土獠「農隙，廣編篩箕入村落易之」。〔註101〕永善「日中爲市，土人謂之趕場，或一、四、七，或二、五、八，臨期當夷諸色人等會集，以布帛、菽粟、油鹽交易，價值因時低昂，或寥寥數釐。貿易無定期，各從其便」，〔註102〕鎮雄「州城場子期訂以三、六、九日，四鄉則以十二所屬爲期，如子日爲鼠場、丑日爲牛場之類，臨期漢夷會集，以布帛、菽粟、牲畜交易，價值因時低昂，不抽課稅，場亦曰街子。」〔註103〕定期、定點場市貿易吸引了各族人民，反映出滇東北地區民族經濟的發展，促進了各民族經濟的活躍，密切了各民族間的經濟交流。

　　滇東北地區商品經濟已經得到極大的發展，境內商業發展的一個特點是根據各地的特產不同而形成了一定規模的貿易中心，這些貿易中心往往是當地經

〔註97〕民國《昭通縣志稿》卷五《商業‧集市》，載《昭通舊志彙編一》，雲南人民出版社 2006 年版第 375 頁。

〔註98〕《昭通志稿》卷十，載《昭通舊志彙編一》，雲南人民出版社 2006 年版第 270頁。

〔註99〕梁曉強校注：《東川府志》序，雲南人民出版社 2006 年版第 7 頁。

〔註100〕民國《昭通縣志稿》卷六《種族》，載《昭通舊志彙編一》，雲南人民出版社 2006 年版第 390 頁。

〔註101〕乾隆《鎮雄州志》卷三，載《昭通舊志彙編四》，雲南人民出版社 2006 年版第 1002 頁。

〔註102〕《永善縣志》卷一《鄉村》，載《昭通舊志彙編三》，雲南人民出版社 2006 年版第 757 頁。

〔註103〕乾隆《鎮雄州志》卷三，載《昭通舊志彙編四》，雲南人民出版社 2006 年版第 1001 頁。

濟活動的中心，即大小不等的各種城鎮。昭通，「乃百貨彙集，人煙輻輳之所也。」東川「遠方珍奇貨賂，充仞市廛，衣服輿馬甚都人，士美秀而講禮儀，弦誦之聲相聞，遂爲西南一大都會焉。」〔註104〕還有一些是基於農業、礦業的發展而形成的新城鎮。例如樂馬銀廠帶動了本地採銀業的發展，形成採銀盛礦。魯甸縣樂馬銅礦區、鎮雄縣長發坡銅礦區、巧家縣大水溝銅礦區、大鳳嶺銅礦區、永善金沙銀礦區，「人煙輻輳，買賣街場，各分市肆。」在境內礦廠興盛後，當地「商賈雲集，比屋列肆儼一大鎮。」《昭通鄉土志略》載：「昭在往時，商業繁盛，乾嘉年間，落（樂）馬廠、長發洞、金沙廠皆相繼大旺，出銀甚多。商於廠者，販一車米去，即以一車餅（未經精練的銀餅）運回。」據《昭通市志・大事記》載：「咸豐元年（1851 年）昭通城由於樂馬廠白銀生產興旺，又爲滇東北地區農副產品集散地，商務發達，其中規模較大、較有名氣的商號有饒餘慶當、奕萬政號、范王興號等五十餘戶」昭通是東川銅運解京城的主要轉運站，魯甸是銀礦礦工和銀商的主要集散地，境內商賈雲集，「地當孔道，商旅輻寢，皆悅而藏於市」。滇東北地區商業的發展，除了反映在商業城鎮的增多外，還表現在廣大農村市場的興起。農村市場各地皆有，但名稱不同。《滇系・雜載》說：「市肆，嶺南謂之墟，齊趙謂之集，蜀謂之場，滇謂之街子。」農村市場是當地人民進行交換和貿易的場所，歷史非常悠久，有清一代，滇東北地區的農村市場在原有的基礎上又有新的發展。滇東北地區農村市場可分爲集會集市、定期市、常市幾種類型。集會集市與各少數民族的節日有關，在各民族喜慶的節日聚會之時，往往也有物資交流活動。

由於礦業、商業發展而興起許多新興城鎮，川陝、兩湖、江西、福建、兩廣、貴州、江浙等省的客商雲集滇東北地區。他們或投資辦礦，或商號貿易，或以先進手工藝從事手工業工廠，使滇東北地區市場空前繁榮。這些外省客商，由於常年經營，爲聯絡同鄉，加強團結，在滇東北地區建立同鄉館。如乾隆二十四年（1759 年）建起的萬壽宮（江西會館）、陝西廟、南華宮（兩粵會館）、忠烈宮（貴州會館），雍正十三年（1735 年）建的三楚宮（兩湖會館）；江南會館，乾隆三十六年（1771 年）建的川主廟、天后宮（福建會館）等，〔註105〕從一個側面反映了當時萬商雲集的盛況。這些會館，各省都

〔註104〕梁曉強校注：《東川府志》，雲南人民出版社 2006 年第 455 頁。

〔註105〕《鹽津縣志》卷三《輿地・各省會館》，載《昭通舊志彙編六》，雲南人民出版社 2006 年版第 1689 頁。

突出各省的歷史文化內涵，表現各省的經濟實力，建得雕樑畫棟，金碧輝煌，確實給滇東北地區的城市面貌，賦予了外來文化的內涵氣質。《昭通鄉土志略》載：「在昔昭城，商業繁盛。廠務發達，稱銀用秤。滇銅蜀鹽，車馬交並。秦楚贛粵，工賈群進。蘇松梭布，塡塞路徑。百貨雲集，任人販運。」〔註106〕除了昭通市場的繁榮外，在鹽井渡、黃草坪等水碼頭，樂馬、金沙、長發洞、會澤等地區也相應出現了工商業集鎮。

滇銅轉運對沿途城鎮商業經濟的發展影響也十分大，特別是對京銅主要生產和轉運的滇東北地區影響明顯。由於魯甸樂馬廠的開發，形成了一個樂馬廠區集鎮，由老君山街、水口坳街、龍泉鎮組成。由於金沙江航道的開鑿，爲護送銅運修建了早期古土城，同時將巧家營改爲土堡，爲以後巧家營遷建發展成爲縣城奠定了條件。與黃草坪鄰近的金沙礦區也因此發展成爲一個擁有三千多人的大集鎮，僅河壩街一條街的銀鋪就達48家。因爲轉運滇銅，黃草坪、鹽井渡水碼頭發展起來，成爲重要集鎮。同時，昭通、東川等也因此城鎮經濟更爲發達，商務繁甚。〔註107〕與內地經濟發展相差無幾「現今遠近客民，多於泊船之處葺屋興場，川貨日見流通，店房日漸建設，商旅往來，漸有內地景象」。〔註108〕交通的發展，絕不僅僅對滇銅運輸產生積極影響。乾隆七年（1742年）開通金沙江航道後，「川省商船販運米鹽貨物至金沙廠以上發賣者，較往年多至十數倍。即如二月間金沙等廠米價，每倉石賣銀四兩二、三。商船一到，即減價一兩有餘，村寨夷民皆歡欣交易，不但滇民免艱食之虞，且可使無知蠻猓漸被風化」。所以，出現了「現在商旅負販赴金沙、樂馬等廠貿易者，千里之內往來不絕」的繁榮景象。〔註109〕據永善縣土曰仁《江神廟碑記》記載，當時永善一帶形成「艫舳相接，欸乃之聲，應山而響，而自蜀至滇商賈貿易者，亦絡續往來矣」的局面，儼然一個重要的水碼頭。

滇東北地區是以十二獸曆法來劃分的，「以三、六、九月，四鄉則以十二支

〔註106〕《昭通鄉土志略》。

〔註107〕陳序德：《朱提銅銀考》，昭通政協1990編《昭通文史資料選輯》第5輯，第73～103頁。

〔註108〕中國歷史第一檔案館：《乾隆年間疏通金沙江史料》（下），乾隆八年雲南總督張允隨爲報金沙工程告竣事奏摺，《歷史檔案》2001年第2期，第43～48頁。

〔註109〕中國歷史第一檔案館：《乾隆年間疏通金沙江史料》（下），乾隆八年雲南總督張允隨爲報金沙江工程告竣事奏摺，《歷史檔案》2001年第2期，第43～48頁。

所屬爲期。如子日名『鼠場』，丑日名『牛場』之類。臨期漢夷會集，以布帛、菽粟、牲畜交易，價值因時低昂，不抽稅課。『場』亦曰『街子』。」〔註110〕宣威州「日中之市面上名爲街子，以三八兩日爲期，三日集城內，八日集城外西關。」陸涼州「在城關內外，以辰戌丑未日集，謂之趕街。」〔註111〕改土歸流後，大量漢族進入滇東北地區，必然與彝民發生交換關係，參與市場交易，久而久之，受彝族傳統影響，爲擴大彝漢交換，漢族也在滇東北地區或彝漢邊緣地帶設立十二獸集場。滇東北的昭通、彝良、巧家、鎮雄、大關五縣市保留十二獸集場名稱十一個。〔註112〕從中可以看出清代彝漢交換的發展情況，在交換的過程中還出現了貨幣的使用，由於礦冶業的發展，人們就地開爐，鑄成小錢，提供了充分的貨幣來源，帶動了其他各業的發展。到乾隆九年（1744年），滇東北地區已是「鄉僻苗保，皆知用錢」。東川「設局鼓鑄，歲獲錢四十餘萬緡。民夷商賈，四方輻輳，食貨浩穰，屹然一都會。」表明日常交換中以小錢爲主的貨幣價值形式已得到普遍的發展，這就在更深的程度上促進了滇東北地區社會中奴隸制和領主制經濟向地主制經濟的過渡。

滇東北地區的市集：〔註113〕

地名	集市	出售貨物	集期
曲靖	城鄉約十餘處		十二屬，四集、三集、二集不等
沾益	縣城、東街、珠街、格浪、河營、上街、松林街、城方橋街、德澤街、大卡郎街		
陸涼	中區、城關、東區、上東大橋、板橋、馬街	羊毛、槐花、皂角、煙絲	
馬龍	城市、馬街、大莊、王家莊、大碌碑、密得、馬麻村	農產品	
羅平	板橋、者黑、富羅廠	煙、紗、斗笠、火炮、牛、馬	
尋甸	治城子、午		

〔註110〕光緒《鎮雄州志》卷三《風俗》，載《昭通舊志彙編四》，雲南人民出版社2006年版第1155頁。

〔註111〕道光《陸涼州志》卷二《民事》。

〔註112〕龍建民：《市場起源論》，雲南人民出版社1988年。

〔註113〕劉春龍等點校：新篡《雲南通志》七，卷一百三十四《商業考一》，雲南人民出版社2007年版第89～91頁。

平彝	城街、黃泥河、大河、松子山、安定、乍勒、沙田口、後所		
宣威	觀音塘、鼠街、豬場、迤邦、倘塘		
師宗	圭車街、長街、豬街、鴨子塘、布租街、豆溫街、狗街		
東川	城內街	洋紗、川鹽	
巧家	蒙姑、大寨、蕎麥地、攀枝花、茂租、鹽廠、大橋	糖鹽、豬毛、羊皮、山貨、藥材	
昭通	轅門口、雲興街、懷遠街、西陸街、西正街，東、西、南、北附郭等	城內以油鹽、布帛、山貨、皮革、洋紗、毛羽、銅、鐵、竹器，鄉區以油鹽、布匹、米糧等	
永善	大井壩、新甸子、墨石驛、黃葛場、井田鄉、檜溪、雙河口		三日一集
靖江	河街、沙壩、草河壩、神仙街	豬、竹、木板	
魯甸	桃源、龍樹、梭山	藥材、川貨	逢三、五日趕場
鎮雄	大灣子、斑鳩溝、古芒部		
彝良	角奎、奎香、龍街、芭茅壩、小草壩		

　　從上表可知，滇東北地區的農村集市已有一部分具有專業化的性質。巧家縣城遍布大大小小的藥市，山區少數民族都將自採的多種藥材拿到縣城擺攤出售，著名的野生藥材有柴胡、黨參、貝母、天麻、蟲草、黃芪、草烏、防風、龍膽草、仙茅參、刺參、黃連等，在雲南省中藥市場素享盛名；還有一些農村集市則主要是當地人民所需的日常生活用品之間的交易，如昭通市集，「鄉區營業以油、鹽、布匹、米糧為主。」

（二）水陸商道進一步拓展

　　昭通交通歷史悠久，公元前 3 世紀，從四川宜賓經昭通到曲靖，開通連接川滇兩地的古道──「五尺道」。到漢代，由川入滇的道路有兩條：一條為靈關道，另一條為朱提道也稱「蜀身獨道」。朱提道，自成都南下，經宜賓、鹽津、昭通（古稱朱提）、會澤、昆明、安寧到楚雄。這是一條古老的商道，

巴蜀商人販僰童就經此路，它與我國西北的河西走廊通往西亞、歐洲的「北方絲綢之路」相對應而稱「南方絲道」。昭通地處「蜀身毒道」之要關，成爲商業重鎮，貿易活動及進入中原必經之路。

滇東北地區的五尺道，唐代爲石門道，曾是中原進入雲南的重要驛道。宋代開始從阿蒙壩（豆沙關）水運通敘州，元代在此道設立了大量站赤。但明代由於烏蒙土司據險處自守，形成「川陸久存而榛塞」的局面。〔註114〕雍正十二年（1734年），修通自沾益松林驛—宣威—威寧—昭通道路，全長五百四十五公里。又修通自四川高縣安寧橋—鎮雄州牛街—昭通路。到了清代，這條古代的商路發揮了巨大的作用。清王朝鼓勵招商開礦，雲南礦業大興，每年外運「京銅」的數量，據《昭通志稿》載：乾隆初東川府每年承運銅四百四十萬斤，原走威寧一路運出，後加至六百三十三萬斤，遂決定分運。其線路，一路由東川湯丹廠運尋旬至威寧，轉鎮雄、南廣到瀘州。一路由東川運魯甸交昭通，由大關陸運往交瀘州。到乾隆十四年（1749年）改由廠陸運昭通至黃草坪上船，運到新開灘，順水運抵瀘州。一路由昭通交永善收秤，從黃草坪轉運至瀘州。爲保證銅運的順利運輸，當時開發了通往四川的驛道交通。

滇東北地區位於滇中腹地通往內地和京師的交通要道上，這裡不但有從昆明經曲靖至貴州亦資孔的滇黔驛路，而且還開闢了東川至鹽井渡和尋旬至羅星渡而達長江航道的兩條銅運路線，其中的昭通、東川一帶清代以前都是荒涼偏僻的土司地區，雖鄰近長江，但「地阻舟楫，物貴民艱」。〔註115〕乾隆初年鹽井渡、羅星渡和黃草坪以下金沙江水路開通後，川省高民運鹽米，當地人民生活因此得以改善，張允隨曾說：「昭通向苦米貴，自江工告竣，米價平減，民食亦裕」。〔註116〕這正是川米循銅路流入的結果。

乾隆七年（1742年）至九年（1744年），爲轉運京銅才整修了橫江河道，使這條河道成爲滇銅京運的「第一線」，每年轉運滇銅入京師一百五十多萬斤上下。道路開修後，出現了「銅運坦行，商貨駢集」的狀況，商貿在此地區興盛，可見其對社會經濟的影響之大。而此道「自宣威至昭通，程經五百餘里，大都險峻崎嶇，中多溪流間阻」，張允隨委員勘察後，「鑿其險隘，平其

〔註114〕藍勇：《四川古代交通路線史》，西南師範大學出版社1989年版第128頁。
〔註115〕《清實錄·高宗實錄》卷一百六十一，乾隆七年二月己未，中華書局1985年版33頁。
〔註116〕《清實錄·高宗實錄》卷二百六十九，乾隆十一年六月癸巳，中華書局1985年版第513頁。

偏陂，溪流泛溢則駕浮梁，以資濟涉」，〔註117〕使整個雲南到四川的石門舊道都因運銅得到整修，滇銅京運對道路的修整，改變了滇東北地區的交通狀況。

雲南每年所要運輸的京銅彙集於東川和尋甸，再由東川和尋甸經過不同的路徑運至瀘州銅店，東川路從鹽井渡以下，尋甸路從羅星渡以下均有河道與瀘州相通。清代以前這兩條河道險灘密布，礁石林立，通行非常困難。改善滇東北地區與川南之間的交通條件勢在必行，將關係到滇東北地區的經濟發展。鹽井渡、羅星渡和金沙江水路等河運工程在這樣的情況下開鑿興修。由於「銅政」事關清王朝中央和地方的財政穩定，中央政府和地方官僚高度重視。乾隆五年（1740 年），雲南總督慶復、巡撫張允隨奏稱：「開鑿通川河道，實為滇省大利，已兩次委員查勘，自東川府小江口入金沙江……直通四川瀘州」；「滇省現運銅斤，若得改由水運，每歲可省腳之半，約計三、四年可省出運費，永運巨工。」〔註118〕提請清廷開修金沙江水道，由於此項工程規模空前，耗資巨大，清廷並未遽作決定，表示要「確實估計，詳慎舉行」，而且要求工程利益不僅侷限於銅運一項，「必令興修之後，食貨轉輸，一勞永逸，庶國帑不致虛糜。」〔註119〕乾隆五年（1740 年）七月丁酉，大學士等議覆：「雲南總督公慶復等奏：『開鑿通川河道，實為滇省大利，已兩次委員查勘。自東川府由小江口入金沙江，溯流至新開灘一路，直通四川瀘州」，崎嶇險阻，要皆人力可施。堪以化險為平，以資利濟。惟沿江一帶，人煙稀少，募將設廠，遠運米糧，工費約需數十萬金。滇省現運銅斤，若得改由水運，每歲可省運腳之半，約計三、四年省出運費，足以興修永遠巨工。』等語。查此項工程千數百里。長灘巨石，必令興修之後，食貨轉輸，一勞永逸，庶國帑不致虛糜。應令該督等遴委賢員，確實估計，詳慎舉行。至估計一定，經秋水涸，有宜先動帑金，將緊要工段開鑿疏通者，應如所請，隨時奏聞辦理。至來春先用木艀試運銅金之處，恐河道方開，遽欲試運，若稍不妥順，反足以撓成議，應令從緩酌辦。在：木欺古夷境，為新開河道必經之地，應令委員妥為招撫，期於永遠安輯，庶無後慮。」從之。〔註120〕從朝中大學士

〔註117〕陳弘謀：《大學士廣寧張文和公神道碑》，《碑傳集》卷二六。

〔註118〕《雲南通志稿》卷四十二。

〔註119〕《清實錄·高宗實錄》卷一百二十三，乾隆五年七月丁酉，中華書局 1985年版。

〔註120〕《清實錄·高宗實錄》卷一百二十三，乾隆五年七月丁酉，中華書局 1985年版。

的議覆，可以看出，在當時，清中央對於銅路的開鑿是極爲重視。乾隆七年
（1742 年）二月己未，雲南總督張允隨奏：「昭通府地阻舟楫，物貴民艱。查
鹽井渡水達川江，可通商運……現運銅赴渡入船，腳費多省，以積省之費，
開修險灘，帑不糜而功可就，不獨昭、東各郡物價得平，即黔省威寧等處亦
可運米暢通。」「金沙江上游六百七十餘里，應修者三十五灘，其自雙佛至蜈
蚣十五灘最險，開鑿後仍需數次盤剝，岩窄難行。查石聖灘南岸，有路繞出
碎瓊灘約百里，可開設馬站。銅船至碎瓊起剝，石聖下船，可免險路層剝，
費省工易。已將大灘數處開修，空船可行，餘灘易竣。至下游六百餘里，如
凹岩、三腔鑼等十餘險灘，並宜大加疏鑿。現或興工，或勘估未畢。其工銀
在銅息內動支，三十年餘銅息足用，毋庸撥帑。」得旨：「知道了，勉力詳酌
爲之，而不可欲速也。」〔註121〕張允隨對鹽井渡到川江河渡進行了詳細的考
證。指明了興修河道的有利之處，其中涉及到一個重要問題就是銅礦的運輸。
乾隆帝對於張允隨的奏摺，極爲重視，便組織了朝中大臣進行了詳細的研討，
儘管有人持反對意見，但確實開鑿此條河道，可獲得較多利益，對於當時清
王朝意義重大。所以乾隆七年（1742 年）任命張允隨爲滇督總理全部事宜開
鑿河道。在張允隨的主持下，清代出於銅政的需要，組織大量的人力物力，
從乾隆七年（1742 年）開始興修。這是清政府歷史上最大一次對金沙江下游
航道的整修工作。

　　乾隆七年（1742 年）二月，雲南總督張允隨奏稱：「昭通府地阻舟輯，物
貴民艱，議開昭通至敘州府陸通道。」十月，雲南總督張允隨、川陝總督尹
繼善、欽差都統新柱，會勘金沙江通川河道，奏稱：「實可開修」。十二月，
金沙江上下游次第開修。乾隆八年（1743 年）六月，雲南總督張允隨奏報：
八年（1743 年）十一月至九年（1744 年）四月，金沙江下游開修六十一灘，
開成纖路，可由川溯流而上至黃草坪，共發運京銅十萬五千斤，俱安穩無慮。
同年九月，張允隨奏報：自乾隆七年（1742 年）上游開通，川、楚商人赴金
沙江廠以上地方貿易者漸多，試運京銅至河口灘者四十三萬餘斤。乾隆十一
年（1746 年）六月，雲南總督張允隨奏稱：新開金沙江、鹽井渡、羅星渡三
處通川河道，所有京銅運道俱可改陸從水，三處水運抵瀘京銅共計六百五十
萬餘斤。昭通向苦米貴，自江工告竣，米價平減，民食亦裕。九月，修治金

〔註121〕《清實錄·高宗實錄》卷一百六十一，乾隆七年二月己未，中華書局 1985
　　　　年版。

沙江兩岸道路。在政府官員的重視下，滇銅京運的道路得於順暢通行。

　　這次整治歷時八年，不僅使黃草坪以下河道更加通暢，也一度使小江至黃草坪以下可起剝通行，金沙江下游從黃草坪一度承擔了滇銅北運的一百五十萬餘斤，占京運滇銅的百分之二十多。當時僅記載從黃草坪到瀘州需運船多達四百五十二隻，故有「事繁費重」之稱。〔註122〕

　　清乾隆年間所新擴建的水陸二道，較之秦始皇的五尺道，漢武帝的南夷道和隋文帝的石門道，無論其規模和水準，都有很大的擴大與提高。因此，隨著當時商品經濟的發展，對滇東北地區的社會經濟而言，就銅運這一項，由於關河等陸路驛道路面，多是石板路，又稱官馬大路，每相距六七十華里就設有店鋪，方便行旅，天天來往於驛道上的人馬絡繹不絕，大大地促進了沿途村鎮經濟的發展。

第三節　改土歸流後滇東北地區的文化教育

一、大力弘揚儒學

　　清政府在改流的同時，非常重視當地文化教育事業的發展。早在明代，政府就已經在滇東北土司區設置學校，「宣威僻處邊隅，介在滇黔軍民，舊屬沾威，未經改流，向無專學」。〔註123〕土司子弟必須上學做為承襲的條件，但取得的效果不明顯。清朝康熙年間，也設置過一些儒學，要求土司子弟入學學習，但是其普及性是遠遠不夠的，直到雍正四年（1726年）開始大規模改流之後，為了加強對土司區的思想控制，達到「以俎豆化干戈，以衣冠易椎髻」的目的，〔註124〕徐成貞《昭通書院碑記》載：「改土歸流之意，蓋去其椎髻，易以衣冠；去其巢窟，易以室廬；去其戈矛，易以輯讓；去其剽掠，易以謳吟。誠千萬世行仁講讓之勳，非僅一時除殘禁暴之績也。」〔註125〕清政府在滇東北土司地區設置了許多的學校，雍正六年（1728年）設烏蒙府學、

〔註122〕《清實錄‧高宗實錄》卷三百六十，乾隆十五年三月丙午，中華書局1985年版。

〔註123〕《宣威州志》卷四《學校》。

〔註124〕《昭通志稿》卷四《官師志‧武職》，《昭通舊志彙編一》，雲南人民出版社2006年版第178頁。

〔註125〕《恩安縣志稿》卷六《藝文》，載《昭通舊志彙編一》，雲南人民出版社2006年版第82頁。

鎮雄州學、永善縣學。昭通府設教授一名，鎮雄州設學正一名，永善縣設教諭一名。根據《大清會典事例》雍正六年（1728 年）議准雲南烏蒙府、州、縣取進童生各十名。昭通府「學校雖設，而城垣草創於天梯，不及修建黌宮。」雍正七年（1729 年）開考，「嗣學政在省，檄調烏蒙府文、武童生赴省應試。」後改在曲靖府，「自後皆赴曲靖考棚考試」。「東川、昭通二府生童，歲科二次，遠赴曲靖考試，山高箐密，跋涉艱難。」〔註 126〕文、武童生一時不能抵曲靖，致誤考期。「令學政將東昭二府、鎮永四學生童，歲科接連考試。」〔註 127〕對考生的名額「照廣西、廣南府之例，歲科兩試取進。」〔註 128〕

乾隆九年（1744 年）議昭通府設學，「至今人數已多，每學酌設廩、生各八名，於歲科兩試優等到者序補。侯十二年後，府學三年一貢，州縣學四年一貢。乾隆十三年（1748 年），三省總制張準、庠生張煜等呈稱：東川、昭通、鎮雄、永善四學，去曲靖考棚甚遠，請於昭通府另設一棚。因以四學人文漸盛，並題請入學開廩，皆府州縣中學之制。部議四學俱增二名，設廩八名，侯人文大盛，再行題請至昭通設棚。章程已定，未便更改，後督學孫題請准科歲並考。」〔註 129〕至嘉慶十五年（1810 年）議准，「現在昭通府應試文武童生較前加增，請酌量加增以示鼓勵。茲准其加額進取文生二名，武生二名，增設廩、增各四名，三年一貢。按：其時府屬所轄只鎮雄、永善設學，而恩安、大關、魯甸俱附於學取進。」〔註 130〕

清政府對於滇東北地區參加科舉考試的各族子弟給予許多照顧，強調嚴禁「考試冒籍之弊」，以免「不肖士子冒籍貫，阻土民讀書上進之路」，〔註 131〕雍正五年（1727 年）「議准東川府土童有能作文藝者，該府具題到日，照湖廣考取苗瑤例另編字型大小考試，於東川府學額內酌量另撥一二名」。〔註 132〕

〔註 126〕《昭通志稿》卷三《政典志‧學校》，載《昭通舊志彙編一》，雲南人民出版社 2006 年版第 152 頁。

〔註 127〕《昭通志稿》卷三《政典志‧學校》，載《昭通舊志彙編一》，雲南人民出版社 2006 年版第 152 頁。

〔註 128〕《恩安縣志稿》卷四《學校》，載《昭通舊志彙編一》，雲南人民出版社 2006 年版第 38 頁。

〔註 129〕乾隆《鎮雄州志》卷三，載《昭通舊志彙編四》，雲南人民出版社 2006 年版第 998 頁。

〔註 130〕《昭通志稿》卷三《政典志學校》，載《昭通舊志彙編一》，雲南人民出版社 2006 年版第 152 頁。

〔註 131〕《清世宗實錄》卷六十六，雍正六年二月壬寅。

〔註 132〕劉春龍等點校：新篡《雲南通志》（四），卷一百三十三《學制考三》。

以對邊遠地區赴京會試的舉子適當降低錄取標準，清政府的這些措施，使該地區人民能有機會系統地學習漢文化，大量少數民族入學讀書，並積極投身科舉，成爲封建王朝的官吏。

二、興辦各類學校

清政府在滇東北地區大力宣導儒學教育的同時，也注重各類學校的發展。目的在於對新靖地方進行化導，使夷人向善，徐德裕《新建昭通府學宮碑記》說「夫欲民永保厥生，循規蹈矩，又非教無由，況在昭通初闢，夷疆風俗甫整而向化者哉。則治狀孰有急於設學乎。」〔註133〕清政府在滇東北地區興建書院、義學於教導少數民族子弟，使其「知書達理」。

（一）開設書院

雍、乾時期，清政府於西南地區推行改土歸流政策，積極倡導漢文化教育，滇東北地區的書院隨之得到了廣泛的興建，封疆大臣等「並有化導士子之職，各宜殫心奉行，黜浮崇實，以廣國家著獲域樸之化。則書院之設，於士習文風有裨益而無流弊。」〔註134〕乾隆即位後，亦曾對書院「明詔獎勵，比於古者侯國之學」。〔註135〕鼓勵地方各級官吏積極推進書院事業的發展。書院建設「或紳士出資創立，或地方官撥公經理」，既有官辦，又有民辦，同時還有官民合辦，其中以官辦爲主。「書院爲儲才之地，人才振興，風俗亦歸淳厚，所關非淺也。」〔註136〕建設書院，以輔學校之不及，推廣文化教育，造就人才，移風易俗，促進社會進步，其積極作用是顯而易見的。

滇東北地區書院分布如下：

曲靖府：曲陽書院，乾隆三十一年（1766年），知府暴煜在義學舊址建。靖陽書院，在城西北明邑人布政使朱家民建。興古書院，在城東關外報恩寺右，天啓間邑人吏部主事李希揆建。南城書院，在城南十五里南城本正法寺內，康熙三年（1675年）知縣程封建。

陸涼州：鳳山書院，嘉慶十三年（1808年）紳士陶堯文等建。蓉峰書院

〔註133〕《恩安縣志稿》卷六《藝文》，載《昭通舊志彙編一》，雲南人民出版社2006年版第80頁。

〔註134〕劉錦藻：《清朝文獻通考》卷70《學校八》，杭州：浙江古籍出版社，1988年。

〔註135〕《清史稿》卷一百六《選舉一》。

〔註136〕道光《陸涼州志》卷六《書院》。

光緒五年知州劉祖啓倡闔州引庶同建。鍾靈書院，光緒六年（1880 年），紳首楊秉仁、王萬清、謝名威、王開甲、李六乙、楊向梁、彭如松聯合眾村公建。〔註137〕

羅平州：蠟峰書院，在城內，聘本境舉人爲山長，月課生童，另有膏火，若遇本境無相當人才，則由他屬聘請擔任。浙溪書院，在北五區富羅廠，聘本境舉人爲山長，外加夫馬供給。〔註138〕

宣威州：龍山書院，以古文昌閣樓下作講堂，兩廂作書舍，乾隆三十七年（1772 年）移水月殿，經蒙義館於此，懸有交學匾額，今裁入榕城書院。榕城書院，乾隆四十四年（1779 年）署州饒夢銘儒學，陳雲龍詳請以明倫堂舊址改建書院，額懸榕城書院，現規模鉅集廣，氣象煥然。〔註139〕

沾益州：西平書院，康熙四十六年（1707 年）建於望海寺，乾隆三十四年（1769 年）十二月署州牧王秉韜詳請爲訓導。龍華書院，在州署東南，乾隆三十四年（1769 年）州牧王秉韜率合州紳士曾宗孔等建。〔註140〕

馬龍州：通泉書院，康熙四十三年（1704 年）知府常德建。

昭通府：昭陽書院，雍正八年（1730 年）建設。鳳池書院；乾隆四十九年（1784 年），知府孫思庭移建，易今名。育英書院：光緒二十年（1894 年），知府林紹年設，不數年後，再署知府龍文將其地售之外人，遂廢。〔註141〕月潭書院，在縣城東北隅，以當門有蓮花如半月形，左接龍潭，故名。道光三十年（1850 年）同知董鈺創建。院中設山長一人，專司月課，課題皆四書文及試貼詩。

鎮雄州：奎垣書院，在彝良城義學後，乾隆二十九年（1764 年），州同蔣肇婺捐設。三十八年（1773 年），又捐俸百金買田畝，並在戈魁河設行八所，每年實收租銀四十兩，分給彝良義學銀二十兩，奎垣書院銀二十兩，永供束脩。〔註142〕墨池書院，在本城南門內。嘉慶元年（1796 年），廩生葉如椿、庠生張師培建，因基址側有泉水，澄清如墨，故名「墨池」。至嘉慶末年，又

〔註137〕《陸涼縣志稿》卷三《學校》。

〔註138〕《羅平縣志》卷三《學校志》。

〔註139〕《宣威州志》卷四《學校》。

〔註140〕《沾益州志》卷二《書院》。

〔註141〕《昭通志稿》卷三《政典志學校》，載《昭通舊志彙編一》，雲南人民出版社 2006 年版第 153 頁。

〔註142〕乾隆《鎮雄州志》卷三《學校》，載《昭通舊志彙編四》，雲南人民出版社 2006 年版第 999 頁。

經貢生宋正馨、張廷璐，廩生張永銓捐募補葺，更名「鳳山書院」。〔註143〕

東川府：西林書院，雍正十年（1732 年），知府崔乃鏞建。日新書院，乾隆十九年（1754 年），知府義寧揖署。金鐘書院，乾隆二十二年（1757 年）建。

尋甸府：鳳梧書院，乾隆三十三年（1768 年）建。

書院建置之後，有的得到地方官民的大力扶持，這對書院的發展起了積極的推動作用。如鳳池書院、西林書院、曲陽書院等。由於統治者「憂諸生德之不修，學之不講」，認爲書院是「人材之藪，教化之源。」其目的雖是爲了加強對書院的控制，使書院官學化，以維護清朝統治階級利益，鞏固封建統治，但對於廣開興學之風，打破上層貴族壟斷教育的格局，促進教育向下層社會移動，使邊遠山區彝族等少數民族子弟獲得讀書的機會，加快人才的培養，使滇東北地區快速融入內地，掃清文化上的阻礙。

滇東北書院大多集中在城鎮，廣大農村地區建置書院甚少，造成了城鄉文化教育差別的不斷擴大，致使廣大農村尤其是偏遠地區長期處於教育落後的狀態。另一方面，雖然書院多集中於城市，但由於維持書院發展需要的經費不足，造成大量書院條件簡陋，發展艱難。如育英書院。經費的不足，在一定程度上制約了書院教育功能的喪失。但值得肯定的是，清代滇東北地區書院的創建，對於加強漢文化教育的傳播，推動學術思想的發展，培養少數民族人才，具有重要意義。

（二）設立義學

義學是專門在邊疆少數民族設立的學校，「義學之設，其旨趣略如今之民眾教育，而在邊省則尤重在開化夷民。……先令熟番子弟來學，日與漢童相處。宣講聖諭廣訓，俟熟習後再令誦習詩書，以六年爲期。……無成該生發回，別擇文行兼優之士。……俟熟番學業有成，令往者誨生番子弟，再俟熟番通曉之後，准其報名應試。」〔註144〕其目的在於「使夷民均入學，粗通文墨，其後夷苗多能讀書取功名者，皆其教也。」〔註145〕滇東北地區的義學在雍正、乾隆年間發展迅速，遍及滇東北地區的鄉村。

滇東北地區義學分布情況：

〔註143〕光緒《鎮雄州志》卷三《學校》，載《昭通舊志彙編四》，雲南人民出版社 2006 年版第 1154 頁。

〔註144〕劉春龍等點校：新纂《雲南通志》卷 134《學制考四》。

〔註145〕《昭通志稿》卷四《官師志》。

曲靖義學：府義學在城內，知府李天璣建；越州義學，雍正十二年（1734年）知府佟世蔭設；南城義學在南城村太子閣，雍正十三年（1735 年）知府張景澍設；三岔義學，康熙三十四年（1695 年）總督王繼文設；石喇義學，康熙五十四年（1715 年）朗目山僧一休捐設；秦家寺義學，康熙五十八年（1719年）知縣王枟設；東海義學，康熙辛丑年知縣王枟設；白水義學，康熙五十八年（1719 年）知縣王枟設；總鎮義學總兵李懋功倡建，協鎮義學，嘉慶十七年（1812 年）副將盧錚設。〔註146〕

宣威義學：雍正六年（1728 年）知州張公漢設沛、遵、加、永、順、浴義學六館，本城二館、板橋、洪橋、倘塘、河東各一館，共十二館，置學田十二分。〔註147〕

陸涼義學：城內、南關廟、舊州、大王莊、芳華堡。雍正十二年（1734年）知州吳柄設，河東堡、歸化耿家村、炒鐵王觀音寺、刁家堡雍正十三年（1735 年）署知州陳齊庶設。〔註148〕

羅平義學：本境義學分中、東、南、西、北五區各設一所，以考列一等諸生分教之。〔註149〕

馬龍義學：城南門義學，康熙四十四年（1705 年）知州黃廷揚建；團山義學，雍正十一年（1733 年）知州周銓設；大莊雲岩寺義學雍正十三年（1735年）署州畢一謙建；王家莊義學與響水龍泉庵義學，乾隆二年（1737 年）知州周銓建；紅葉寨祖師殿義學，署州王紹於雍正十三年（1735 年）建；城內義學，光緒九年（1883 年）知州蔣肇齡建。

沾益義學：康熙三十一年（1692 年），士民王光廷等在城內講習所辦義學；眞武觀義學，康熙四十九年（1710 年）知州吳世民建；雍正十三年（1735 年），增設座棚、西堡、羊場、卡郎、石羊、歹扯等六所義學。〔註150〕

平彝義學：縣城義學，草房三間；亦佐義學，康熙四十二年（1703 年）知縣任中宜建，瓦房三間。

昭通義學：一在南門內，書舍三間，雍正十二年（1734 年），知府徐德裕設；一在城西門內，書舍三間，雍正十二年（1734 年）知縣樊好仁設，乾隆

〔註146〕咸豐《南寧縣志》。
〔註147〕《宣威州志》卷四《學校》。
〔註148〕道光《陸涼州志》卷六《學校》。
〔註149〕《羅平縣志》卷三《學校志》。
〔註150〕《沾益州志》卷二《學校》。

二十九年（1764 年），知縣胡泉增修二間；鋪面義學，雍正十二年（1734 年）
知府徐德裕設；一在舊圍，書舍三間，雍正十二年（1734 年），知府徐德裕設；
一館在鳳凰山，書舍三間，雍正十二年（1734 年），知縣樊好仁設，有貢生李
其泰之父李經捐田十五畝六分、地十六畝作節年幫補館師之費，招佃耕種，
四六分收，乾隆四十一年（1776 年），貢生李其泰教讀此館，將本年修金、租
石作費移建，去舊址約二百餘丈，面西背東，新址踞過銀二十八兩一錢五分，
有案可據。〔註 151〕

　　巧家義學：可考者凡十，魯木得、巧家營南城內、披沙、新街、老街、
北正街、上八甲、下八甲、九甲、縣城東門。〔註 152〕

　　永善義學：本城義學：修脩銀二十五兩，學舍三間，土目普禮捐修，臨
生普義協修，舊在東門內，乾隆四十年（1775 年），教諭吳繩祖捐資重修，移
學署署前；大井壩義學，修脩銀十八兩，學舍三間；米貼義學，修脩銀十八
兩，沙腳溪學地一處，夷民學初於乾隆二年（1737 年）間開墾荒地一段，自
行首報，知縣沈彩斷令每年納租八斗，歸入義學；副官村義學一館，修脩銀
十八兩，學舍三間；檜溪義學，修脩銀十八兩，土千戶於乾隆三年（1738 年）
申請詳憲法規定批准添設義學，三十八年（1773 年）廩生葛張、孫謙倡捐修
文昌宮一所，以兩廊為義學舍屋；吞都、井底、雞爪山、那鄉四處義學各一
館，於乾隆二十二年（1757 年）知縣游芳震因公道議該處上下數千里，居民
漸密，風氣漸開，亟宜添設義學，以培文教。〔註 153〕

　　鎮雄義學：一在城漢義學，舊設書舍三間，牌坊一座，雍正七年（1729
年），知州徐德裕捐設；一在城夷義學，書舍三間，廂房四間，雍正十年（1732
年），知州李至捐設；彝良義學，書舍五間，雍正九年（1731 年），州同徐柄
捐設，乾隆二十九年（1764 年），州同汪浩存增修書舍三間，牌坊一座；卻佐
義學，書舍三間，雍正十二年（1734 年），州同徐柄捐設；威信義學，書舍前
後兩層共六間，牌坊一座，雍正九年（1731 年），州判許燮捐設，並捐買上、
中、下三則水田五十三畝，坐落下東五甲，年收京斗租米十九石四斗五升，

〔註 151〕《恩安縣志稿》卷四《學校》，載《昭通舊志彙編一》，雲南人民出版社 2006
　　　　年版第 39 頁。
〔註 152〕《巧家縣志稿》卷六《教育》，載《昭通舊志彙編二》，雲南人民出版社 2006
　　　　年版第 652 頁。
〔註 153〕《永善縣志略》卷一《學校》，載《昭通舊志彙編五》，雲南人民出版社 2006
　　　　年版第 779～780 頁。

除完條糧、火耗共去米三石四斗一升，實存米十六石四升，永供束脩。〔註 154〕

尋甸義學：九所，尋甸城內義學、宣化里、甸頭里、果馬里、倘甸里、那鱉里、亦郎里、乞曲里、隆豐里。〔註 155〕

東川義學：會澤義學在府署右，雍正十年（1732 年）知縣祖承祖祐建；待補義學，雍正十年（1732 年），巡撿郭建奇建，講堂而皇之五間，書房八間，廳婦一座，沒收土司地九十畝，年收租米三十一石，以爲束脩；施家義學，板房三間，係民間捐建，雍正六年（1728 年）建；東川營義學，雍正元年（1723 年）建，十一年（1733 年）參將王曜祖捐鋪面六間，年收租銀十二兩以資束脩；碧谷壩義學，板房三間，民間捐建，雍正十二年（1734 年）建；者海義學，板房三間，雍正十年（1732 年），典史朱總烜建；尹伍義學，板房三間，係民間捐建；則補義學，距城北六十里崇禮義鄉板屋三間，乾隆二年（1737 年）建；可阿義學，距城北一百里崇禮鄉，板房三間，乾隆三年（1738 年），知縣池玉捐置。〔註 156〕

清政府在倡建義學的同時，還對義學採取一些鼓勵性的措施。如允許東川府的「土人義學」，先招收一部分生活習俗與漢族相近的少數民族子弟或者說部分地接受了漢文化的青少年入學，讓他們繼續與漢族學生在一起學習生活，經過三年的啓蒙教育之後如是屬學習成績較好的學生，就讓他們回鄉去作本民族子弟的啓蒙教師。如是學無長進者，也不責備他們。讓他們返鄉勞動，然後繼續收新生，繼續辦學。對於那些在少數民族教育中取得較優異的成績的教師，則將其升爲「貢生」，以示獎勵。凡義學所需的筆墨紙張及課本等等均由政府免費供給。除此以外，各級各類學校均劃出一定的學額，在同等條件下降格專招少數民族學生學習。這些措施的推行，在滇東北地區取得顯著的成績。如彝良洛澤土目阿妹爲子隴時茂兄弟三人延師課讀，隴時茂甲午科中武鄉榜，開彝良科第之風。〔註 157〕昭通白坡土目祿萬全次子祿榮宗長遊庠，在萬山中的龍塘溝建學舍六間，每歲延師授徒，並饋食米五市石；鎮

〔註 154〕乾隆《鎮雄州志》卷三《學校》，載《昭通舊志彙編四》，雲南人民出版社 2006 年版第 999 頁。

〔註 155〕《尋甸州志》卷七《義學》。

〔註 156〕梁曉強校注：《東川府志》卷六《學校》，雲南人民出版社 2006 年版第 159～163 頁。

〔註 157〕光緒《鎮雄州志》卷五列女，載《昭通舊志彙編四》，雲南人民出版社 2006 年版第 1217 頁。

雄隴氏支屬羅必壽業耕讀，三子皆遊泮；隴東山列膠庠，子隴崇基能讀父書，名位簧序；〔註158〕鎮雄土司後裔隴維邦自幼攻讀習武，清末中武秀才。〔註159〕為民國時滇東北彝族集團的崛起打下了文化基礎。

清代滇東北地區的人才分布：

地名	舉人	進士	恩貢	拔貢	歲貢	貢生	武舉人
昭通	56	6	28	24	48	13	65
永善	38	3	27	9	27		
恩安		6					
鎮雄	4	2	4		11		
東川	70	18				76	131
巧家	4		1	1	6		
尋甸	25	1	15	9	162		
曲靖	158	13				220	
陸涼	5	2				31	
羅平	31		152	23		26	29
宣威	19	1	7	6	59	83	
師宗	2				34		
馬龍	16	4		16		107	8
平彝	3				15	40	
沾益			26	9	126	27	19

從上表可以看出滇東北地區接受漢文化的人數比明代增多，出現了一批頗有造詣的本地知識分子。如昭通府：魏定一，乾隆壬子經魁，品行卓絕，淡於榮利，以詩古、文辭、書畫自娛，著書十餘種，毀於兵燹，今所存唯《也野語錄》、《中庸衍義》、《百花詞》行世；〔註160〕鄒焯博通經史，著述繁富，以貧未梓，後遇亂散亡，唯有《爾雅釋字》刊行於世；辛聯瑋，詩文皆清麗，有《辛太史集》；李開仁學，識宏通，才思清超，著有《白雲山人詩文集》、《昭

〔註158〕光緒《鎮雄州志》卷四人物，載《昭通舊志彙編四》，雲南人民出版社2006年版第1195頁。

〔註159〕鎮雄縣志編纂委員會《鎮雄縣志人物志》，雲南人民出版社1987年。

〔註160〕《昭通志稿》卷六《人物志》，載《昭通舊志彙編一》，雲南人民出版社2006年版第199頁。

通五屬志稿》；黃道清，善詩文，有《瞻華吟草》一卷；蕭維祺著有《錫福堂詩文集》、《石田聯語》、《圍爐瑣記》、《贐言》等書；孫起敬著有《駪駪集》、《敝帚自珍雜記》；謝文翹著有《紅藥山房詩集》、《公牘判詞》、《四六文稿》；謝崇基著有《兩漢洗齋詩文集》；黃紹仁著有《根心寄草》、《雜俎》；蕭瑞麟著有《榴花山館集》、《東瀛參觀記》、《烏蒙紀年》〔註161〕；竇雲龍，昭通歲貢生，善徑尺大字，逼真米海嶽筆意，間繪人物、山水，點綴入妙，尤精鐵筆，嘗鎸《蘭亭序》、《陋室銘》，四時讀書，樂爲印章，皆古妙絕倫。〔註162〕曲靖府：孫溫，博綜書史，融冶精液，治詩經，得言外之趣能；〔註163〕雷汝霖，乾隆乙卯科舉人，品行端方，教授生徒，裁成甚廣；李根瀛，性忠厚和平，教授生徒，循循善誘，州人士多出其門，砥節勵行，足跡不履。〔註164〕

學校教育在滇東北地區普遍推廣，使少數民族子弟有機會上學，儒學思想、封建倫理道德觀在該地區起到潛移默化作用。「今聖天子教化覃敷，良有司潛移默化，種人多革陋習，所謂衣冠飲食、婚姻祭祀燕享者，大半從漢官儀制。」〔註165〕漢文化在滇東北地區得以傳播，漢文化濡染著各少數民族，「鎮自歸流，沐浴聖化，洽婦孺入，窈寐微論，士勤詩書，農安耕鑿，即葺卉蒙皮之屬，並襲衣冠冕，咸思吟誦。向者棽山跳月、樂鬼淫巫之習，轉而從聘娶、醫藥、禮義之美。」〔註166〕「昭自雍正間設學，草昧初開，士習樸質，經在上之作育，官師之訓迪。二百年來，人文蔚起，雖鄉曲之士莫不爭自濯磨，期與秀而文者，聯翩而得升與朝，則學校之關係豈淺鮮也哉。」〔註167〕馬龍州「所居彝、漢雜處，漢人繫馬襲所軍籍，皆中州人，其土著有一種，衣冠飲食亦與漢人同焉，亦喜讀書，出身仕宦，代不乏人。」〔註168〕

〔註161〕民國《昭通縣志稿》卷六第十九《藝文》，載《昭通舊志彙編一》，雲南人民出版社2006年版第400～401頁。

〔註162〕光緒《鎮雄州志》卷四人物，載《昭通舊志彙編四》，雲南人民出版社2006年版第1209頁。

〔註163〕《宣威州志》卷五《文學》。

〔註164〕《沾益州志》卷四《文學》。

〔註165〕《永善縣志略》卷一《風俗》，載《昭通舊志彙編四》，雲南人民出版社2006年版第753頁。

〔註166〕乾隆《鎮雄州志》卷三《風俗》，載《昭通舊志彙編四》，雲南人民出版社2006年版第1000頁。

〔註167〕《昭通志稿》卷三《學校》，載《昭通舊志彙編一》，雲南人民出版社2006年版第152頁。

〔註168〕雍正《馬龍州》卷三《風俗》。

雍乾年間在滇東北地區設學校，對於在「素不識字」之鄉傳播文化，以及使百姓「知國法」，都起到了積極的作用。如沾益土州改流之後，「彝人亦多習知漢禮」，且「俱極奉公守法，各安生業」〔註169〕，尋甸「黑玀玀，居近城者，應差役納條糧，守法度」。〔註170〕這是文化教育的結果，致使在滇東北地區改流以後，再沒有出現過像土司時期有叛亂，顯然，興文教，使人民知國法。另一方面，文化教育事業的發展，其意義不僅在於「儒教日興，而悍俗漸變」，更重要的是通過廣設學堂，推進普及的方式，有效地縮小了這一地區的教育與滇中或內地的差距，在一定程度上減少了不同民族的文化異質性，從整體上提高了這一地區在文化教育方面的認同程度，有效地維護了國家的統一。

此外，滇東北地區在社會、經濟、文化等方面所取得的成績與流官的治理不無關係。曲靖府沾益土州改流後分設宣威州，其首任知州張漢於」創造之始，立學校，營衙署，葺城池，區里甲，清丈田畝，酌稅糧，規模宏大，簡校精覈」，時稱「循良之首」〔註171〕。繼任知州漆扶助「勸農桑，勤勸課，決獄訟平允神速，民為建德政坊」。烏蒙府改流之後，「人心未靖」，新任知府陸世宣「招徠安集，推誠布公，漢夷相安無事，咸戴其德」。〔註172〕

第四節　改土歸流後滇東北地區的民族關係

一、滇東北地區的民族分布格局及其生活習俗

滇東北地區改十歸流後，隨著漢族的大量進入，與各少數民族交錯雜居，基本上奠定了今天的民族分布格局。各地民族分布情況：

昭通屬彝六種：「黑骨頭倮倮，散居恩安、大關、魯甸、永善山中，頗事耕讀；白骨頭倮倮為黑骨頭之奴，但事耕作，或畜騾馬；假漢人居恩安太平寨等九寨，頗勤耕讀；熟苗散居魯甸江濱，務農養馬為生，苗族居大關縣，性畏赤寒，故處江濱熟地，頗事農畜，『羿子』居永善金沙江邊，習性生業，

〔註169〕光緒《沾益州志》，卷二《風俗》。
〔註170〕道光《尋甸州志》卷二十四《種人》。
〔註171〕道光《宣威州志》卷三《秩官‧名宦》。
〔註172〕《昭通志稿》卷四《循績》，載《昭通舊志彙編一》，雲南人民出版社2006年版第174頁。

同於苗族，間有讀書通文理者。鎮雄有：黑倮倮又名『倮鬼』，白倮倮爲黑倮之奴，驅作農活，善種旱地；『㑩子』能歌善舞，兼事農耕；花苗唯務耕稼；土僚俗同花苗，亦事種植。」〔註173〕巧家民族：「漢族，或因經營商業、或開採礦產、或習工農、或從軍從政而寄居流寓於此者，其遷移時代多在設流以後；夷族，爲當地土著，其人勤於耕織，性強體壯，文化習俗一漢族同。回族，以三區回甲、烏龍、老廠等處爲較多，其先當係經商開礦而來。苗族性懦而善治田，每爲大地主服勞役，生活簡單，知識低下，人口甚或少。蠻族性野悍，形狀兇惡，好搶擄，不知法度。江外滇、川邊境涼山一帶即其巢穴，率黨下山，恣意肆擾，迄無寧歲。人口較苗族爲多。」〔註174〕

尋甸州：「白人，習俗與華人不甚遠，又謂之民家子；㑩人，其俗染於漢風最久，今已有不能爲結業語矣，亦稍讀書與漢人結婚爲伍，故服食衣制婚喪之事，不甚懸殊，多於州城內外居之；爨蠻夷性憨而蠻主果於殺戮，今蠻漸知畏法矣，其白玀黑玀皆其種類；白玀玀，婚姻惟其種類，以牛馬爲聘，衣冠多效漢人，且有讀書，能文赴考爲諸生者；黑玀玀，居近城者，應差役納條糧，守法度。居山哨者殊少知識，惟在高岡磽隴，亦刀耕之種，甜苦二蕎，自贍。以丑戌二日爲市，交易稱貸無書契，刻木折之，各藏其半，既清及合而銷之，今已漸知字書；撒彌玀玀，不善治生，無他技，亦不爲盜。今悉化如漢人，無少分別，尋人呼爲海玀，以其去山而居平地也，或自耕或樵採或因水而漁任力供給；乾玀玀，其俗與黑白二夷遠，甚喜居高山深箐間，不知漢語不識文字；海玀玀，居處飲食衣服悉如漢人，惟與其同類仍作夷語，居家儉樸，情性和純，且知讀書；㑩夷，種類數十，其俗男貴女賤，小人視其妻如奴僕，耕織貿易，徭役皆婦人任之；野人，居無屋廬，夜宿於樹巔，採捕禽獸，茹毛飲血，食蛇鼠，性至兇悍，登高涉險如飛，逢人既殺。」〔註175〕

羅平州：「白人，多有讀書登仕籍者，今婚喪之禮，悉去其舊而遵制，故難辨也；沙人，號仲家，習俗同儂人，喜樓居，務耕織；黑猓玀，在彝爲貴種，土官營長皆類也；魯屋猓玀，次於黑猓玀，男衣兩截衣，纏大頭，跣足佩刀，婦人頭戴箍，桶裙長衣，喪無棺；乾猓玀，次於魯屋黑猓玀，服飾同魯屋，數

〔註173〕《恩安縣志稿》卷五《風俗人事·種人》，載《昭通舊志彙編一》，雲南人民出版社 2006 年版第 57 頁。

〔註174〕《巧家縣志稿》卷八《氏族》，載《昭通舊志彙編二》，雲南人民出版社 2006 年版第 703 頁。

〔註175〕道光《尋甸州志》卷二十四《種人》。

種猓玀俱不共居處，不通婚姻；白猓玀，多衣褐，又次於乾猓玀，婦人披衣亦如袈裟，戴數珠，跣足，近則火葬已改，婚禮，大略亦仿漢人，惟婦女服裝稍有不同；白苗喜居山崖，男子性好獵，女頭頂高糾，跣足桶裙，勤耕山地，種麻棉，自織為衣，有病自藥不信鬼，喪葬與漢人同；花苗，性喜山石崖棚之地為屋，婦女裝束，與白苗同，自織花布為衣，男子頭束白巾，服裝同漢族，婦人身穿短衣，腰圍花布，俗與白苗同，膽極大，不畏野獸。」〔註176〕

馬龍州：「白子，秀者習詩書，能文章出身科第，言語多化於漢；還有黑猓玀、白猓玀、僰人等民族。」〔註177〕

陸涼州：「僰夷，衣冠容貌居室器用與漢人同，性多矯詐，黑白兩夷畏之；回回性剛愎與人常不相下生，不禮佛，死不棺殮，自謂秉祖教；黑猓玀，性謹愿多山居，食粗糧衣羊皮，極若而儉；白猓玀性柔耕種服飾與黑猓玀同。」〔註178〕

師宗州：「沙人，有黑白二種，所居架木為樓，服飾似漢人，依山箐，出入必攜刀槍，酗酒仇殺，其性也，言語同別種稍知漢語；羅武猓玀無姓氏，服飾婚喪與黑猓玀同，性兇悍，苦蕎燕麥稗，多用弩弓檳榔，洞六廣裏豆溫鄉有之；白猓玀性懦勤耕，稍守法衣麻，婦短裙，種植與各猓玀同，瓜蕨為食；乾猓玀性剛狠善偷竊，終年圍火，夜向火塘背，不入城市，罔知法度矣。樸臘猓玀，性桀驁，倚山為險，服飾亦似沙人，形黑好捉田鼠為務；阿蠍猓玀樹皮為屋，掘峒作籬，身披羊皮種植穀蕎，野麻，不知尊卑長幼；儂人齒黑面黃，男女服飾亦似沙人，語言不通，擇危坡絕壁處下臨水乃居，種植糯穀；僰兒子即僰也，稍似漢人，性亦彝也。」〔註179〕

宣威州：「黑倮倮，以所居地為姓，婚娶以牛馬為騁；白倮倮，與黑倮同；乾倮倮，居高山深谷，白織麻布為衣，婚配以類，不通黑乾夷；黑乾夷，男椎髻，女衣四方大布；苗子居必依附江河，不畏酷暑。」〔註180〕

平彝縣：黑倮倮「居深山，雖高崗磽隴，亦力耕之種甜苦二蕎，自贍善蓄馬牧，養蓄息器皿，用竹筐木盤交易。稱貸無書契，刻木而析之，各藏其半，市面上以丑戌日。」〔註181〕從以上各地的民族分布可以看出，滇東北地

〔註176〕民國《羅平縣志》卷一《風俗》。
〔註177〕雍正《馬龍州志》卷三《風俗》。
〔註178〕道光《陸涼州志》卷二《風俗》。
〔註179〕雍正《師宗州志》卷下《種彝》。
〔註180〕《宣威州志》卷五《種類》。
〔註181〕康熙《平彝縣志》卷三《人種》。

區主要有彝族、苗族、白族、布依族、壯族、回族等民族，有些州縣有多種民族，但最多的是彝族，其中支系繁多，且各支系的經濟生活發展不平衡，風俗習慣各異。

二、改流後的民族關係

改土歸流之前，滇東北地區是一個以彝族為主體民族的重要區域，如鎮雄因為隴慶侯庶母二祿氏拒不參加反抗鬥爭，二祿氏同其二「飛馳各寨，申論大義，涕泗滂沱，勸眾解散，若不立即解散，母女三人當先自盡，眾母感化，撕毀逆書，願分路擒捕扁刂刀。二祿氏率彝目、土兵住守州城，……四境得以保全。」〔註182〕然到乾隆時，城外八火頭地，「漢夷雜居；十三白勒，漢人居其工；惟彝良七火頭地方，橫互蜒蜿，盡屬土著夷人，並無漢人攙雜。〔註183〕

改土歸流尤其是大規模的反抗經血腥鎮壓後，造成滇東北地區人口急劇下降，幸存的土著彝民逃進深山，「蔓延山谷」，「無論山原平野為彼族聚族而居，即懸崖陡箐亦間有盤踞」，〔註184〕人口陡然銳減，出現人煙俱寂、雞犬無聲、土地荒蕪的慘涼景象。清政府從其統治利益出發，招募漢、回、彝、苗等民族進入這些地區屯墾，以「填實地方」、「移易保習」。〔註185〕雍正五年（1726年）鄂爾泰奏：「滇之東川，……有蔓河、者海二處尤為沃壤，臣已捐撥三千兩，先買水牛一百頭，蓋房六百間，招民開墾，酌給牛種房屋。復給於銀為半年食米之費，其自外州縣來者又給以盤費為搬運行李之資，現今招集已有四百餘戶。」〔註186〕雍正八年（1730年）在烏蒙、鎮雄、會澤、永善等地招集人民耕種，令：「凡避賊逃亡及被脅從者，無論漢回夷苗概為招撫，共得數萬戶，給與田地、耕牛、穀種，俾得各安其業。」〔註187〕繼鄂爾泰任雲貴總督的高其倬，派遣官吏前往昭通專辦墾務，在尋甸州招得「習

〔註182〕芒部府隴氏後裔編：《芒部府隴氏詩文集》，第128頁。

〔註183〕乾隆《鎮雄州志》卷六藝文，載《昭通舊志彙編四》，雲南人民出版社2006年版第1070頁。

〔註184〕《昭通志稿》卷一鄉村，載《昭通舊志編一》，雲南人民出版社2006年版第119頁。

〔註185〕《恩安縣志稿》卷六《藝文》，《委員赴昭辦理開墾疏》，載《昭通舊志彙編一》，雲南人民出版社2006年版第79頁。

〔註186〕雍正《朱砒諭旨》第五十冊，雍正五年十月十日，第89頁。

〔註187〕《昭通志稿》卷四《官師志》，載《昭通舊志彙編一》，雲南人民出版社2006年版第270頁。

於耕稼」的願往之民一千戶。〔註 188〕乾隆年間，滇東北礦廠大旺，各地人民或開礦、或經商，大量匯聚滇東北地區。東川府「鼓鑄新添各省，其旁郡民二三萬人」，〔註 189〕昭通府「當乾隆盛時，魯甸之樂馬廠大旺，而江南湖廣粵等省之人蟻附麇聚，或從事開採，或就地貿易」，〔註 190〕他們在這一地區「娶妻生子，鑿井耕田」，〔註 191〕久之遂在滇東北地區落籍下來。另外，外省人民進入滇東北地區，建立會館，「城鄉廟宇除明世舊有者外，以各省會館為最早最盛。民籍兩湖為多，兩江次之，原有土著不過十餘姓，風俗習慣早同漢化。」〔註 192〕漢族移民的大量湧入，使滇東北地區漢族人口迅速增長，「夷多漢少」變為「漢多夷少」，漢族逐漸成為該地區的主體民族。

改土歸流後，滇東北地區的民族關係主要表現為民族融合，民族融合是一個複雜的問題，由多種因素共同促成。但是，相互融合的民族擁有共同的生活地域，在這個地域中，他們共同生產生活、習俗濡染、文化交流、相互學習、共同發展，逐漸趨於融合。「居民溯其初皆苗夷占據而瑤人僅居山嶺……自改土後共興，軍民雜處」，「漢人已占多數，……休養生息二百年來，故有八省客籍而鑄成昭通之主要部分。」〔註 193〕「凡遷移流屯以及官商落籍之人，大抵皆來自禮儀文物之邦。其一切習慣好尚互相濡染，雖以舊時之土俗，久之亦漸開化。觀於都市郡野，亦鮮有不良之習焉。」〔註 194〕如石應起，陝西西安府長安縣人，貿易昭通落籍於茲土。查昭關銅運衝途，雪山箐一帶崎嶇險阻，每值雨水之期，駝馬恒多疫斃。且路通川省，往來行人至此為艱，石爰舉善念，獨任其勞，另為開設自烏拉鋪至一碗水約計六十餘里，視舊路較近二十里計，於乾隆三十六年（1771 年）五月興工，迄三十七年（1772 年）三月告竣，約費千金。曾經郡屬文武官長踏驗，給有「義路率

〔註 188〕《昭通志稿》卷八，載《昭通舊志彙編一》，雲南人民出版社 2006 年版第 79 頁。
〔註 189〕梁曉強校注：《東川府志》卷八，雲南人民出版社 2006 年版第 198 頁。
〔註 190〕《昭通志稿》卷十《人種志》，載《昭通舊志彙編一》，雲南人民出版社 2006 年版第 272 頁。
〔註 191〕梁曉強校注：《東川府志》卷八，雲南人民出版社 2006 年版第 198 頁。
〔註 192〕《綏江縣縣志》《大事記》，載《昭通舊志彙編三》，雲南人民出版社 2006 年版第 833 頁。
〔註 193〕《昭通志稿》卷十《種人志》，載《昭通舊志彙編一》，雲南人民出版社 2006 年版第 270 頁。
〔註 194〕《昭通志稿》卷六《禮俗志·習尚》，載《昭通舊志彙編一》，雲南人民出版社 2006 年版第 395 頁。

由」匾額。〔註 195〕游方震，江西豐城人，乾隆初年進士。歷任南寧、永善縣知縣，以微故罷官，寓昭通最久。以授徒爲生，博通經史，文筆古雅。嘗與士大夫講論文藝。凡昭之名勝，其有題詠尤多。如修書院、文昌宮，引龍洞、廣福寺碑記，皆其代作也。旋就東川山長聘，以後行蹤未詳。今搜得其著述曰《留棄集》，載詩、古文、詞一百數十篇，洵堪寶貴，嗣當印行於世。〔註 196〕劉學恒，昭通人，移居東川。工繪事，得丹青三昧，布置渲染，非時手所及。尤善大字，筆法整嚴。王正輔趙州人，流寓彝良，近居漢夷，每遇爭競，輒往投訴，片言冰釋，公舉鄉耆，其子勳名列國學。〔註 197〕熊周，江西人遊學至涼，教授生徒，遂家焉，以儒仁試范公閱其卷奇之曰經史百家靡不淹貫檄令入庠，周長詩詞古體，尤善丹青，數奇不遇而卒。段達，由鄉舉任縣尹降遷涼，教呂粹學優淡於勢利，喜計酒琴書，有四海爲家之意，秩滿徙於涼，時興門下士麗翰鼓琴怡如也。〔註 198〕

　　大量漢族進入滇東北地區，使這一地區的文化素養不斷得到提高，如東川府「招徠漸眾，田土漸闢，糧賦漸增，誦讀漸廣」〔註 199〕，昭通府「文質遞變，久則士習詩書，民條耕鑿，其沐浴於雅化者深矣。」〔註 200〕漢文化在邊疆少數民族地區的傳播、滲透。另一方面，漢族人民帶來了漢族地區先進的生產工具和生產技術，像興修水利、蓄水灌田、使用鐵製農具等，使這些技術在滇東北地區得到普遍推廣。漢民遷居滇東北地區，促進了漢民族與各少數民族的雜居，把彝族人民從隔離狀態中解放出來，打破了千百年來以土隔絕，不與中國相通的閉塞狀態。隨著交往的日益增多，各民族在語言、生活習俗、節日等方面也潛移默化。漢語逐漸成爲雜居區人民的能用語言。除在本民族交往中使用本族語外，苗、彝、仲家、土獠等民族在與漢族交往中大都講漢語。昭通苗族「與漢人往來慣用漢語，自相聚談仍用夷話」，彝

〔註195〕　《恩安縣志稿》卷四《義士》，載《昭通舊志彙編一》，雲南人民出版社2006年版第53頁。

〔註196〕　《昭通志稿》卷六《人物志寓賢》，載《昭通舊志彙編一》，雲南人民出版社2006年版第219頁。

〔註197〕　光緒《鎮雄州志》卷四《人物》，載《昭通舊志彙編四》，雲南人民出版社2006年版第1209頁。

〔註198〕　《道光陸涼州志》卷八《流寓》。

〔註199〕　梁曉強校注：《東川府志》卷八《種人》，雲南人民出版社2006年版第200頁。

〔註200〕　《昭通志稿》卷十一《風俗志》，載《昭通舊志彙編一》，雲南人民出版社2006年版第274頁。

族「通用漢話」，〔註201〕鎮雄州土獠「言語衣服皆仿漢人」，〔註202〕在生活習俗方面，彝族原來「居多板屋，上壓石」，〔註203〕此時已有改變，「佩刀、木棚、火化之鳳已不常見矣」；〔註204〕黑羅羅貧者「衣如漢人」，白羅羅「今亦襲衣冠漸漢禮矣」。〔註205〕民家「漸學漢制也」，其「婚姻服食皆與漢人同」。〔註206〕鎮雄苗族「書契、數目、字跡並六十甲子皆如漢制」，〔註207〕昭通苗族「份時以支屬，例如豬年羊月猴日，臺漢人問之歲，則答曰屬龍或屬虎等」。〔註208〕陸良的白族「衣冠容貌居室器用與漢人同」。〔註209〕羅平「白人，用漢人衣冠，喜讀書進取」。〔註210〕宣威「白兒子，風俗在夷漢之間，而男讀書，女纏足，一同漢制。」〔註211〕尋甸彝族「漸移俗，衣冠多效漢人。」〔註212〕

此外，在滇東北地區出現了異族通婚現象，打破了滇東北地區族內通婚，或彝族各支系不通婚的現象，使民族融合進一步加強，如昭通孔姓回族「其先本宣聖（孔子）之後，贅於回而改從其俗」。〔註213〕受漢族影響，一些少數民族過上漢族的節日，乾隆《鎮雄州志》載：「元宵節自初八日至十六日，城中燒燈張樂，人家植竿於門，懸掛天燈，市肆蕭鼓皇聒，爆竹喧震，雜戲呈耀衢路，漢夷相率走觀，歡聲動地。」漢族也過彝族的火把節，乾隆《東川

〔註201〕《昭通志稿》卷十《人種志》，載《昭通舊志彙編一》，雲南人民出版社2006年版第271頁。
〔註202〕乾隆《鎮雄州志》卷三《風俗》，載《昭通舊志彙編四》，雲南人民出版社2006年版第1002頁。
〔註203〕梁曉強校注：《東川府志》卷八《種人》，雲南人民出版社2006年版第198頁。
〔註204〕《昭通志稿》卷十《風俗志》，載《昭通舊志彙編四》，雲南人民出版社2006年版第276頁。
〔註205〕乾隆《鎮雄州志》卷三《風俗》，載《昭通舊志彙編四》，雲南人民出版社2006年版第1002頁。
〔註206〕《昭通志稿》卷十一《風俗志》，載《昭通舊志彙編一》，雲南人民出版社2006年版第276頁。
〔註207〕道光《雲南通志》卷一百八十三。
〔註208〕《昭通志稿》卷十《人種志》，載《昭通舊志彙編一》，雲南人民出版社2006年版第211頁。
〔註209〕乾隆《陸良州志》。
〔註210〕康熙《羅平州志》。
〔註211〕光緒《宣威州志》。
〔註212〕道光《尋甸州志》。
〔註213〕《宣威縣志》卷八。

府志》載：「六月二十四日爲星回節，烯松炬於街衢，醵飲村落，照田占歲。」呈現出一派夷漢交融的繁榮景象。

三、改流後滇東北地區的殘餘土司

改土歸流後，隨著雍正八年（1730 年）的反抗遭鎮壓，土官離開本土，土目被大量殺戮，在滇東北地區境內保留下來的土司有：

巧家廳的木期古土千戶，駐今巧家縣西北金沙江西四川寧南縣南部之大同，以東川土司祿氏家族、會理州會理本土千戶祿瑤之子祿承恩充任。《大清會典事例》：「乾隆三十年（1765 年）設雲南木期古土千戶一人。」《雲南通志》：「住居木期古山，管木期古二十一寨，東至金沙江蜀八十里，西至披沙土百戶深溝界九十里，南至拖姑河南支魯山界六十里，北至阿布魯村界二百四十里，乾隆三十一年以會理村土千戶祿瑤之子祿永恩充土千戶，承恩死，以祿瑤姪承爵襲，承爵死，子萬春嘉慶九年襲。萬春死，至咸豐間祿世魁襲。」光緒二十年，乏嗣，其由地歸實業所管理，今歸建設經費。〔註214〕

巧家拖車阿朵土千戶，以其先祖祿阿茂隨師堵剿所謂「蠻匪」有功，授土千戶世職。〔註215〕《雲南通志》載：「住居，拖車阿朵，距巧志廳城二百四十里，東至牛攔江界二十里，南至三甲地界一百里，西至六甲藥山四十里，北至九甲地界五十里交暮租。自祿阿茂隨師堵剿蠻匪有功，授土千戶世職。阿茂傳魯祖，魯祖傳登，登傳永功，永功傳允昌，允昌傳有明，有明傳耀祖，耀祖傳朝宗，朝宗故，乏嗣，嫡堂弟祿朝綱光緒九年襲。」《雲南通志》載：「朝納死，子廷英襲，廷英死，勳霖襲」。

永善檜溪的阿興土千戶，駐防檜溪，其土長官永長參與了鎮壓米貼祿氏的反抗，嘉慶七年（1802 年）補蔭恩騎尉，世襲罔替。其領地東至蠻坡岩五十里，南至分水嶺七十里，西至大毛灘三十里，北至羅漢林五十里。〔註216〕

東川八甲土目原在九甲東瓜坪，至清乾隆間，有祿天福襲，稱阿白土目，一傳其子永慶，再傳其孫（名未詳稱祿長妹）。咸豐間楊秀林之亂叛，焚其署，

〔註214〕《巧家縣志稿》卷三《職官》，載《昭通舊志彙編二》，雲南人民出版社 2006年版第 505～506 頁。

〔註215〕《巧家縣志稿》卷三《職官》，載《昭通舊志彙編二》，雲南人民出版社 2006年版第 605～606 頁。

〔註216〕《永善縣志略》卷一《土司》，載《昭通舊志彙編三》，雲南人民出版社 2006年版第 706 頁。

祿長妹逃往太平場江外大老武寨子，借蠻夷兵力復仇，未幾物故。其堂弟某置署八甲，襲稱者那司土職，受阿白業。傳祿興朝，光緒初年亦物故，乏嗣。其田地歸月潭書院漢夷義學，今歸教育經費。

其他小土目有：恩安縣白坡土目祿萬全，是烏蒙土司家族之裔，後因功升加土千總〔註217〕；鎮雄杓佐土目二祿氏，是鎮雄土司隴聯嵩次室，隴慶侯庶母，因約束各寨頭目，拒絕參加魯甸祿萬福的反抗活動，奉旨誥封安人，其女贅祿萬全承嗣〔註218〕；鎮雄果家河土目朱文衡、母亨土目王炳，因功爲總制哈元生委土把總；彝良戛虐土目羅全仁，素以武力管轄夷民數百戶，在魯甸祿萬福舉反抗時，他主動將兒子羅必位、孫子阿保作爲人質，到鎮雄營參將韓勳軍中任職，籌備糧草軍餉，後爲總督鄂爾泰傳見，授土千總，賞以叛黨產；鎮雄土府旁支的洛澤土目阿得，因在「改土歸流」事件中有功，其女阿妹被准贅婿楊紳，凡洛澤地方的戶口、即席佃和賦役，俱由阿妹頂納阿辦。〔註219〕另外東川存在四土目：頭甲土目（清光緒十四年（1888年），頭甲祿開泰捐送其夷親土目祿興朝所遺八、九甲絕產歸入黌宮〔註220〕）、甲土目（清光緒年間有土目祿祿興仁）、八甲土目。〔註221〕沾益州的土目有：塊卜營長，安民四子名世富生於磐，今割歸沾益州管轄；羊腸營長安民三子名世榮；樂農營長安其祿第五子名重任，任生子仁，仁生世候；木沖營長；那少營長等。〔註222〕

改流後「土司威力至今未除，聚族而居，匪不敢擾，在鎮雄、彝良、永善、大關、魯甸爲最盛，且其子弟多讀書明理，力圖風俗改良，人民習尚已無異於漢族矣。」〔註223〕雖保留一些勢力，但已不會對清政府構成威脅，只是在其地盤上苟且偷生，對所屬的土民進行剝削以維持生活。鎮雄、彝良的

〔註217〕乾隆《鎮雄州志》卷四《人物》，載《昭通舊志彙編四》，雲南人民出版社2006年版第1029頁。

〔註218〕乾隆《鎮雄州志》卷五《列女》，載《昭通舊志彙編四》，雲南人民出版社2006年版第1031頁。

〔註219〕乾隆《鎮雄州志》卷四《人物》，載《昭通舊志彙編四》，雲南人民出版社2006年版第1026～1029頁。

〔註220〕《巧家縣志稿》卷五《司法》，載《昭通舊志彙編二》，雲南人民出版社2006年版第637頁。

〔註221〕《巧家縣志稿》卷三《職官》，載《昭通舊志彙編二》，雲南人民出版社2006年版第505～506頁。

〔註222〕《沾益州志》卷五《土司》。

〔註223〕《昭通等八縣圖說》五《民族》，載《昭通舊志彙編二》，雲南人民出版社2006年版第491頁。

土目、黑彝、隴氏後裔也還有大大小小的領地，他們仍然還保留著奴隸、農奴等，如魯甸之拖拖寨，寨近威寧黑石頭，距古寨近九十里；黑彝盧登俊、盧登位，「地濱大河，附寨十三村有事，無論漢、彝，均聽處置，」「畜奴婢數十百人，牛馬羊數千頭，室宏深，粟如山積。」〔註224〕又據《芒部隴氏詩文集》載：鎮雄，隴氏土官支系仍掌握其土地、財產，借土官殘餘勢力，發展家業，兼併土地，購置武器，畜養家丁，自命等級，如僕從人員中的內外管事，大小隊長，丫頭娃子等。而本家之稱謂，皆以官冠之，如什麼官老爺官奶官哥官姐等，以此顯示高人一等。其族中具權威者，為族眾所擁戴，宰割一方。私宅稱衙門，自設囚室，備有刑具，欺壓百姓，無所忌憚。〔註225〕

又據《鎮雄州志》載：「查鎮壓雄屬地方，土署之前，俱係客民流寓，不滿二百戶；郭外八火頭，漢夷雜居；十三白勒，漢人居其七；惟彝良七火頭地方，橫亙蜒蜿，盡屬土著夷人，並無漢人攪雜，秉性愚頑，氣質兇悍，漢人語言絕不通曉，僅事刀耕火種，不知力耕稻田，劫攎仇殺，習為恒業。而鹽井礦廠，又悉產其中，網利漢奸，往往奔趨潛匿。固鎮雄之要區，而梗化之頑種也。附近八火頭，鎮雄之面目也；十三百勒，鎮雄肢體也；而彝良七火頭，鎮雄之腹心也。」〔註226〕

滇東北土司已如落日黃花，失去往日的光環。剩下的小土司、土目依靠祖業，雇用當地農民為其勞動，收取動役地租或實物地租以維持其家庭生活，對當地農民雖有剝削，但其固有的封建農奴制經濟基礎已不存在，取代的是封建地主制經濟，所以農民有一些自由權，生活比起在農奴制有所改善。

〔註224〕李開仁：《避難述略》。

〔註225〕芒部府隴氏後裔編：《芒部隴氏詩文集》第一輯，1997年版第38頁。

〔註226〕乾隆《鎮雄州志》卷六《藝文》，載《昭通舊志彙編四》，雲南人民出版社2006年版第1070頁。

結　語

　　元明清時期，中央王朝在滇東北地區各府州縣都設有土司，是中央王朝對這一地區治理所採取的一種治理模式。中央王朝在政治上利用彝族首領爲土官，對其轄內的土民進行治理；經濟上讓原來的生產方式繼續保留，通過彝族首領進行貢納的徵收，這是中央王朝不得以而爲之的做法。通過對元明清三代滇東北彝族土司的設置，與中央王朝的關係，滇東北地區的社會發展及民族關係等的論述，體現出滇東北地區彝族土司的個性化特點，對現今也有重要的歷史借鑒。

一、滇東北地區彝族土司的特點

（一）滇東北地區彝族土司發展的經濟基礎具有差異性

　　土司制度是屬於上層建築的範疇，無疑是建立在一定的經濟基礎之上的，元明清三代，滇東北地區的經濟發展具有差異性，正如尤中先生所言「土司制度能否在少數民族地區有效地施行，與少數民族中社會經濟的發展是有關係的。但是，土司制度並非完全地直接植根於各少數民族內部的經濟基礎之上。因爲，各少數民族是各有各的經濟基礎，也各有與自己的經濟基礎相適應的上層建築。而土司制度則是籠絡各少數民族中的上層分子，來達到中央王朝對少數民族地區進行統治的目的，無論是封建領主、奴隸主，乃至原始社會末期的貴族分子，只要他們歸附王朝，上交貢納，都可以在保持自己地區的政治、經濟結構不變的情況下，繼續統治自己原來統治的區域，作爲封建王朝在西南的土官土吏。所以，土司制度雖屬上層建築的範疇，但它在

西南少數民族中卻沒有自己同一的經濟基礎。」〔註1〕在滇東北地區，曲靖、尋甸等地區的土司制度是建立在封建領主制經濟基礎之上的，而烏蒙等地卻是建立在封建農奴制經濟基礎之上，雖然經濟基礎不一樣，但並不影響土司制度在這一地區的實施，故中央王朝在治理這一地區時，往往採取不同的治理政策。

（二）滇東北地區土司分布均勻，實力差異大

元明清三代，滇東北地區每個府州縣都分布有土司勢力，這些勢力在發展過程強弱不等，在曲靖府，明初歸附時，阿資叛服不常，中央王朝用武力進行改流，是雲南彝族土司改流最早的一例，且在其地設軍事衛所以震懾之，曲靖府的彝族土司勢力因此而減弱，尋甸府在明成化年間也改設流官治理，其土司勢力逐漸消退；而烏蒙、芒部、東川等地區的彝族土司隨著社會的發展，其勢力卻在膨脹，以致到明中後期，經常越境掠奪，與周圍的土司互相滋事，使中央王朝在治理過程中頗費心機。滇東北地區彝族土司勢力相互消長的原因在於中央王朝用漢文化來儒化夷人，但在各地實施取得的效果也不盡一致，在曲靖、尋甸在元代就開始有初步的學校教育，當地各族人民在思想意識上逐漸接受漢文化；而在烏蒙、東川、芒部等直到改流後才大規模的設立學校，元明兩代該地區則未設學校，只有少量的廟學、魁星閣等非正規的教學單位，使得漢文化很難深入該地區，直到清代改流後整個滇東北地區的文化教育才發展起來，沒有儒學文化底蘊。

（三）滇東北彝族女土司多

明代在滇東北地區，建立起土知府、土知州、土知縣等官衙，女土官襲職一事仍很多，原因在於官方文件規定土司襲職的順序，土司無子或子年幼則妻襲，另一方面，只要女土司能為「夷民信服」就可以襲職，並且明代女土官襲職最多，共有二十九人，按理說，在封建社會裏，男性扮演著主角，女性特別是在政治上無話語權，但在滇東北地區乃至整個彝族地區，女性的地位有時候還是佔有重要的位置。這說明滇東北地區彝族屬氐羌支民族系統，過去曾盛行過母權制，在歷史的發展演變過程，直到明代還存在著母權制。

〔註1〕尤中：《中國西南民族史》，雲南人民出版社 1985 年版第 367 頁。

（四）改土歸流時間延續最長

滇東北地區的改土歸流時間從明洪武二十八年（1398 年）廢除越州土司到 1956 年富源土司改流，延續了五百多年，持續時間最長，即最先改流的彝族土司和最後改流的彝族土司都在滇東北地區。

（五）改土歸流時用武力最多最殘忍

改土歸流的實質是中央王朝與土司勢力間的政治博弈，是中央王朝對地方政體、管理體制及運行機制的全面調整。改流是社會發展的必然，但是用武力強迫改流，中央王朝的民族政策沒有因地制宜的實施，使滇東北地區在改流過程遭受了空前的鎮壓，殘殺了大量無辜的各族人民，剩下的部分土著民族被迫隱居山區，大量土地荒蕪，使滇東北地區各族人民的生產力、生產資料和生活資料遭到空前的摧殘，加深了民族矛盾，一定程度上毒化了這一地區的民族關係，這是封建統治者的罪惡所在。

二、滇東北地區土司制度的歷史啓示

以史爲鑒，歷史上的經驗與教訓是值得我們今天深思的。土司制度作爲我國社會政治發展過程中的一種基本制度形態，是一種系統或體系的存在。土司制度的各個構成要素以及它的區分性特徵，彼此之間都處於相互依賴，交互作用的狀態之中，從而使該制度具有內部的有機性與有序性和外部的相對獨立性與完整性。又由於土司制度是依附於剝削制度之上的，是爲了維護統治集團的利益，在發揮其政治功效時，其反動的一面也是被暴露無遺的。尤其是土司制度因爲其有嚴格世襲制和承襲制，所以也強烈的表現出一種嚴重扼殺普通民眾權力意識，壓制了老百姓的創造力和思維能力，從而使土司地區陷入了一個封建集權統治與原始浪漫追求並存的社會境地。這一靈活的傳統治邊政策，雖有自身的缺陷，但勢必對近現代的民族政策產生影響，它的某些合理內核已被我國現代民族區域自治制度所吸收借鑒。

第一，少數民族地區社會政治發展的不穩定性與經濟文化落後性的矛盾是制約少數民族地區的一個主要因素。在滇東北地區，土司制度的推行並非一蹴而就的，而是在經過了漫長的政治不斷磨合才逐漸成熟的。由於少數民族政治發展歷來與民族的生存和發展的切身利益聯繫在一起，與社會的經濟、文化發展聯繫在一起，離開社會經濟文化發展的純粹的政治是不存在的。滇東北地區發展不平衡的社會經濟，一方面成爲土司制度孕育和發展的溫

床，另一方面，其落後性則又成爲土司制度發展和土司政治昇華的羈絆，滇東北地區社會制度發展的不穩定性和社會文化落後的矛盾是制約滇東北地區社會發展的一個主要因素。

第二，加強民族間政治經濟文化交流是建立良好民族關係的有效途徑。縱觀滇東北地區土司制度的發展，民族關係相處融洽的時期，整個經濟文化的發展的態勢也好，一旦發生起義或土司間的仇殺等都會使各民族的生產生活受到影響。這是封建社會民族問題存在的根源所在，但也對我們今天在民族問題上給予很大啓發和教訓：要建立良好的民族關係和在民族地區順利推行各項有益於民族地區發展的政策，必須要在平等、互信基礎加強民族之間、民族地區和政府之間的政治經濟文化交流，深入貫徹我國的民族政策，堅決打擊新時期的大民族主義等狹隘的民族觀，利用科學發展觀，指導民族地區的工作。

第三，在民族地區必須派駐有民族工作經驗的，熟悉民族地區社會風俗的幹部。滇東北地區民族種類繁多，各族的風俗習慣不同，任用當地幹部時就要考慮到幹部本人對當地的瞭解以及熟悉程度。如鄂爾泰，雖然在上任初期，到各地瞭解情況，認爲要改土歸流，但是在實施改流的過程中卻沒有視當地的實際情況而採取了最殘暴的方式對滇東北地區進行血腥的鎮壓。

第四，對現在民族區域自治的啓示。民族區域自治制度所遵循的基本原則和民族自治原則、國家統一原則、民族間經濟文化加強聯繫的原則，都可以從土司制度的淵源、發展及推行過程中的靈活措施中找到它發展的線索，所不同的是由於我們已建立了各民族平等的社會主義新型的民族關係，我國的民族區域自治制度與土司制度有著本質的區別，它儘管強調民族區域範圍內「因俗而治、因地制宜」的自治，但這種自治以民族平等，反對任何形式的民族壓迫與歧視爲前提；民族區域自治儘管也強調民族間經濟文化聯繫的重要性，但它更強調各民族經濟文化的共同發展繁榮。強調民族平等，追求各民族共同繁榮，這是民族區域自治制度的靈魂，也是民族區域自治制度與土司制度的本質區別所在。

研究歷史上的土司制度，不僅是爲了吸收、借鑒、比較，更重要的是要從其政策隨時勢變化中獲得啓迪。

參考文獻

（一）古籍

1. （明）宋濂等，元史〔M〕，北京：中華書局，1976。
2. （清）張廷玉等撰，明史〔M〕，北京：中華書局，1974。
3. 明實錄〔M〕中國央研究院歷史語言研究所校印。
4. （清）谷應泰，明史紀事本末〔M〕，北京：中華書局，1977。
5. 趙爾巽等撰，清史稿〔M〕，北京：中華書局，1977。
6. 清實錄〔M〕，北京：中華書局，1986。
7. （明）佚名，土官底簿〔M〕，四庫全書本。
8. 毛奇齡，蠻司合志〔M〕，西河全集本。
9. （明）申時行撰，明會典〔M〕，四庫全書本。
10. （清）大清會典事例〔M〕，四庫全書本。
11. 大清會典〔M〕，四庫全書本。
12. 皇朝通典〔M〕，四庫全書本。
13. 大明會典〔M〕，四庫全書本。
14. 顧炎武，天下郡國利病書〔M〕，光緒己卯蜀南桐華書屋校刊本。
15. 大明一統志〔M〕，四庫全書本。
16. 大清一統志〔M〕，四庫全書本。
17. （明）陳文等纂修，李春龍等校注，景泰雲南圖經志書〔M〕，昆明：雲南民族出版社，2002。
18. （明）周季鳳纂修，正德雲南志〔M〕，嘉靖三十二年刻本。
19. 謝肇淛纂，滇略〔M〕，雲南史料叢刊卷6，昆明：雲南大學出版社，1998。
20. （明）劉文徵纂修，古永繼點校，天啓滇志〔M〕，昆明：雲南教育出版

社，1991。

21. 劉景毛等點校，道光雲南志鈔〔M〕，昆明：雲南省社會科學院文獻研究所，1995。

22. 牛鴻斌等點校，新纂雲南通志〔M〕，昆明：雲南人民出版社，2007。

23. 〔清〕賀長齡，魏源編輯，皇朝經世文編〔M〕，臺灣：文海出版社，1972。

24. 〔清〕魏源撰，錫鐸等校點，聖武記〔M〕，北京：中華書局，1984。

25. 〔清〕蔣良驥，東華錄〔M〕，北京：中華書局，1980。

26. 〔清〕畢沅撰，續資治通鑒〔M〕，長沙：嶽麓書社，1992。

27. 林超民等主編，中國西南稀見方志〔M〕，蘭州：蘭州大學出版社，2003。

28. （清）毛玉成修，張翊辰等纂，咸豐南寧縣志〔M〕，咸豐刻本。

29. 雍正朱砒諭旨。

30. 民國宣威縣志稿〔M〕，1934 年鉛印。

31. 康熙平彝縣志〔M〕，1959 年謄印。

32. 嘉靖尋甸府志〔M〕，嘉靖刻本影印。

33. 道光尋甸州志〔M〕，據道光刻本傳抄。

34. 雍正師宗州志〔M〕，傳抄本。

35. 民國陸良縣志稿〔M〕，1915 年石印本。

36. 道光重修陸良州志〔M〕，傳抄本。

37. 民國羅平縣志〔M〕，1933 年石印本。

38. 康熙羅平州志〔M〕，傳抄本。

39. 民國宣威縣地志〔M〕，1921 年鉛印。

40. 道光古越州志〔M〕，傳鈔同治珍訂本。

41. 乾隆沾益州志〔M〕，傳鈔乾隆刻本。

42. 乾隆陸良州志〔M〕，傳鈔乾隆刻本。

43. 康熙羅平州志〔M〕，傳鈔康熙鈔本。

44. 雍正馬龍州志〔M〕，雍正刻本。

45. 民國續修馬龍縣志〔M〕，1917 年鉛印本。

46. 光緒平彝縣志〔M〕，光緒刻本。

47. 光緒宣威州志補〔M〕，傳鈔本。

48. 康熙廣西府志〔M〕，傳鈔康熙鈔本。

49. 道光宣威州志〔M〕，傳鈔本。

50. 昭通舊志匯編輯委員會編，昭通舊志彙編〔M〕，昆明：雲南人民出版社，2006。

51. 梁曉強校注，東川府志，東川府續志〔M〕，昆明：雲南人民出版社，2006。

52. 徐弘祖，朱惠榮校點，徐霞客遊記校注〔M〕，昆明：雲南人民出版社，1985。

53. 胡起望、覃光，桂海虞衡志輯佚校注〔M〕，成都：四川民族出版社，1986。

（二）學術著作

1. 《彝族簡史》編寫組，彝族簡史〔M〕，昆明：雲南人民出版社，2009。

2. 陳本明，傅永祥，昭通彝族史探〔M〕，昆明：雲南民族出版社，2001。

3. 成臻銘，清代土司研究：一種政治文化的歷史人類學觀察〔M〕，北京：中國社會科學出版社，2008。

4. 成臻銘，土司制度與西南邊疆治理研究〔M〕，北京：社會科學文獻出版社，2016。

5. 范文鍾，昭通歷史文化論述〔M〕，昆明：雲南民族出版社，2003。

6. 方國瑜，彝族史稿〔M〕，成都：四川人民出版社，1984。

7. 方國瑜，中國西南歷史地理考釋〔M〕，北京：中華書局，1987。

8. 方鐵、方慧，中國西南邊疆開發史〔M〕，昆明：雲南人民出版社，1997。

9. 方鐵，邊疆民族史探究〔M〕，北京：中國文史出版社，2005。

10. 方鐵，西南通史〔M〕，鄭州：中州古籍出版社，2003。

11. 龔蔭，明清雲南土司通纂〔M〕，昆明：雲南民族出版社，1985。

12. 龔蔭，中國民族政策史〔M〕，成都：四川人民出版社，2006。

13. 龔蔭，中國土司制度〔M〕，昆明：雲南民族出版社，1992。

14. 顧頡剛，中國疆域沿革史〔M〕，北京：商務印書館，1999。

15. 貴州民族研究所編，西南彝志選〔M〕，貴陽·貴州人民出版社，1982。

16. 何耀華主編，雲南通史〔M〕，北京：中國社會科學出版社，2011。

17. 胡慶鈞，彝族社會史論叢〔M〕，上海：上海人民出版社，1981。

18. 胡紹華，中國南方民族發展史〔M〕，北京：民族出版社，2004。

19. 胡紹華，中國南方民族歷史文化探索〔M〕，北京：民族出版社，2005。

20. 華林，西南彝族歷史檔案〔M〕，昆明：雲南大學出版社，1999。

21. 藍武，從設土到改流：元明時期廣西土司制度研究〔M〕，桂林：廣西師範大學出版社，2011。

22. 李良品，土司時期西南地區士兵制度與軍事戰爭研究〔M〕，重慶：重慶出版社，2013。

23. 李世愉，清代土司制度論考〔M〕，北京：中國社會科學出版社，1998。

24. 劉光智，雲南教育簡史〔M〕，貴陽：貴州人民出版社，1993。

25. 隴賢君，中國彝族通史綱要〔M〕，昆明：雲南民族出版社，1993。

26. 陸韌，變遷與交融──明代雲南漢族移民研究〔M〕，昆明：雲南教育出版社，2001。

27. 賈霄鋒，藏區土司制度研究〔M〕，西寧：青海人民出版社，2010。

28. 江應樑，明代雲南境內的土官與土司〔M〕，昆明：雲南人民出版社，1958。

29. 馬曜主編，雲南各族古代史略〔M〕，昆明：雲南人民出版社，1977。

30. 木芹、木霽弘，儒學與雲南政治經濟的發展及文化轉型〔M〕，昆明：雲南大學出版社，1999。

31. 萬永林，中國古代藏緬語族源流研究〔M〕，昆明：雲南大學出版社，1997。

32. 王文光，朱映占，趙永忠，中國西南民族通史〔M〕，昆明：雲南大學出版社，2015。

33. 王文光，中國民族發展史〔M〕，北京：民族出版社，2005。

34. 魏治臻，彝族史料集〔M〕，成都：四川民族出版社，1989。

35. 翁獨健，中國民族關係史綱要〔M〕，北京：中國社會科學出版社，1990。

36. 吳永章，中國土司制度淵源與發展史〔M〕，成都：四川民族出版社，1988。

37. 伍莉，明清時期雲南藏緬語諸族關係研究〔M〕，昆明：雲南人民出版社，2007。

38. 謝本書，雲南民族政治制度史〔M〕，昆明：雲南人民出版社，1996。

39. 徐銘，明實錄彝族史料輯要〔M〕，成都：西南民族學院科研處，1985。

40. 尋甸回族彝族自治縣編纂委員會編纂，尋甸回族彝族自治縣志〔M〕，昆明：雲南人民出版社，1999。

41. 顏丙震，明後期黔蜀毗鄰地區土司紛爭研究〔M〕，北京：人民日報出版社，2018。

42. 楊甫旺，雲南彝族土司史研究〔M〕，昆明：雲南人民出版社，2017。

43. 楊毓才，雲南各民族經濟發展史〔M〕，昆明：雲南民族出版社，1989。

44. 永善縣人民政府編纂，永善縣志〔M〕，昆明：雲南人民出版社，1995。

45. 尤中，雲南地方沿革史〔M〕，昆明：雲南人民出版社，1990。

46. 尤中，雲南民族史〔M〕，昆明：雲南大學出版社，2004。

47. 尤中，中國西南民族史〔M〕，昆明：雲南人民出版社，1985。

48. 尤中，中華民族發展史〔M〕，昆明：晨光出版社，2007。

49. 雲南省編輯組編，雲南彝族社會歷史調查〔M〕，昆明：雲南人民出版社，1986。

50. 張瑜，鄒建達，李春榮，土司制度與邊疆社會〔C〕，長沙：嶽麓書社，2014。

51. 昭通地區社會科學界聯合會編，朱提文化研究論叢〔C〕，昆明：雲南民族出版社，1999。

52. 昭通市教育局編，昭通教育志〔M〕，昆明：雲南大學出版社，2002。

53. 昭通市民族宗教事務局編纂，昭通少數民族志〔M〕，昆明：雲南民族出版社，2006。

54. 昭通市政協文史資料委員會編，昭通彝族文史〔M〕，2009。

55. 昭通市志編纂委員會編纂，昭通市志〔M〕，昆明：雲南人民出版社，2000。

56. 鎮雄縣志編纂委員會編纂，鎮雄縣志〔M〕，昆明：雲南人民出版社，1987。

57. 周振鶴，中國歷史文化區域研究〔M〕，上海：復旦大學出版社，1997。

58. 朱映占，雲南民族通史〔M〕，昆明：雲南大學出版社，2016。

（三）學術論文

1. 冉詩澤，貴州甕水土司猶氏的國家認同研究〔J〕，開封教育學院學報，2019，39（08）：280～281。

2. 蔡燕，論明清時期的土司承襲立法及其特點〔J〕，貴州民族研究，2019，40（07）：150～156。

3. 方鐵，宋元時期今滇中與滇東地區的歷史發展〔J〕，貴州社會科學，2019（04）：65～72。

4. 段金生，土司政治與王朝治邊：清初的雲南土司及其治理〔J〕，民族研究，2019（02）：102～115＋142。

5. 詹進偉，田敏，南方少數民族土司的國家認同與地方治理——以土家族馬氏土司為例〔J〕，中南民族大學學報（人文社會科學版），2019，39（02）：65～70。

6. 侯官響，明代雲南賦役征銀與財政轉型〔J〕，地方財政研究，2018（12）：102～112。

7. 彭福榮，播州土司的國家認同研究〔J〕，湖北民族學院學報（哲學社會科學版），2018，36（05）：81～85＋144。

8. 文海，羈縻制度與土司制度關係新探〔J〕，凱裡學院學報，2017，35（04）：107～110。

9. 羅群，「慕利」與「慕義」——論西南地區土司朝貢的制度建構〔J〕，中國邊疆史地研究，2017，27（01）：43～54＋180。

10. 李瑩，李雨衡，元明清時期西南土司府衙中的貴族體育研究〔J〕，山東體育科技，2016，38（05）：17～23。

11. 姜建國，明代雲貴地區改土歸流與掌土治民方式的變遷〔J〕，玉溪師範學院學報，2016，32（09）：21～26。

12. 吳喜，王朝政治：論清朝在烏蒙山地區改土歸流及三省分置〔J〕，貴州民族研究，2016，37（04）：183～188。

13. 段紅雲，明清時期雲南邊疆土司的區域政治與國家認同〔J〕，廣西民族大學學報（哲學社會科學版），2015，37（05）：25～30。

14. 李瑩，李雨衡，土司制度與少數民族體育文化的互動發展〔J〕，武漢體育學院學報，2015，49（04）：17～24。

15. 秦小健，清代麗江儒學教育及所取得的成就〔J〕，楚雄師範學院學報，2014，29（07）：77～82。

16. 付春，管衛江，試論明代雲南社學與基層社會的軟性控制〔J〕，雲南行政學院學報，2014，16（02）：13～16。

17. 王瑞紅，清代會澤古城的商業經營活動〔J〕，曲靖師範學院學報，2014，33（01）：59～63。

18. 秦小健，論明清時期儒學在滇西北民族地區的傳播〔J〕，青海民族大學學報（社會科學版），2014，40（01）：152～158。

19. 肖映勝，遊俊，少數民族聚居區民族關係長期和睦的原因探究〔J〕，求索，2013（10）：232～234。

20. 馬亞輝，論「三藩之亂」後雲南的經濟恢復政策〔J〕，臨滄師範高等專科學校學報，2013，23（02）：1～6。

21. 羅玲玲，周承，「改土歸流」對水族地區社會經濟文化的影響〔J〕，畢節學院學報，2013，31（05）：97～101。

22. 岳小國，陳紅，不被「整合」的向心力——民族走廊「國家化」研究〔J〕，青海民族研究，2013，24（02）：37～44。

23. 阿堵子爾，明代烏蒙山區彝族土司制度的基本內容〔J〕，教育文化論壇，2013，5（02）：118～123。

24. 餘海崗，略論秦漢以來桂西的「羈縻」制度及現代價值〔J〕，欽州學院學報，2013，28（03）：87～91＋100。

25. 顧霞，李祥，明代滇東北土司區的儒學教育〔J〕，昭通學院學報，2013，35（01）：38～42。

26. 董強，肖銳，金浩，民族區域自治與「民族共治」：制度創新還是制度否定？——民族理論前沿研究系列論文之五〔J〕，黑龍江民族叢刊，2012（05）：1～11。

27. 顧霞，雲南土司研究綜述〔J〕，昭通師範高等專科學校學報，2012，34（04）：26～31。

28. 岳小國，陳紅，王朝國家的模仿與隱喻——人類學視閾下的土司社會與國家關係研究〔J〕，雲南民族大學學報（哲學社會科學版），2012，29（04）：132～138。

29. 周玲，雲南以漢族爲主體的多民族分佈格局的形成及影響〔J〕，昭通師範高等專科學校學報，2012，34（03）：40～45。

30. 藍武，明代廣西壯族土司土兵「供徵調」及其社會影響述論〔J〕，廣西師範大學學報（哲學社會科學版），2012，48（02）：47～50。

31. 張大友，烏江流域民族教育發展歷程的特點與啓示〔J〕，黑龍江民族叢刊，2012（01）：184～188。

32. 馬亞楠，淺析中國古代因俗而治的邊疆治理政策〔J〕，雞西大學學報，2012，12（01）：138～139。

33. 楊軍，明代惠水八番土司探析〔J〕，貴州民族學院學報（哲學社會科學版），2011（06）：45～49。

34. 沈乾芳，明清以來彝族上層婚姻特點的變化及原因〔J〕，貴州民族研究，2011，32（06）：118～122。

35. 顧霞，明代滇東北彝族土司與中央王朝的關係〔J〕，昭通師範高等專科學校學報，2011，33（06）：1～5。

36. 段麗波，塗晶晶，段紅雲，中國西南烏蠻史研究與反思〔J〕，思想戰線，2011，37（06）：122～126。

37. 蔣新紅，清朝國家權力在西雙版納彝族地區的延伸——以倚邦土司爲例〔J〕，保山學院學報，2011，30（06）：49～52。

38. 顧霞，論元代對滇東北彝族土官的管理〔J〕，昭通師範高等專科學校學報，2011，33（04）：14～18。

39. 吳喜，李祥，論明朝在烏蒙山地區的設治〔J〕，昭通師範高等專科學校學報，2011，33（04）：9～13。

40. 藍武，元明時期廣西壯族土司統治區農業開發的主要成就探因〔J〕，廣西民族研究，2011（02）：141～148。

41. 李良品，歷史時期重慶民族地區的土司制度〔J〕，重慶郵電大學學報（社會科學版），2011，23（03）：106～112。

42. 顧霞，顧勝華，清代滇東北地區的學校教育〔J〕，昭通師範高等專科學校學報，2011，33（02）：14～19。

43. 藍武，元明土司制度下廣西各族民眾起事述議〔J〕，廣西師範大學學報（哲學社會科學版），2011，47（02）：132～136。

44. 周冬梅，石開忠，清水江流域教育發展述論〔J〕，教育文化論壇，2011，3（02）：107～111。

45. 洪涵，國家權力在民族地區的延伸——以雲南德宏傣族土司制度爲例〔J〕，雲南民族大學學報（哲學社會科學版），2011，28（02）：115～120。

46. 吳喜，李祥，古代昭通地區政區設置及變遷略考〔J〕，昭通師範高等專科學校學報，2011，33（01）：6～10。

47. 陳碧芬，元代對滇東北地區的經營與開發〔J〕，中央民族大學學報（哲學社會科學版），2011，38（01）：36～42。

48. 彭福榮，酉陽冉氏土司的沿革、族屬與民族關係〔J〕，長江師範學院學報，2011，27（01）：21～26。

49. 周強，試論唐朝羈縻府州制度與唐朝行政法制的關係〔J〕，學理論，2010（32）：184～185。

50. 藍武，認同差異與「複流為土」——明代廣西改土歸流反復性原因分析〔J〕，廣西民族研究，2010（03）：134～140。

51. 吳喜，論蒙元時期滇東北地區的政區設置及變遷的原因〔J〕，昭通師範高等專科學校學報，2010，32（03）：1～5＋9。

52. 李和，明清時期滇東南地區土司與封建王朝的關係〔J〕，赤峰學院學報（漢文哲學社會科學版），2010，31（02）：9～11。

53. 顧霞，改土歸流後昭通社會經濟發展概述〔J〕，思想戰線，2008（06）：139～140。

54. 賈霄鋒，藏族土司地區的儒學教育研究〔J〕，重慶工學院學報（社會科學版），2008（10）：160～165＋189。

55. 王文光，段麗波，試論明朝對烏蒙等部的治理及其政治搏弈關係〔J〕，雲南師範大學學報（哲學社會科學版），2008（03）：57～62。

56. 莫代山，歷史時期土家族地區土司的社會控制〔J〕，長江師範學院學報，2008（03）：69～74。

57. 王瑞紅，明清時期會澤的經濟地位〔J〕，曲靖師範學院學報，2008（02）：50～53。

58. 高宏，試析滇川黔交界地區在清代漸趨穩定的原因〔J〕，內江師範學院學報，2008（01）：26～29＋39。

59. 張鑫昌，李興福，鄂爾泰奏摺與雲南改土歸流〔J〕，檔案學通訊，2008（01）：92～96。

60. 章青琴，清代雲南經濟發展的特點〔J〕，思想戰線，2008（01）：127～128。

61. 常紅梅，李勇，多元文化教育背景下地方課程開發的理論闡釋〔J〕，內蒙古師範大學學報（教育科學版），2007（S1）：25～27。

62. 章青琴，清代雲南經濟的發展〔J〕，雲南財貿學院學報（社會科學版），2007（05）：17～19。

63. 黃秀蓉，「夷夏變遷」與明清「改土歸流」〔J〕，廣西民族研究，2007（03）：130～135。

64. 高宏，清代中前期雲南銅礦的開發及對交通的影響〔J〕，邊疆經濟與文化，2007（08）：98～101。

65. 賈霄鋒，王希隆，明清時期土司制度與藏區少數民族的文化變遷——以嘉絨藏區文化變遷爲例〔J〕，中國邊疆史地研究，2007（02）：107～114＋150。

66. 李良品，烏江流域民族地區明代學校教育的發展、特點與深遠影響〔J〕，重慶社會科學，2007（01）：112～116。

67. 陳曦，論清代雲南屯田〔J〕，學術探索，2006（05）：93～97。

68. 陸韌，明代雲南漢族移民定居區的分佈與拓展〔J〕，中國歷史地理論叢，2006（03）：74～83。

69. 藍勇，清代滇銅京運對沿途的影響研究——兼論明清時期中國西南資源東運工程〔J〕，清華大學學報（哲學社會科學版），2006（04）：95～103。

70. 袁洪，王欣，論清代昭通地區的交通和商業〔J〕，雲南財貿學院學報（社會科學版），2006（03）：7～8。

71. 潮龍起，從清代保甲的社會控制看會黨的滋長動因〔J〕，雲南社會科學，2006（03）：106～109＋113。

72. 王開隊，邊緣化地區的控制〔D〕，四川大學，2006。

73. 章青琴，曹端波，清代雲南農業的發展〔J〕，河池學院學報（哲學社會科學版），2006（01）：83～87。

74. 陳季君，播州土司制度的形成和歷史作用〔J〕，貴州民族研究，2006（01）：149～154＋148。

75. 譚平，清朝統治四川的政治理念對四川官風民風的影響〔J〕，中華文化論壇，2005（04）：124～127。

76. 王春玲，於衍學，清代改土歸流成因分析〔J〕，西北民族大學學報（哲學社會科學版），2005（04）：99～103。

77. 秦中應，建國以來關於「改土歸流」問題研究綜述〔J〕，邊疆經濟與文化，2005（06）：67～70。

78. 方慧，明代雲南刑法原則和刑罰手段的變化〔J〕，雲南民族大學學報（哲學社會科學版），2005（03）：62～65。

79. 藍武，元明時期廣西土司制度研究〔D〕，暨南大學，2005。

80. 賈霄鋒，二十多年來土司制度研究綜述〔J〕，中國邊疆史地研究，2004（04）：128～136。

81. 曹吟葵，清代雲南昭通地區開發情況述論〔J〕，學術探索，2004（08）：103～107。

82. 方鐵，元代雲南行省的農業與農業賦稅〔J〕，雲南師範大學學報（哲學社會科學版），2004（04）：57～64。

83. 秦樹才，論雍正、乾隆時期汛塘制度在雲南的發展及變化〔J〕，雲南民族大學學報（哲學社會科學版），2004（04）：112～116。

84. 張羽瓊，論明政府在貴州的興教舉措〔J〕，貴州民族研究，2004（02）：159～165。

85. 賈霄鋒，元明清時期西北與西南土司制度比較研究〔D〕，西北師範大學，2004。

86. 王瑞平，明清時期雲南的人口遷移與儒學在雲南的傳播〔D〕，中央民族大學，2004。

87. 劉毅翔，□□郡與貴州建省〔J〕，貴州社會科學，2004（02）：111～112。

88. 張羽瓊，論明代貴州社學的興起〔J〕，貴州文史叢刊，2004（01）：40～42。

89. 方鐵，蒙元對貴州、廣西與海南地區的統治和經營〔J〕，蒙古史研究，2003（00）：92～124。

90. 惠富平，明清時期西部經營與農業開發簡論〔J〕，古今農業，2003（03）：1～7。

91. 羅嬋，清政府對西南地區的管理和控制〔J〕，廣西社會科學，2003（07）：147～149。

92. 方鐵，蒙元對貴州、廣西與海南地區的統治和經營〔C〕，蒙古史研究（第七輯）：中國蒙古史學會，2003：105～137。

93. 餘梓東，論清朝少數民族教育政策〔J〕，民族教育研究，2003（03）：39～43。

94. 馬廷中，明清時期雲貴地區彝族農業經濟研究〔J〕，商丘師範學院學報，2003（01）：41～43。

95. 尹記遠，秦漢——魏晉南北朝時期雲南民族政策述評〔J〕，學術探索，2002（05）：119～121。

96. 侯峰，趙文紅，礦冶業在清代雲南開發中的作用〔J〕，思茅師範高等專科學校學報，2002（01）：54～57。

97. 方鐵，蒙元經營西南邊疆的統治思想及治策〔J〕，中國邊疆史地研究，2002（01）：17～25＋117。

98. 周瓊，改土歸流後的昭通屯墾〔J〕，民族研究，2001（06）：92～99＋109～110。

99. 周瓊，從血的改革到綠的發展——高其倬與昭通屯墾〔J〕，貴州民族研究，2001（03）：115～123。

100. 李殿元，論四川改土歸流及其對民族地區開發的意義〔J〕，天府新論，2001（04）：81～85＋89。

101. 王榮霞，略論清代前期西北邊疆的「因俗而治」政策〔J〕，甘肅理論學刊，2001（01）：63～66。

102. 李世愉，清政府對雲南的管理與控制〔J〕，中國邊疆史地研究，2000（04）：24～31。

103. 趙玲，從哈尼族傳統行政看民族自治區行政文化的改造〔J〕，雲南行政學院學報，2000（05）：58～62。

104. 劉本軍，鄂爾泰改土歸流的善後措施〔J〕，雲南社會科學，1999（06）：72～78。

105. 楊永俊，我國古代民族羈縻統治政策的變遷及其原因探究〔J〕，西北史地，1999（02）：43～50。

106. 劉本軍，震動與迴響〔D〕，雲南大學，1999。

107. 鄧培基，隴兆麟，古芒部的政治與軍事〔J〕，昭通師範高等專科學校學報，1998（Z2）：85～92。

108. 劉本軍，鄂爾泰與西南少數民族地區的水利建設〔J〕，思想戰線，1998（10）：70～75。

109. 周朝雲，「改土歸流」在昭通〔J〕，昭通師專學報，1998（Z1）：133～136＋138。

110. 潘先林，潘先銀，「改土歸流」以來滇川黔交界地區彝族社會的發展變化〔J〕，雲南民族學院學報（哲學社會科學版），1997（04）：37～43。

111. 潘先林，潘先銀，「改土歸流」以來儒學在滇川黔彝區的傳播及其影響〔J〕，雲南教育學院學報，1997（06）：21～28。

112. 潘先林，高產農作物傳入對滇、川、黔交界地區彝族社會的影響〔J〕，思想戰線，1997（05）：61～65。

113. 楊明洪，論清代涼山彝區的土司制度與改土歸流〔J〕，民族研究，1997（02）：89～96。

114. 方慧，徐中起，清代前期西南邊疆地區商品經濟的發展〔J〕，民族研究，1997（02）：97～102。

115. 陳序德，古道、內昆鐵路與古今昭通經濟文化〔J〕，昭通師專學報，1997（01）：12～23＋43。

116. 方慧，論元、明、清時期西南地區的文化〔J〕，雲南民族學院學報（哲學社會科學版），1996（02）：16～23。

117. 王曉衛，改土歸流前西南土司的虐殺之風〔J〕，貴州文史叢刊，1996（01）：41～46＋53。

118. 張雷軍，元代邊疆民族政策淺析〔J〕，黑龍江民族叢刊，1995（02）：57～63。

119. 王纓，鄂爾泰與西南地區的改土歸流〔J〕，清史研究，1995（02）：32～39。

120. 周玲，元代雲南行省的設置及其歷史作用〔J〕，昭通師專學報，1995（01）：63～67。

121. 黃明光，明代湘桂川滇黔諸省少數民族地區科舉狀況探議〔J〕，民族研究，1994（05）：94～100。

122. 方素梅，廣西壯族土司經濟結構及其破壞過程〔J〕，廣西民族學院學報（哲學社會科學版），1994（01）：26～31＋13。

123. 李世愉，明朝土司制度述略〔C〕，中國明史學會，第五屆中國明史國際學術討論會暨中國明史學會第三屆年會論文集，中國明史學會：中國明史學會，1993：330～343。

124. 林荃，雲南土司制度的歷史特點及分期〔J〕，雲南民族學院學報（哲學社會科學版），1993（01）：45～49＋95～2。

125. 古永繼，明代雲南土官朝貢評述〔J〕，思想戰線，1993（01）：43～48。

126. 劉莉，謝心寧，改土歸流後的湘西經濟與民族關係〔J〕，吉首大學學報（社會科學版），1991（04）：53～58。

127. 李恩軍，評清朝「改土歸流」民族政策〔J〕，滿族研究，1990（02）：46～49。

128. 吳光范，李常林，對外開放是振興雲南的必由之路〔J〕，經濟問題探索，1990（06）：11～14＋23。

129. 覃彩鑾，歷代王朝對待廣西少數民族的政策及其歷史作用〔J〕，廣西民族研究，1989（04）：1～12。

130. 史繼忠，略論土司制度的演變〔J〕，貴州文史叢刊，1986（04）：1～11。

131. 曹相，明朝雲南社會經濟的發展與改土歸流〔J〕，雲南師範大學學報（哲學社會科學版），1986（01）：23～29。

132. 曹相，雲南土司制度源流〔J〕，雲南師範大學學報（哲學社會科學版），1984（04）：15～21。

133. 李世愉，試論清雍正朝改土歸流的原因和目的〔J〕，北京大學學報（哲學社會科學版），1984（03）：67～74。

134. 方鐵，論賽典赤治滇〔J〕，寧夏社會科學，1984（03）：47～54。

135. 李世愉，清雍正朝改土歸流善後措施初探〔J〕，民族研究，1984（03）：48～56。

136. 方鐵，賽典赤治滇評述〔C〕，中國蒙古史學會，中國蒙古史學會論文選集（1983），中國蒙古史學會：中國蒙古史學會，1983：164～179。

137. 欒成顯，洪武時期宦官考略〔J〕，明史研究論叢，1983（00）：90～113。

138. 徐銘，元代涼山彝族地區的行政與經濟〔J〕，西南民族學院學報（哲學社會科學版），1981（03）：30～37。